面向21世纪本科应用型经管规划教材

经济管理专业基础课系列

微观经济学

于文武 主　编
于嘉　王颖　于颖　副主编

WEIGUAN JINGJIXUE

電子工業出版社.
Publishing House of Electronics Industry
北京·BEIJING

图书在版编目（CIP）数据

微观经济学 / 于文武主编. —北京：电子工业出版社，2011.6
面向 21 世纪本科应用型经管规划教材·经济管理专业基础课系列
ISBN 978-7-121-13683-2

Ⅰ. ①微… Ⅱ. ①于… Ⅲ. ①微观经济学－高等学校－教材 Ⅳ. ①F016

中国版本图书馆 CIP 数据核字(2011)第 101223 号

责任编辑：刘淑敏
印　　刷：三河市鑫金马印装有限公司
装　　订：
出版发行：电子工业出版社
　　　　　北京市海淀区万寿路 173 信箱　　邮编 100036
开　　本：787×980　　1/16　　印张：17　　字数：398 千字
印　　次：2011 年 6 月第 1 次印刷
定　　价：29.00 元

凡所购买电子工业出版社图书有缺损问题，请向购买书店调换。若书店售缺，请与本社发行部联系，联系及邮购电话：（010）88254888。
质量投诉请发邮件至 zlts@phei.com.cn，盗版侵权举报请发邮件至 dbqq@phei.com.cn。
服务热线：（010）88258888。

前　言

随着我国经济市场化程度的加深和全球经济一体化趋势的形成，作为反映现代经济运行规律的经济理论的重要地位和作用也日益显现，对我国经济学的教学、科研、经济政策和企业经济活动的影响也越来越大。西方经济学教学在高等院校财经类和管理类专业中的作用和地位日益重要，已经成为最重要的核心基础课程之一。

本教材全面系统地介绍了现代微观经济学的基本概念、基本原理、基本知识，吸收了国内外主流微观经济学教材的优点，及时跟踪当代微观经济学研究的新进展。本教材体系完整、论述清晰易懂、知识点新、覆盖面广、重点突出、难度适中，在编写上注重理论联系实际，在讲解经济学原理的同时，紧密结合中国经济发展的实际，引入了大量鲜活的教学案例，努力摒弃单纯讲解原理的空洞性，在讲授经济学基本内容的基础上，培养学生运用经济学原理与方法分析和解释社会现象的能力。

本教材以"理论+实践教学模式"为主导，包括的模块如下。

知识目标。本教材每章均设"知识目标"。知识目标是分析教材和指导学生理论学习的依据，对学生了解预期结果具有明确的导向和激励作用，是教学活动的出发点与归宿。

能力目标。每章中的能力目标的达成与否是对教师教学评价的主要内容和标准之一，也是对学生学习评价的主要内容和标准之一。

引导案例。本教材每章所设案例在教师的精心策划和指导下，根据教学目的和教学内容的要求，运用具体生动的典型案例，将学生带入特定事件的现场进行案例分析，引导学生参与分析、讨论、表达等活动。通过学生的独立思考或集体合作，让学生在具体的问题情境中，进一步提高识别、分析和解决某一具体问题的能力，培养学生的学习兴趣，激发学生理论学习的热情。

理论知识。每章内容主要阐述基本理论知识，并与本章实践技能操作相对应，学生可以最短的时间掌握基本理论、基本知识、基本技能，并将所学的知识转化到实践领域。书中还对相关知识以知识提示的方式加以介绍。

复习思考题。本教材每章均设"复习思考题"。复习思考题可以使学生检验自己的学习效果，教师也可以诊断教学效果，随时反思自己的教学方案，调整课时计划；同时，知识技能掌握情况反馈能有效调动、激励学生和教师双方的非智力因素，使教与学达到最佳效果。

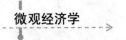

　　本教材由于文武担任主编，于嘉、王颖、于颖担任副主编，焦晋鹏和孔令秋也参与了编写工作。本教材共11章，具体编写分工如下：第2、6、7章和第5章（第1~2节），由于文武（哈尔滨商业大学）编写，第1、8、10章由于嘉（黑龙江科技学院）编写，第3、11章由王颖（哈尔滨学院）编写，第4章由于颖（东北石油大学华瑞学院）编写，第9章由焦晋鹏（哈尔滨商业大学）编写，第5章（第3节）由孔令秋（哈尔滨学院）编写。全书由于文武统稿和定稿。

　　本书在编写中虽然力图完善，但限于编写人员的理论水平和教学经验，以及时间的限制，书中难免缺点和不当之处，敬请广大读者批评指正。

编　者

目 录

第1章

微观经济学导论

● ● ●

知识目标 ① 掌握经济学与微观经济学的基本概念及含义；② 掌握微观经济学的研究对象和基本内容；③ 掌握微观经济学的研究方法。

微观经济学与我们的生活息息相关，很多经济现象和社会现象都能用微观经济学的基本理论加以解释。而掌握微观经济学的基本理论先要理解什么是经济学，以及经济学是如何产生的。

1.1 稀缺与经济学

1.1.1 经济学的概念

提到经济学，人们常常会产生许多联想：富人与穷人、股票与债券、金钱与商品、价格与预算……或许我们常会听到国家或地区的各种经济消息，但究竟什么是经济学呢？

经济学（Economics）试图解释社会中的一些现象，所以它和哲学、社会学等学科有相同之处，因为它是一门社会学科。但由于经济学有自己独特的研究对象和研究方法，因此它有自己独特的内容。在西方，经济学被称为社会科学的"皇后"。

经济学已经成为现代社会中每个人所必备的知识。在中国，自 20 世纪 70 年代末期以来，渐进的市场化进程中，经济学家们展示了丰富精彩的经济改革理论，使得经济学成为当今中国社会学科中最为繁荣活跃的领域。经济学与经济学家们似乎已与人们的日常生活越来越密切相关。

经济学要研究哪些问题呢？实际上，迄今为止，对经济学的研究对象，理论界仍有许多争论，且没有统一的、被所有人认可的定义。但无论大家如何定义经济学研究对象，它都包含两个主要方面：资源稀缺性与选择。

经济学研究的是一个社会如何利用稀缺的资源以生产有价值的物品和劳务，并将它们在不同的人之间进行分配。《博弈圣经》中提到，经济学是输赢与均衡在公共空间里的概念。"经济学之父"亚当·斯密的《国富论》是近代经济学的奠基之作。亚里士多德时代的观点是，政治学、伦理学、政治经济学三位一体，诺贝尔奖获得者阿马蒂亚·森在《伦理学与经济学》中提出："在很长一段时间内，经济学科曾经被认为是伦理学的一个分支。亚当·斯密最著名的思想中有许多也并非新颖独特的，但是他首次提出了全面系统的经济学说，为该领域的发展打下了良好的基础，因此完全可以说《国富论》是现代政治经济学研究的起点。"《国富论》之后的100年，自由主义经济繁荣的背后渐渐显露出周期性经济危机的必然和社会财富分布不均、贫富悬殊的弊端。德国人卡尔·马克思认为，一个国家经济的代表是其劳动力，而自由资本主义经济以追求利润的最大化为目的。马克思在其1867年出版的《资本论》中提出"资本主义原始积累"和"剩余价值"等理论，认为资本主义发展中的阶级矛盾是不可调和的。

作为一门独立的学科，经济学是在资本主义产生和发展的过程中形成的。在资本主义以前的各个历史时期，不少思想家对当时一些经济现象和经济问题发表见解，形成某种经济思想，但是没有形成系统，并常与他们的政治、法律、伦理、宗教等思想混杂在一起。因此，古代经济思想的发展，可以称为经济学前史。

在资本主义社会出现以前，在以历史和文明悠久著称的民族和国家中，以古中国和古希腊、古罗马及西欧中世纪保存的历史文献最为丰富。它们是两个独立发展的文化系统，在经济思想方面都有重要的贡献。

经济学是现代的一个独立学科，研究的是一个社会如何利用稀缺的资源生产有价值的物品和劳务，并将它们在不同的人中间进行分配。经济学主要进行三点考虑：资源的稀缺性是经济学分析的前提；选择行为是经济学分析的对象；资源的有效配置是经济学分析的中心目标。其首要任务是利用有限的地球资源尽可能持续地开发人类所需求的商品并对其进行合理分配，即生产力与生产关系两个方面。经济学是对人类各种经济活动和各种经济关系进行理论的、应用的、历史的及有关方法的研究的各类学科的总称。经济学又可称为经济科学（Economic Sciences）。经济学即经世济民的科学，是研究人类个体及其社会在自己发展的各个阶段上的各种需求，以及满足需求的活动及其规律的学科。经济者，经世济民也；世者，人类社会也；民者，社会主体也。由"民"与"民"之间拉出一条"需求和满足需求"的线，连接成一对"商品供求"关系，这就是"经"；而"民"与"民"两个"社会主体"的"需求"都得到了"满足"，这就是"济"。经济学，是以"公民"及其"商品"和"商品要素"（如土地、劳力、技术、空气、水等）为主要研究对象的。相对于人们的欲望，经济资源总是短缺的，经济学就是研究如何合理地配置和充分利用稀缺的经济资源来满足人们的多种需求的科学。微观经济学与宏观经济学是经济学的基础。微观经济学是研究社会中单个经济单位的经济行为，以及相应的经济变量的单项数值如何决定的经济学说，也称市场经济学或价格理论，其中心理论是价格理论。宏观经济学是以国民经济总过程的活动为研究对象，主要研究就业总水平、国民总收入等经济总量，宏观经济学也称为就业理论或收入理论。

相关链接

宏观管理学与微观经济学的分离

从亚当·斯密时期到 20 世纪 30 年代，许多经济学家都在致力于我们称为微观经济学领域的理论研究。经济学家的研究范围涉及贸易和交换、理性且信息灵通的消费者与追求利润最大化的企业、垄断和新科技等问题。他们集中研究不同的市场是如何运作的。但是从 30 年代开始，情况就有所改变，因为在这个时期发生了全球性的经济危机，使世界各国的经济陷于瘫痪。1929 年至 1933 年，美国的经济萎缩了 30%，1933 年的失业率高达 25%；1939，即第二次世界大战前夕，失业率仍居高不下，高达 17%。从此以后，经济学家转而研究是什么因素决定了像失业率和 GDP 这样的总和变量。

现在，即使并非从事经济学研究的人也知道"微观经济学"和"宏观经济学"的大致区分。然而，直到 20 世纪 30 年代，经济学家才开始考虑如何进行这样的划分。1933 年，著名的挪威经济学家鲁格纳·弗里斯首次清楚地提出了这两个名词在现代意义上的概念。他这样写道："微观分析方法是指对于大的经济体系中的某个经济单位在一般条件下的行为进行研究分析的方法，而宏观分析方法是指对整个经济系统的总体分析"。

约翰·梅纳德·凯恩斯也曾于 1936 年提出了类似的概念："我认为，经济学理论应划分为两部分，一部分是研究单个产业或公司在给定条件下的产出和利润的理论，另一部分是研究整个经济的产出和就业的理论"

但是，这两位杰出的经济学家都未使用"微观经济学"和"宏观经济学"这样的字眼。首次使用这两个名词的是一位在荷兰的统计研究所工作的不知名的经济学家，名叫彼得·沃尔夫，1941 年，沃尔夫在文章中这样写道："微观经济学描述的是关于个人或家庭的经济关系，而宏观经济学是研究一个大的群体（如国家或整个社会阶层）相互间的关系。"

20 世纪 60 年代到 70 年代，许多经济学家已认识到宏观经济学的研究方法和微观经济学的方法相去甚远。然而，十分有趣的是，最近 20 年来的一些最重要的经济学文献则开始寻求一些方法来跨越宏观经济学和微观经济学之间的鸿沟。他们在研究理性且信息灵通的消费者和追求利润最大化的企业如何一起对失业、通货膨胀和经济增长的波动产生影响。

1.1.2　经济学的产生

古希腊在经济思想方面的主要贡献中，有色诺芬的《经济论》、柏拉图的社会分工论和亚里士多德关于商品交换与货币的学说。色诺芬的《经济论》论述奴隶主如何管理家庭农庄，如何使具有使用价值的财富得以增加。色诺芬十分重视农业，认为农业是希腊自由民的最好职业，这对古罗马的经济思想和之后的法国重农学派都有影响。柏拉图在《理想国》一书中从人性论、国家组织原理及使用价值的生产三个方面考察社会分工的必要性，认为分工是出于人性和经济生活所必需的一种自然现象。这个社会分工学说，纵然旨在为他设想的奴隶主理想国提供理论根据，但对当时的社会经济结构提出了一个理论分析。这种分析与中国古代管仲的"四民分业"论和孟轲的农耕与百业、劳心与劳力的"通功易事，以羡补不足"的理论基本上是一致的。亚里士多德在《政治学》与《伦理学》中有关经济思想方面的贡献，不仅在于他指出了每种物品都有两种用途（一是供直接使用，一是供与其他物品相交换），而且说明了商品交换的历史发展和货币作为交换媒介的职能，指出货币对一切商品起着一种等同关系即等价关系的作用，从而成为最早分析商品价值形态和货币性质的学者。但是，他对追求货币财富的商业资本和高利贷资本都从公正原则出发持否定态度。

古罗马的经济思想，部分见于几位著名思想家的著作中，如大加图（公元前234—前149）、瓦罗（公元前116—前27）等。他们论述奴隶制农庄的管理和农作物的种植技术，把农业放在社会经济的首位，赞赏自给自足的自然经济。但是古罗马对经济思想的贡献，主要是罗马法中关于财产、契约和自然法则的思想。古罗马早期有"十二铜表法"，在帝国时期有"市民法"（适用于罗马公民的民事法律）和"万民法"（适用于帝国境内的各族人的法律）。在这些法律中，古罗马法学家对于财产权、契约关系及与此相联系的买卖、借贷、债务等关系都有明确的解释，这些思想对于中世纪的"公平价格"概念和资本主义社会中关于一切经济行为都基于私有财产权的经济思想具有重大的影响。"万民法"所依据的普遍性原则和自然合理性，后来逐渐形成自然法则思想，成为资本主义初期的自然法和自然秩序思想的重要来源。

西欧中世纪虽然经历了千年之久，但封建制度从11世纪开始才真正建立起来。中世纪的学术思想为教会所垄断，形成所谓的经院学派。经院学派主要用哲学形式为宗教的神学做论证，但也包含某些经济思想，用来论证某些经济关系或行为是否合法或是否公平。后来，由于商品经济的发展和城市的兴起，教会不得不回答当时社会上出现的两个重要问题：一是贷款利息的正当性问题，一是交换价格的公正性问题。贷款取息与教义抵触，教会曾一再明令禁止，但迫于大量流行的贷款取息的现实，经院学派不得不采取调和态度。例如，13世纪的神学家托马斯·阿奎那原则上反对贷款取息，但认为在贷者因出贷蒙受损失，或借主逾期未还，或以入伙方式贷款等情况下，可以收取利息。关于公平价格的概念，在古罗马法学家的著作中曾提出过。在中世纪神学家中，较早论述公平价格的是大阿尔伯特（约1200—1280），他认为公平价格是和成本相等的价格，市场价格不能长期低于成本。托马斯·阿奎那基本上接受这个看法，但加上了许多主观因素。对于这两个问题，在中世纪并未形成有说服力的观点，但为以后的经济学家提出了研究的课题。

19世纪末期，随着资产阶级经济学研究对象的演变，即研究对象更倾向于对经济现象的论证而不注重国家政策的分析，有些经济学家改变了"政治经济学"这个名称。英国经济学家W.S.杰文斯在他的《政治经济学理论》1879年第二版的序言中明确提出应当用"经济学"代替"政治经济学"，认为单一词比双合词更为简单明确，去掉"政治"一词也更符合于学科研究的对象和主旨。1890年，马歇尔出版了他的《经济学原理》，从书名上改变了长期使用的政治经济学这一学科名称。到了 20 世纪，在西方国家，"经济学"这一名称就逐渐代替了"政治经济学"，既被用于理论经济学，也被用于应用经济学。

1.1.3　资源配置方式

1. 资源配置的含义

资源配置是相对稀缺的资源在各种不同用途上加以比较做出的选择。资源是指社会经济活动中人力、物力和财力的总和，是社会经济发展的基本物质条件。在社会经济发展的一定阶段上，相对于人们的需求而言，资源总是表现出相对的稀缺性，从而要求人们对有限的、相对稀缺的资源进行合理配置，以便用最少的资源耗费生产出最适用的商品和劳务，获取最佳的效益。资源配置合理与否，对一个国家经济发展的成败有着极其重要的影响。

资源配置是指资源的稀缺性决定了任何一个社会都必须通过一定的方式把有限的资源合理分配到社会的各个领域中去，以实现资源的最佳利用，即用最少的资源耗费，生产出最适用的商品和劳务，获取最佳的效益。

2. 资源配置的方式

资源配置方式就是把有限资源进行合理分配的方式方法。

（1）计划配置方式

计划配置方式是指计划部门根据社会需要和可能，以计划配额、行政命令来统管资源和分配资源。计划配置方式是按照马克思主义创始人的设想，在社会主义社会，生产资料将由全社会占有，商品货币关系将不再存在，因而资源配置的方式主要是计划，即通过社会的统一计划来决定资源的配置。苏联和东欧国家正是按照这一理论来实践的，把计划作为资源配置的主要方式。我国改革开放以前的一段时间里，计划也曾经是资源配置的主要方式，而市场的作用受到很大的限制。在计划资源配置方式中，在一定条件下，这种方式有可能从整体利益上协调经济发展，集中力量完成重点工程项目。但是，配额排斥选择，统管取代竞争，市场处于消极被动的地位，从而易于出现资源闲置或浪费的现象。

（2）市场配置方式

市场配置方式是指依靠市场运行机制进行资源配置的方式。市场成为资源配置的主要方式是从资本主义制度的确立开始的。在资本主义制度下，社会生产力有了较大的发展，所有产品、资源都变成了可以交换的商品，市场范围不断扩大，进入市场的产品种类和数量越来越多，从而使市场对资源的配置作用越来越大，市场成为资本主义制度下资源配置的主要方式。这种方式可以使企业与市场发生直接的联系，企业根据市场上供求关系的变化状况，根据市场上产品价格的信息，在竞争中实现生产要素的合理配置。但是，这种方式也存在着一些不足之处。例如，由于市场机制作用的盲目性和滞后性，有可能产生社会总供给和社会总需求的失衡、产业结构不合理，以及市场秩序混乱等现象。

实 例

挤 奶

"刘大爷牛奶厂"在万众瞩目之下开张了，他饲养的奶牛膘肥体健，产出的牛奶物美价廉，刘大爷得意扬扬地享受着每天赢利的快感。尽管工作甚是辛苦，但刘大爷心里美滋滋的，于是他决定更加努力赚钱，加大工作量去挤奶。起初产量增加，慢慢地，奶牛们却有"见瘦"的趋势。日复一日，奶牛产奶量明显下降，而且呈现出貌似"身心疲惫"的征兆。刘大爷对自己的努力所换来的如此结果感到费解。伤心欲绝的他决定化悲痛为力量——加紧挤奶。这样又过了数日，奶牛们便开始出现心慌、气短、供血不足、血压升高、心跳加快、间歇性死亡、不吃不喝不睡不走直线等异常现象。直到有一天，当刘大爷按往常一样五更天拿着桶准备去挤奶时，却发现奶牛竟昏死在脚下。唉！如果大家都照这样下去，不但收获不了牛奶，奶牛这种动物也得灭绝了。

1.1.4 机会成本和生产可能性曲线

从资源的稀缺性这一概念出发，如果进一步思考就会发现，人的欲望和满足欲望的手段（即生产资源和物质产品）一般具有以下几个特征：① 人的欲望或需要是无限的；② 这些需要的轻重缓急是各不相同的；③ 满足人的欲望或需要的手段，即可以支配的生产资源是有限的，从而可生产的产品是有限的；④ 每一种资源在大多数情况下是可以有多种用途的。人的欲望和生产资源的上述四个特征就给人们提出了这样一个问题，即怎样使用和分配这些可以有多方面用途但数量有限的资源，来满足轻重缓急各不相同的无限的欲望或需要。要回答这个问题，就必须处理好这样两个方面的关系：一个是各种需要的轻重缓解；二是为了实现某种既定的需要所需付出的代价。由此，西方经济学家在他们的分析中提出了两个重要的概念和工具：机会成本（Opportunity Cost）和生产可能性曲线（Production Possibility Curve）。

1. 机会成本

经济资源一般是可以有多种用途的，但一定的资源用来生产某种产品后，就不可能用来生产其他产品，这就意味着一定数量的资源用来生产某种产品时，就必须放弃其他产品的生产。当把一定的资源用来生产某种产品时所放弃的其他产品的最大产量（产值），就是这种产品的机会成本。例如，土地可以有多种用途，既可以种稻谷，也可种棉花、蔬菜或其他农作物。假如有一亩土地，用来种粮食，可产稻谷 500 公斤，价值 800 元；如果用来种棉花，投入同样多的资本与劳动可产棉花 100 公斤，价值 700 元，则这一亩土地用来生产粮食的机会成本是 100 公斤棉花或 700 元。同样，用来生产棉花的机会成本就是 500 公斤稻谷或 800 元。机会成本还可表述为一种资源用来获得某种收入时所放弃的另一种收入。例如，某学生大学毕业后，面临多种选择，可以去银行工作，年薪 20 000 元；去某公司工作，年薪 28 000 元；或继续深造，读研究生，收入为零。那么，该学生如果去公司工作，机会成本就是所放弃的到银行工作可能获得的收入 20 000 元；如果继续读研究生，三年研究生学习的机会成本就是放弃去公司工作可能获得的收入 84 000 元。

由此可见，所谓机会成本，实质上是指选择的代价，即"选择成本"，它可以帮助人们进行可行性研究和最优化决策。当然，运用机会成本概念时，要适合以下三个条件：① 资源本身要有多种用途；② 资源可以自由流动且不受限制；③ 资源能够充分利用。如果以上条件不具备，机会成本便毫无意义。

2．生产可能性曲线

生产可能性曲线用来表示经济社会在既定资源和技术条件下所能生产的各种商品最大数量的组合，考察一个国家应该怎样分配其相对稀缺的生产资源问题。我们知道，按用途来说，一国可利用的资源主要用来生产资本品和消费品。由于资源总量是一定的，因此要多生产消费品就必须减少资本品的产量。那么，一个国家如何兼顾目前利益和长远利益，把有限的资本分配使用于消费品和资本品的生产，是经济学必须回答的一个重要问题。这个问题可以用生产可能性曲线来解释和回答。

如图 1-1 所示，假定一国现有资源用来生产两种产品 X（消费品）和 Y（资本品）。如果全部用来生产 X 产品，可生产 OD 单位；如果全部用来生产 Y 产品，可生产 OA 单位；如果同时用来生产 X 和 Y 两种产品，则可能有各种不同的 X 与 Y 的产量组合。将 X 和 Y 的各种不同的产量组合描绘在坐标图上，便可得出生产可能性曲线。

图中的 AD 线即生产可能性曲线，或者称生产可能性边界（Production Possibility Frontier），也可称为转换线。

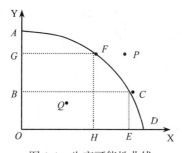

图 1-1　生产可能性曲线

生产可能性曲线是用来说明和描述在一定的资源与技术条件下可能达到的最大的产量组合曲线，它可以用来进行各种生产组合的选择。如图 1-1 中，F 点和 C 点比较，少生产 GB 数量的 Y 产品，就可以多生产 HE 数量的 X 产品，因此生产 HE 单位 X 产品的机会成本就是 GB 单位的 Y 产品。那么，一个国家关于消费品和资本品这两大部类的生产，到底是选择 F 点还是 C 点，或者是 AD 线上的任何其他一点，这就是经济学所面临和所必须回答的问题。

生产可能性曲线还可以用来说明潜力与过度的问题。生产可能性曲线以内的任何一点（如 Q 点），说明生产还有潜力，即还有资源未得到充分利用，存在资源闲置；而生产可能性曲线之外的任何一点（如 P 点），则是现有资源和技术条件所达不到的。只有生产可能性曲线之上的点，才是资源配置最有效率的点，因为它说明了一个社会的全部资源都得到了充分利用，不存在闲置资源和失业，社会经济达到了充分就业的状态。

1.2 微观经济学研究对象和基本内容

1.2.1 微观经济学研究对象

微观经济学（Microeconomics）又称个量经济学，其研究对象是个体经济单位。个体经济单位是指单个消费者、单个生产者和单个市场等。它从资源稀缺这个基本概念出发，认为所有个体的行为准则是设法利用有限资源取得最大收获，并由此来考察个体取得最大收获的条件。在商品与劳务市场上，作为消费者的家庭根据各种商品的不同价格进行选择，设法用有限的收入从所购买的各种商品量中获得最大的效用或满足。家庭选择商品的行动必然会影响商品的价格，而市场价格的变动又是厂商确定生产何种商品的信号。厂商是各种商品及劳务的供给者，厂商的目的则在于如何用最小的生产成本，生产出最大的产品量，获取最大限度的利润。厂商的抉择又将影响到生产要素市场上的各项价格，从而影响到家庭的收入。家庭和厂商的抉择均通过市场上的供求关系表现出来，通过价格变动进行协调。

微观经济学对个体经济单位的研究是从三个层次进行的：第一个层次是分析单个消费者和单个生产者的经济行为，即分析单个消费者如何安排有限的收入以获得最大的满足，以及单个生产者如何进行最优的生产决策以获取最大的利润；第二个层次是分析单个市场均衡价格的决定，即局部均衡价格理论；第三个层次是分析所有单个市场均衡价格的同时决定，即一般均衡价格理论。

在微观经济分析中，假定没有政府和国外部门，只把经济社会简化为由消费者、生产者两个经济主体和产品、要素两个市场组成。这种情况下，每一个消费者和生产者都具有双重身份，即在产品（消费品）市场上，消费者是产品和劳务的需求者，生产者是产品和劳务的供给者。在生产要素市场上，消费者则以生产要素供给者的身份出现，生产者则以生产要素的需求者的身份出现。因而，整个微观经济活动，即消费者和生产者的经济活动是通过产品市场和生产要素市场的供求关系而联系起来的。

📖 **实例**

地狱与天堂

从前，有一个幸运的人被上帝带去参观天堂和地狱。

他们首先来到地狱，只见一群人围着一个大肉汤锅，但这些人看来都营养不良、绝望又饥饿。仔细一看，每个人都拿着一只可以够到锅的汤匙，但汤匙的柄比他们的手臂长，所以他们没法把东西送进嘴里。他们看来非常悲苦。

紧接着，上帝带他进入了另一个地方。这个地方和先前的地方完全一样：一锅汤、一群人、一样的长柄汤匙。但每个人都很快乐，吃得也很愉快。上帝告诉他，这就是天堂。

这位参观者很迷惑：为什么情况相同的两个地方，结果却大不相同？最后，经过仔细观察，他终于看到了答案。原来，地狱里的每个人都想着自己舀肉汤，而天堂里的每一个人都在用汤匙喂对面的另一个人。结果，地狱里的人都挨饿，而天堂的人却吃得很好。

1.2.2　微观经济学的研究内容

微观经济学所包含的内容相当广泛，其中主要有均衡价格理论、消费者行为理论、生产理论、成本理论、市场理论、一般均衡理论、市场失灵与微观经济政策。微观经济分析的中心问题是价格的决定，因此微观经济学的首要和基本内容是均衡价格理论。在此基础上，通过分析消费者行为说明需求是如何决定的（即需求理论）；通过分析生产者行为说明供给是如何决定的（即供给理论）；在市场理论中，按照完全竞争、完全垄断、垄断竞争、寡头垄断四种市场类型，说明产品市场的产量和价格是如何决定的。在此基础上，进一步分析生产要素市场的价格决定（即分配理论）。上述所有这些理论都采用局部均衡分析，然后综合完全竞争条件下的所有产品市场和要素市场，进行一般均衡分析，并用规范分析方法评价（即福利经济学），最后介绍市场失灵的原因并用微观经济政策加以弥补。

1）微观经济学中的商品价格是指商品的均衡价格。一种商品的均衡价格是指该种商品的市场需求量和市场供给量相等时的价格。在均衡价格水平下的相等的供求数量被称为均衡数量。

2）消费者行为理论也叫做效用理论，它研究消费者如何在各种商品和劳务之间分配他们的收入，以达到满足程度的最大化。

3）生产者行为理论是研究生产者如何运用有限的资源，通过生产经营活动以取得最大的利润。

4）一般均衡理论认为，整个经济体系处于均衡状态时，所有消费品和生产要素的价格将有一个确定的均衡值，它们的产出和供给将有一个确定的均衡量。它还认为在"完全竞争"的均衡条件下，出售一切生产要素的总收入和出售一切消费品的总收入必将相等。

5）市场失灵指市场无法有效率地分配商品和劳务的情况。而微观经济政策是针对市场失灵，为提高资源配套效率、调节微观经济行为主体关系的有关政策，如价格政策、收入政策、消费政策、就业政策等。

1.2.3　微观经济学的基本假设

微观经济理论的建立是以一定的假设条件为前提的。在微观经济分析中，根据所研究的问题和所要建立的模型的不同需要，假设条件有所不同。微观经济学的三个最基本的假设是经济人假设、完全信息假设和市场出清假设。

1. 经济人假设

经济人假设又称"理性人假设"，是经济学分析和经济理论关于人类经济行为的基本假定前提，指经济决策主体以利益最大化为根本目标，理智地做出各类经济行为，不存在各类非理性的选择，而是在做出各项决策之前均经过周密而冷静的考虑。理性人假定也称经济人假定，具体包括如下内容。

1）在经济活动中，个人所追求的唯一目标是自身经济利益的最大化。例如，消费者所追求的是最大限度的自身满足，生产者所追求的是最大限度的自身利润，生产要素所有者所追求的是最大限度的自身报酬。这就是说，理性人主观上既不考虑社会利益，也不考虑自身非经济的利益。

2）个人所有的经济行为都是有意识的和理性的，不存在经验型和随机型的决策。

3）理性人拥有充分的经济信息，每个人都清楚地了解其所有经济活动的条件与后果，因此经济活动中不存在任何不确定性，而且获取信息不需要支付任何成本。

4）各种生产资源可以自由地、不需要任何成本地在部门之间与地区之间流动。

理性人的利己主义假设并不等于通常意义上所说的"自私自利"，即该假设并不意味着这些市场活动主体只会关心自己的钱袋子，相反他们会在孜孜以求地追求自己最大利益的过程中，自然地、必然地为社会提供最优的产品和服务，从而客观地实现一定的社会利益。

理性人假设是为了经济学研究而做出的一个抽象假设，由此推导出符合一般情况的具有实证价值的理论结论，但理性人假设并不完全符合实际情况，人们的经济行为未必总是依据理性分析而做出的。另外，理性人假设只是假定经济决策主体以利益最大化为目标。

2. 完全信息假设

这一假设的主要含义是指经济活动的所有当事人都拥有充分的和相同的信息，而且获取信息不需要支付任何成本。假定每一个消费者都能充分地了解每一种商品的性能和特点，准确地判断一定商品量将给自己带来的满足程度，了解每一个商品的价格在不同时期的变化等，从而能够决定自己的最优商品购买量；假定每一个生产者都能准确地了解产量和生产要素投入量之间的技术数量关系，完全了解商品价格和生产要素价格的变化，以及了解在每一个价格水平下的消费者对产品的需求量等，从而能够做出最优的生产决策。这种情况意味着经济活动的所有当事人都了解所有经济活动的条件和后果，因而经济活动中不存在任何不确定性。

3. 市场出清假设

市场出清假设与前两个基本前提假设具有明确的因果关系，是前两者的逻辑推论。市场出清是指商品价格具有充分的灵活性，能使需求和供给迅速达到均衡的市场。在出清的市场上，没有定量配给和资源闲置，也没有超额供给或超额需求。实际上，这一理论适用于许多商品市场和金融市场，但不适用于劳动市场或许多产品市场。无论劳动市场上的工资还是产品市场上的价格，它们都具有充分的灵活性，可以根据供求情况迅速进行调整。有了这种灵活性，产品市场和劳动市场都不会存在超额供给。因为一旦产品市场出现超额供给，价格就会下降，直至商品价格降到使买者愿意购买为止；如果劳动市场出现超额供给，工资就会下降，直至工资降到使雇主愿意为所有想工作的失业者提供工作为止。因此，每一个市场都处于或趋向于供求相等的一般均衡状态。

1.3 微观经济学的研究方法

1.3.1 实证分析与规范分析

1. 实证分析

实证分析方法是指描述经济现象"是什么"及经济问题如何解决的方法。用实证方法来分析经济问题，旨在揭示有关经济变量之间的关系。它是从客观存在的经济现象出发，提出揭示经济现象的假说模型，并根据这一假说模型来研究各个经济变量之间的相互关系，进而对经济行为进行预测的一种方法。实证分析的特点是，说明"是什么"的问题；有客观性，结论可以用事实来检验。

2. 规范分析

规范分析方法是研究经济活动"应该是什么"及经济问题应该如何解决的方法。规范分析方法以一定的价值判断为基础，用规范方法来分析经济问题。它从主观价值判断出发，提出说明经济现象的准则，并根据这一准则来说明和论证各个经济变量之间的相互关系是否符合主观准则，并考察经济行为如何符合经济准则的一种方法。其准则是经济理论分析和制定经济政策的依据，通常是站在一定利益集团的立场上提出来的。规范分析法的特点是：回答"应该是什么"的问题；无客观性，无法用事实来检验。

3. 实证分析和规范分析的区别与联系

实证分析和规范分析具有明显的区别。第一，实证分析所研究的内容具有客观性，所提出的理论可以进行验证；规范分析所研究的内容具有主观性，是从一定的准则出发，对经济现象进行是非对错的判断。第二，实证分析是在既定的假设条件下对经济现象发生过程进行的研究，可以通过各种方式进行检查，以判断结论是否正确；规范分析则是在一定的准则前提下，对经济现象发生的结果进行研究，并通过对其结果的判断进而对假设条件进行判断，并据此做出是非善恶的判断。

实际上，实证分析与规范分析是紧密相关的。对于任何一个经济现象，如果我们要对其进行恰当的判断，就必须确切地了解其中的真实情况。实际上，每一个规范分析都是以实证分析为基础的，实证经济学要以规范分析为指导。而实证经济学中包含着价值判断，古典的经济学正是产生于道德哲学。一般而言，分析的目标层次越高，研究就越具有规范性；分析的层次越低，研究就越具有实证性。

1.3.2 静态分析与动态分析

1. 静态分析

静态分析是与均衡分析密切联系的。所谓静态分析，就是分析经济现象的均衡状态及有关的经济变量达到均衡状态所需具备的条件，但并不论及达到均衡状态的过程。应用静态分析方法的经济学被称为静态经济学。例如，假定对某种商品的需求状况和供给状况为已知，就可据此找出该商品的需求和供给达到均衡时应有的价格和产量。只要上述供求状况不变，由此达到的均衡价格和均衡产量就会处于静止不变状态。

从静态分析中衍生出来的比较静态分析，就是在原有的已知条件发生了变化的情况下，考察或比较这些条件变化以后均衡状态相应地发生了什么样的变化，但并不论及怎样从原有的均衡状态过渡到新的均衡状态的实际变化过程。应用这种分析方法的经济学被称为比较静态经济学。例如，假定由于人们的嗜好发生了变化，以致对某商品的需求有所提高，则在供给状态保持不变的情况下，当该商品的供求达到新的均衡时，其价格将比以前有所提高。可见，比较静态分析仅仅是就个别经济现象一次变动的前后及两个或两个以上的均衡位置进行分析研究，而完全抛开了对转变期间和变动过程本身的分析。换句话说，所谓比较静态分析，就是比较一个变动过程的起点和落点。

2．动态分析

动态分析是要考察经济活动的实际发展和变化的过程。它在假定人口、生产技术、资本数量、生产组织和消费者偏好等因素在时间过程中发生变化的情况下，研究这些因素的变化如何影响一个经济体系的运行发展。因为动态分析方法要求经济变量所属的时间必须明显地表示出来，并且认为某些经济变量在某一时点上的数值要受以前时点上有关经济变量数值的制约，这就需要把经济运动过程划分为连续的分析"期间"，以便考察有关经济变量在相继的各个期间的变化情况。所以，动态分析方法也称为"期间分析"或"序列分析"方法。例如，微观经济学中的"蛛网理论"，就是分析一种商品怎样由于在一个生产周期内供求平衡而造成的价格涨跌，引起相继的各个生产周期内供求量的增减和价格的涨跌。采用动态分析方法的经济学，被称为动态经济学。

1.3.3　均衡分析

均衡分析方法是西方经济学采用的基本分析方法，在微观经济学中占有十分重要的地位。均衡原来是一个力学概念，是指一个物体受到同一直线上两个方向相反、大小相等的外力的作用，该物体因受力均衡处于静止不动状态，这种状态就是均衡。英国经济学家马歇尔将均衡概念应用于经济分析，即经济均衡。所谓经济均衡，是指经济中各种对立的、变动着的力量势均力敌，所考察的经济事物处于相对静止、不再变动的境界，或经济决策者在权衡决策其使用资源的方式时，认为重新调整其资源配置的方式已不可能获得更多的好处，从而不再改变其经济行为，则称所研究的经济事物达到均衡状态。

均衡分析方法是在对研究的问题所涉及的诸经济变量（因素）中，假定自变量是已知的或不变的，然后分析当因变量达到均衡状态时会出现的情况及需具备的条件，即所谓均衡条件。例如，在消费者需求理论中，假定消费品的价格、消费者的偏好和消费者的支出都是已知的和不变的，同时假定消费者的目标是实现满足最大化，而待求解的因变量则是消费者实现既定目标所需购买各种商品的数量组合和实现满足最大化所需具备的条件。

1.3.4　边际分析

在微观经济学中，边际分析方法是最基本的分析方法之一，是一个比较科学的分析方法。边际即"额外的"、"追加"的意思，指处在边缘上的"已经追加上的最后一个单位"或"可能追加的下一个单位"，属于导数和微分的概念，就是指在函数关系中，自变量发生微量变动时，在边际上因变量的变化，边际值表现为两个微增量的比。我们把研究一种可变因素的数量变动会对其他可变因素的变动产生多大影响的方法，称为边际分析方法。边际分析法运用导数和微分方法研究经济运行中微增量的变化，用以分析各经济变量之间的相互关系及变化过程。

边际分析方法广泛应用于经济行为和经济变量的分析过程，如对效用、成本、产量、收益、利润、消费、储蓄、投资、要素效率等的分析多有边际概念。经济学研究经济规律也就是研究经济变量相互之间的关系。经济变量是可以取不同数值的量，如通货膨胀率、失业率、产量、收益等。经济变量分为自变量与因变量。自变量是最初变动的量，因变量是由于自变量变动而引起变动的量。例如，如果研究投入的生产要素和产量之间的关系，可以把生产要素作为自变量，把产量作为因变量。自变量（生产要素）变动量与因变量（产量）变动量之间的关系反映了生产中的某些规律。边际分析法就是分析自变量与因变量之间关系的一种方法。

边际分析法在 1870 年被提出后，首先用于对效用的分析，由此建立了理论基础——边际效用价值论。这一分析方法的运用可以说引起了西方经济学的革命，它的意义具体表现为：第一，边际分析的运用使西方经济学研究重心发生了转变。其重心由原来带有一定"社会性、历史性"意义的政治经济学转为纯粹研究如何抉择把有限的稀缺资源分配给无限而又有竞争性的用途上，以有效利用。第二，边际分析开创了经济学"数量化"的时代。边际分析本身是一种数量分析，在这个基础上，使各种数量工具线性代数、集合论、概率论、拓扑学、差分方程等逐步渗入经济学，数量化分析已经成为西方经济学的主要特征。第三，边际分析导致了微观经济学的形成。边际分析以个体经济活动为出发点，以需求、供给为重心，强调主观心理评价，导致了以"个量分析"为特征，以市场和价格机制为研究中心的微观经济学的诞生。微观经济学正是研究市场和价格机制如何解决三大基本经济问题、探索消费者如何得到最大满足、生产者如何得到最大利润、生产资源如何得到最优分配的规律。第四，边际分析奠定了最优化理论的基础。在边际分析的基础上，西方经济学从理论上推出了所谓最优资源配置、最优收入分配、最大经济效率及整个社会达到最优的一系列条件和标准。第五，边际分析使实证经济学得到重大发展。研究变量变动时，整个经济发生了什么变动，这为研究事物本来面目、回答经济现象"是什么"问题的实证经济学提供了方法论基础。

1.3.5　存量分析与流量分析

存量是指某一时点上，过去生产与积累起来的产品、货物、储备、资产负债的结存数量。例如，"国民财富"是一个存量，表示某个时点的一国国民财富的总值。宏观经济学的分析可以从存量入手。存量分析是指对一定时点上已有的经济总量的数值及其对其他有关经济变量的影响进行分析。经济学中的存量分析就是针对经济存量指标进行分析研究的具体方法。

流量是指一定时期内发生的变量变动的数值。例如，国民生产总值和国民收入均为流量，分别表示某段时间内所创造出来的国民生产总值和国民收入。宏观经济学也可以从流量分析入手。流量分析是指一定时期内经济总量的投入、生产（或收入、支出）的变动对其他有关经济总量的影响进行分析。

1.3.6　个量分析

个量分析方法是指以单个经济主题（单个消费者、单个生产者、单个市场）的经济行为作为考察对象的经济分析方法，又称微观经济分析法。

个量研究主要以单个经济主体的活动为研究对象，在假定其他条件不变的前提下研究个体的经济行为和经济活动；其特点是把一些复杂的外在因素排除掉，突出个体经济主体的现状和特征。这种研究方法在实践中主要分析单个企业中要素的投入量、产出量、成本和利润的决定及单个企业有限资源的配置、单个居民户的收入合理使用，以及由此引起的单个市场中商品供求的决定、个别市场的均衡等问题。

📐 本章小结

1. 经济学就是研究如何合理地配置和充分利用稀缺的经济资源来满足人们的多种需求的科学。微观经济学与宏观经济学是经济学的基础。微观经济学也称市场经济学或价格理论，是研究社会中单个经济单位的经济行为及相应的经济变量的单项数值如何决定的经济学说，其中心理论是价格理论。

2. 微观经济学包括的内容相当广泛，其中主要有均衡价格理论、消费者行为理论、生产者行为理论（包括生产理论、成本理论和市场均衡理论）、一般均衡理论、市场失灵与微观经济政策。微观经济分析的中心问题是价格的决定，因此微观经济学的首要和基本内容是均衡价格理论。

3. 经济学中最基本的概念之一是机会成本。机会成本告诉我们，任何选择都是有代价的。机会成本是当人们做出选择后放弃的东西。生产可能性曲线的斜率可以度量机会成本的大小。一般而言，随着某种商品生产的增加，其机会成本是递增的。

4. 微观经济学的三个基本假设是经济人假设、完全信息假设和市场出清假设。微观经济学的研究方法有很多，如实证分析和规范分析、均衡分析与过程分析、静态分析、比较静态分析和动态分析、边际分析、存量分析和流量分析、个量分析等。

 ## 复习思考题

一、选择题

1．现有资源不能充分满足人的欲望这一事实被称为（　　）。

A．机会成本　　　　　B．稀缺性　　　　C．产生什么问题　　　D．实证经济学

2．稀缺性问题（　　）。

A．只存在于依靠市场机制的经济中　　　B．只存在于依靠命令机制的经济中

C．存在于所有经济中　　　　　　　　　D．意味着抢购和黑市交易

3．经济物品是指（　　）。

A．有用的物品　　　　B．稀缺的物品　　C．要用钱购买的物品　D．有用且稀缺的物品

4．经济学的定义为（　　）。

A．研究政府如何对市场机制进行干预的科学

B．消费者如何获得收入并进行消费的学说

C．研究如何合理地配置稀缺资源于诸多竞争性用途的科学

D．生产者怎样取得利润

5．经济学研究的基本问题包括（　　）。

A．生产什么，生产多少　　　　　　　　B．怎样生产

C．为谁生产　　　　　　　　　　　　　D．以上问题都包括

6．资源是稀缺的是指（　　）。

A．世界上大多数人生活在贫困中　　　　B．相对于资源的需求而言，资源总是不足的

C．资源必须保留给下一代

D．世界上的资源最终将因为更多的生产而消耗光

7．经济学研究的基本问题是（　　）。

A．如何在股市上赚钱　　　　　　　　　B．证明市场可以配置资源

C．稀缺资源的配置与利用问题　　　　　D．选择最公平的收入分配方式

8．微观经济学是经济学的一个分支，主要研究（　　）。

A．个体行为　　　　　B．市场经济　　　C．总体经济活动　　　D．失业和通货膨胀等

9．以下属于微观经济学研究的问题是（　　）。

A．经济增长率是高了还是低了　　　　　B．消费者如何用既定的收入获得最大的利润

C．社会资源是充分利用还是浪费了　　　D．货币的购买力是高了还是低了

10．以下属于静态分析方法的是（　　）。

A．消费者的收入变动引起均衡价格变动　B．商品的需求与供给决定均衡价格

C．消费者的偏好变动引起均衡价格变动　　D．生产要素价格的变动引起均衡价格变动

二、判断题

1．如果各种经济资源都很充裕即不存在稀缺问题，那么就不需要经济学。（　　）

2．社会生产位于生产可能线之内是正常的，而位于生产可能线之上是不正常的。（　　）

3．有选择就有成本，这种成本就是会计成本。（　　）

4．经济学就是研究社会如何利用稀缺资源生产人类需要的产品和劳务。（　　）

5．实证经济学主要强调"应该怎么样"。（　　）

6．只要有人类社会，就会存在稀缺性。（　　）

7．生产可能性曲线凹向原点说明随着一种物品生产的增加，机会成本在递减。（　　）

8．因为资源是稀缺的，所以产量是既定的，永远无法增加。（　　）

9．微观经济学和宏观经济学是相互补充的。（　　）

10．对"人们的收入差距大一点好还是小一点好"的研究属于实证方法。（　　）

三、简答题

1．资源配置包括哪些内容？

2．资源利用包括哪些内容？

3．哪些原因会使社会生产位于生产可能线以内？

4．如果欲达到生产可能线之外的产量，有哪些方法？

5．你要完成大学学业有哪些机会成本？

第 2 章

供 求 理 论

知识目标 ① 掌握需求和供给定理，学会运用需求曲线和供给曲线分析经济问题；② 了解影响需求和供给的因素；③ 掌握均衡价格的形成及其变动；④ 掌握各种弹性的计算及弹性理论的运用。

能力目标 ① 具备运用需求的价格弹性分析厂商收益大小的能力；② 具有运用需求规律分析消费行为的能力，具备运用需求的收入弹性和交叉弹性分析现实经济现象的能力；③ 具备运用均衡价格理论对限制价格、支持价格及税收产生的实际问题进行分析的能力；④ 运用价格理论结合弹性理论分析是需求变动还是供给变动，并作为依据解决企业价格决策问题。

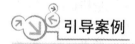 引导案例

影响需求的因素

2001 年夏，苏州乐园门票从 60 元降到 10 元。一时间，趋之者众，10 天该园日均接待游客量创下历史之最，累计实现营业收入 400 万元以上。10 元门票引来 25 万人。盛夏的苏州乐园，十分过瘾地火了一把。

"火"，是自 7 月 20 日傍晚 5 时点起来的。这是该园举办"2001 年仲夏狂欢夜"的首日，门票从 60 元降至 10 元。是夜，到此一乐的游客竟达 7 万人之多，大大出乎主办者"顶多 3 万人"的预测，这个数字，更是平时该园日均游客数的 15～20 倍，创下开园 4 年以来的历史之最。到 7 月 29 日，为期 10 天的"狂欢夜"活动落下了帷幕。园方坐下来一算，喜不自禁：这 10 天累计接待游客 25 万余人，实现营业收入 400 万元以上，净利润 250 万余元……这些指标，均明显超过白天正常营业时间所得。

正常情况下，苏州乐园的门票每人每张 60 元，每天的游客总数在 3 000～4 000 人之间，营业时间从上午 9 时到下午 5 时。而"狂欢夜"是在"业余"时间进行，即从每天下午 5 时到晚上 10 时，门票却降到 10 元。就是说，"狂欢夜"这 10 天，这家乐园在不影响白天正常

营业的情况下，每天延长了5小时的营业时间，营业额和利润就翻了一番以上。

"狂欢夜"与该园举办的"第四届啤酒节"是同时进行的。42个相关厂家到乐园助兴——其实，厂家是乘机宣传和推销自己的产品。据园方介绍，以往搞啤酒节，乐园是要收取厂家一定的"机会"费用的，但是，这次却基本不收或少收些许，而厂家须向游客免费提供一些"小恩小惠"——企业的广告宣传品等。减免了货币的支出，厂家岂有不乐的？园方也承认，众厂家的参与，带来大笔场地费，降低了乐园搞"狂欢夜"活动的风险，不过，它并非这次活动最后成功的决定性因素。

"火"一把的关键，是原先60元一张的门票陡降到10元。非但如此，每位到乐园过"狂欢夜"的，凭门票，还可以领到与10元门票同等价值的啤酒、饮料和广告衫等。需要说明的是，白天购60元门票入园后，园内的多数活动项目就不再收费；而购10元门票入园后，高科技项目和水上娱乐项目等仍要适当收取一点费用。这样算下来，园方至少可以保证自己不赔钱，何况还有那么多厂家的支持。消费者算算，也比60元一张门票值，因为，有些游客只是参与部分娱乐项目的消费，甚至只是乘晚间出来纳个凉、吹吹风，尤其是三口之家，更是觉得这样划算，总共花30元就能享受凉爽的空气、新鲜的啤酒、精彩的演出、美丽的焰火、免赠的礼品，太实惠了！厂家更精——做了广告，推销了产品，还培育了潜在的消费群体。总之，大家都赚了。

　　资料来源：网络资料编写。

供求理论是微观经济学的主要内容，均衡价格决定问题是它的核心问题。在完全竞争的市场条件下，价格是市场中供求双方相互之间联系和传递经济信息的方式，并且价格也以一定的方式促进经济资源得到有效的利用。价格在市场经济中具有非常重要的作用，其形成是由供给和需求相互作用形成的。微观经济学中的供求均衡包括局部均衡和一般均衡。前者是指一种商品单个市场或部分市场的均衡状态和价格决定；后者是指各种商品和劳务在所有市场上的均衡状态和价格决定。"供求理论"这一章主要研究的是局部均衡，包括供求均衡与价格决定、需求弹性和供给弹性，以及蛛网理论等问题。

2.1　需求理论

2.1.1　需求和需求函数

1. 需求

需求（Demand）是指消费者在一定时期内，在各种可能的价格水平下，愿意并且有能力购买的某种商品的所有可能的数量点的组合。需求反映的是买者的意愿和能力，代表的是买者的选择，而不是卖者的选择。如果买者既有购买某种商品的欲望，同时又有能力购买这种商品，这就是需求。

需求的存在必须同时具备两个条件：① 消费者"想"的问题，即消费者愿意购买；② 消费者"能"的问题，即消费者有能力购买，也就是有支付能力。只具备一个条件，即愿意购买但没有支付能力或有支付能力但不愿意购买，这都不是需求。需求必须是具有购买欲望又有购买能力的有效需求。

2. 需求函数

需求函数（Demand Function）表示需求量和影响需求量的各种因素之间的关系。价格不是决定消费者购买某种商品数量的唯一因素，影响需求的因素既有经济因素，又有非经济因素。商品本身的价格、消费者自身的偏好、消费者所掌握的信息、消费者收入水平、相关商品的价格、消费者对商品的价格预期等都是我们应该考虑的因素。一般来说，影响需求的因素主要有以下几个。

1）商品自身的价格。如果某种商品的价格上升，消费者将会减少购买数量，如果价格下降，消费者将会增加购买数量。一般来说，一种商品的价格越高，该商品的需求量就会越小；相反，价格越低，需求量就会越大。

2）相关商品的价格。当一种商品本身的价格保持不变，而与之相关的其他商品的价格发生变化时，这种商品本身的需求量也会发生变化。相关商品是指与该商品具有替代或互补关系的商品。替代品是指可以用来取代另一种商品的商品。当替代品价格上升时，人们将减少替代品的购买而增加原来商品的购买，反之会减少对原来商品的购买。互补品是指用来补充另一种商品的商品。当互补品价格上升时，使用原来商品的费用提高，从而消费者对其需求量减少，反之会增加对原来商品的需求量。例如，苹果和香蕉、咖啡和茶就互为替代品；汽车和汽油、糖和咖啡就是互补品。

3）消费者收入。消费者收入的变化会影响其对商品的购买能力。对于大多数正常商品而言，消费者的收入越高，对商品的需求越大；反之，收入越低，需求越小。而对于另一部分低档商品而言，随着收入水平的提高，人们对它们的需求反而下降。但是值得注意的是，正常商品和低档商品是相对而言的，它们在一定条件和环境下是可以相互转化的。

4）预期。预期是指消费者对某一商品未来价格趋势的一种心理预测。如果消费者预期某种商品的价格在未来时期会上升，他们就会增加对该商品的当前需求量；反之，如果消费者预期某种商品的价格在未来时期会下降，他们就会减少对该商品的当前需求量。

5）偏好。需求量是消费者希望购买的商品数量，它必然受到消费者的偏好的制约。一般来说，消费者对一种商品偏好的变化会改变他们对该商品购买的数量。当消费者对某种商品的偏好程度增强时，该商品的需求量就会增加；反之，则会下降。生活中，我们经常见到的广告宣传的目的一方面在于告诉人们商品的存在，另一方面在于通过改变人们的偏好而增加对某种商品的需求量。

6）信贷的成本和难度。消费者对许多商品都是通过取得消费信贷的方式来购买的。如果利息率较低和信贷较易获得，消费者对某些商品的需求量就会增加；反之，他们对某些商品的需求量就会减少。

7）消费者所掌握的信息。消费者对某一种商品信息的变化会影响消费者的需求。例如，当消费者认识到吸烟的危害时，香烟的需求量就会下降。

如果我们把影响需求量的各种因素作为自变量，把需求量作为因变量，则需求函数可用下式表示：

$$Q_d= (P,P_X,P_Y,I,P_e,F,\cdots) \tag{2-1}$$

式中，Q_d 为需求数量；$P, P_X, P_Y, I, P_e, F, \cdots$ 为价格、相关商品价格、收入、预期、偏好等。

综上所述，影响需求的因素很多，为简化分析，我们常常会把一些次要因素假定在一个不变的范围内，然后集中研究核心因素与需求之间的对应关系。在影响需求的众多因素中，商品自身的价格是一个很重要的因素。因此，在分析需求函数时，我们假定其他因素不变，仅仅研究商品自身价格对其需求量的影响，即把一种商品的需求量仅仅看成该商品的价格的函数。这时，式（2-1）将简化为：

$$Q_d=f(P) \tag{2-2}$$

式（2-2）就是我们常见的需求函数。在反映价格变化与需求量变化的关系中，需求函数是相对更为规范的描述方法。最简单意义上的需求函数是将价格作为自变量，而把需求量作为因变量，则需求函数可写为：

$$Q_d=a-bP$$

式中，a、b 为大于零的常数；b 前面的负号表明需求量与价格呈反方向变化。

2.1.2 需求定理

需求量和价格的关系是供求理论中的重大问题。无论是个人还是所有消费者，在其他因素不变的情况下，对某一商品的需求量是随着这种商品价格涨落而变化的。经济学家通常用需求定理（或称为需求法则）来揭示商品需求量和价格之间的关系。需求定理的基本内容是：其他影响需求量的因素不变的条件下，某种商品的价格越低，其需求量就越大；相反，某种商品的价格越高，其需求量就越小。在理解需求定理时，应注意其他因素既定这一条件。在现实生活中，很多变量都是同时发生变化的，为了更好理解经济现象，我们必须明确每个变量对需求的单独影响。所以，需求定理表明的是所有其他影响购买行为的因素不变而只有商品价格因素发生变化时，商品的需求量将发生怎样的变化。如果离开"其他影响需求量的因素不变"这一条件，需求定理就不会成立。根据需求定理，要使消费者购买更多的商品，商品的价格必须降低。

需求定理所描述的商品的价格和需求量之间的关系是一种普遍现象，但实际生活中也存在价格上升而需求量增加的情况，我们把这种情况称为需求定理的例外。这种情况主要存在于以下情形中。

1）某些炫耀性消费的商品，如珠宝、文物、名画、名车等。这类商品的价格已成为消费者地位和身份的象征。价格越高，越能显示拥有者的地位，需求量也越大；反之，当价格下跌，不能再显示拥有者地位时，需求量反而下降。

2）以英国经济学家吉芬的名字命名的"吉芬商品"。英国经济学家吉芬在研究中发现，1845年，爱尔兰发生大灾荒，马铃薯的价格上升了，而马铃薯的需求量反而增加了。这种价格上升而需求量增加的情况被后人称为"吉芬之谜"，并将具有这种特点的商品称为"吉芬商品"。

3）某些商品的价格小幅度升降时，需求量按正常情况变动；大幅度升降时，人们会因不同的预期而采取不同的行动，引起需求量的不规则变化。例如，证券、黄金市场常有这种情况，如股票投资中的"追涨杀跌"现象。

一般认为，商品价格和需求量之间的反向变动关系根源于价格变动带来的替代效应和收入效应。

替代效应是指当商品的价格变动时，在消费者的实际收入没有影响的前提下，引起消费者转向替代商品或从替代商品转向该商品，从而对需求量产生的影响。这种价格变化所带来的需求量的变动效应，称为替代效应。

收入效应是指当商品的价格变化时，引起消费者实际收入的变动，进而导致对该商品需求量的增加和减少。这种效应称为收入效应。

2.1.3　需求表和需求曲线

在其他条件不变的情况下，商品需求量与价格之间的反向关系可以用商品的需求表和需求曲线加以说明。

需求表是一张表示某种商品的各种价格水平和与之相应的该商品的需求量之间的关系，通过列表形式罗列出来而得到的表格。它的目的是通过文字表格形式揭示商品价格与需求量之间的反向关系。表 2-1 是某商品的需求表。

表 2-1　某商品的需求表

价格（元）	1	2	3	4	5	6	7
需求量（单位数）	70	60	50	40	30	20	10

把需求量和价格变化情况用坐标图表示，就可以得到需求曲线。需求曲线是根据需求表中商品的不同价格—需求量的组合，在平面坐标图上所绘制的一条曲线。它表示在不同价格水平下消费者愿意并且能够购买的商品量。

图 2-1 是根据表 2-1 画出的一条需求曲线。通常以纵轴表示自变量价格 P，以横轴表示因变量需求量 Q_d，曲线 D 表示需求曲线。

需求曲线具有如下特征。

1）需求曲线一般向右下方倾斜，斜率为负，这表示商品的价格和需求量之间呈反向变动的关系。

2）图 2-1 中的需求曲线是一条直线。实际上，需求曲线既可以是直线形，也可以是曲线形。在微观经济分析中，我们通常使用线性需求函数。

3）需求曲线不只是一条，可有无数条。曲线离原点越远，需求程度越高；反之，则越低。

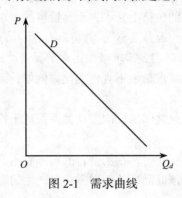

图 2-1　需求曲线

2.1.4　需求的变动与需求量的变动

需求量的变动和需求的变动是两个相互联系而又相互区别的概念。需求量的变动和需求的变动都是需求数量的变动，它们的区别在于引起这两种变动的因素是不相同的。需求和需求量是两个不同的概念。需求量是一个数量概念，指的是在一个特定价格下，消费者愿意并且能够购买的某种商品的数量。表 2-1 中，当商品的价格为 1 元时，需求量为 70 单位；当价格上升为 2 元时，需求量减少为 60 单位……

在需求曲线图中，需求量是需求曲线上的一个点。需求不是一个特定的数量，"需求"一词描述的是上述每一价格水平与需求量之间的全部对应关系。不同价格所对应的不同需求量的总称为需求。在需求曲线图中，需求是指整条需求曲线。

现实中，影响需求的各种因素既影响需求量，又影响需求。但在经济分析中，为了方便起见，我们要区分需求量的变动与需求的变动。

需求量的变动是指在其他条件不变时，由某商品的价格变动所引起的该商品的需求数量的变动。在几何图形中，需求量的变动表现为商品的价格—需求数量组合点沿着同一条既定的需求曲线的运动。如图 2-2 所示，某商品价格的上升将会引起消费者对它的需求数量的减少，而且这种变动是沿着同一条需求曲线进行的。

图 2-2 中，当商品的价格由每斤 2 元上升为 5 元时，需求量由 60 单位减少为 30 单位；相应地，价格与数量的组合点由 b 点向左上方移动到 a 点，需求曲线的位置不变。一般来说，其他因素不变，商品价格下降使得需求量增加，则价格与需求量的组合点的位置就会沿着同一条需求曲线向右下方移动，反之则向左上方移动。

　　需求的变动是指在某商品价格不变的条件下，由于其他因素变动所引起的该商品的需求数量的变动。在几何图形中，需求的变动表现为需求曲线的位置发生移动。图 2-3 表示的是需求的变动。

　　图 2-3 中，D_1 是原来的需求曲线，假定消费者的收入减少，那么在价格为 2 元时，商品的需求量就会由 60 单位减少到 40 单位，价格与数量的组合点为 b_2；价格为 5 元时，商品的需求量就会由 40 单位减少到 20 单位，价格与数量的组合点为 a_2。连接 a_2 和 b_2 即可得到收入减少后的需求曲线 D_2。同理，D_3 是收入增加后的需求曲线。

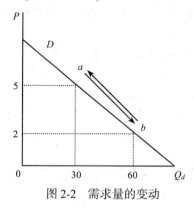

图 2-2　需求量的变动

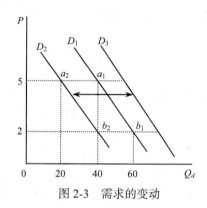

图 2-3　需求的变动

　　一般情况下，在商品本身价格不变的条件下，由于其他因素变化使得需求量增加了，则需求曲线会向右平行移动，表示需求增加；相反，由于其他因素变化使得需求量减少了，则需求曲线向左移动，表示需求减少。

2.2　供给理论

2.2.1　供给和供给函数

1．供给

　　需求反映的是消费者行为，而供给（Supply）反映的是厂商的行为。需求与供给是相对应的概念。需求是消费者对商品或劳务的需求，需求的实现和满足来自供给。供给是指某个厂商或全部厂商在一定时期内，在一定价格水平下，对某一商品愿意并且能够提供出售的商品数量。显然，供给必须具备两个条件：一是厂商愿意出售；二是厂商有商品可售。如果生产者对某种商品只有提供出售的愿望，而没有提供出售的能力，则不能形成有效供给，也就不是供给。供给是厂商供给欲望和供给能力的统一。

2．供给函数

　　供给函数（Supply Function）是指供给量及其影响因素之间的关系。某种商品的供给量是指生产者在某一价格水平上愿意并且能够提供的某种商品数量。首先，供给量是厂商希望出售而不是实际出售的商品数量；其次，供给量是厂商能够出售的商品数量，是有效的供给；最后，供给量是一定时期内的具有流量特征的供给量。一种商品的供给量受多种因素的影响，其中主要的因素有以下几个。

1）商品自身的价格。在其他条件不变的情况下，一种商品的价格越高，供给量越多；价格越低，供给量越少。在边际成本递增的作用下，随着任何一种商品生产量的增加，生产该商品的边际成本增加。在其他条件不变的情况下，当一种物品的价格上升时，生产者愿意增加供给量，因为此时生产产品的边际收益可以弥补更高的边际成本。因此，随着一种商品价格的上升，其供给量也增加。

2）生产成本。生产成本的高低将直接影响到供给的多少。生产成本越高，在每一既定的价格水平下生产者所能获得的利润就越少，随着成本的上升，生产者自然会减少生产，很可能转向那些成本上升没有那么快的其他产品。生产技术或生产要素的价格的变化会造成生产成本变动，从而直接影响产品供给的主要因素。如果某产品的生产技术进步或生产要素价格的下降将会降低生产成本，生产者就愿意增加供给数量，反之则会减少供给数量。此外，企业的组织变化和政府政策的变化也是导致生产成本变化的因素。

3）相关商品的价格。一种商品的供给量不仅仅随着自身价格的变化而变化，而且随着其他商品价格的变化而变化。假如某种商品的价格不变而其他商品的价格上升，使生产者增加对其他商品生产的投入而减少了原来商品的生产投入，结果使社会资源重新配置，原来商品的供给量受到影响。

4）生产者对商品价格的预期。当生产者预期某种商品的价格会上升时，他们就会扩大生产，增加对该商品的供给量。当生产者预期某种商品的价格会下降时，他们就会缩减生产，减少对该商品的供给。同时，如果厂商预期某种商品的价格看涨，则会囤积居奇，从而减少现期供给；反之，预期行情看跌，则会大量抛售，使现期供给增加。

5）政府税收、补贴和管制。政府对某些商品的供给量具有影响力。例如，政府为了提高教育、政治和国防方面的服务，需要对企业征税。征税将增加企业的成本，从而使供给量减少。当然，政府也会对某些企业实行补贴，目的是鼓励这些企业的发展。除此之外，一些情况下，政府的管制措施也会改变企业的生产成本，从而影响供给量。

如果把上述因素作为自变量，把供给量作为因变量，则供给函数可用下式表示：

$$Q_s = (P, C, P_X, P_Y, P_e, \cdots)$$

式中，Q_s 为供给数量；P，C，P_X，P_Y，P_e，$\cdots$ 为影响供给的价格、生产成本、相关商品价格、预期等因素。

在分析需求时，我们在众多影响需求的因素中，着重研究了商品自身价格对需求量的影响，而假定其他因素保持不变。同样，为了便于分析，我们也只考虑商品自身价格变动对供给量的影响，此种情况下，供给函数可以写为：

$$Q_s=f(P) \tag{2-3}$$

式（2-3）就是我们常见的供给函数。当供给函数为线性函数时，则供给函数可写为：

$$Q_s=-c+dP$$

式中，c 和 d 为大于零的常数。常数 c 前面的负号表明供给曲线延长线在横坐标上的截距；d 前面的正号表明供给量与价格呈同方向变化。

2.2.2　供给定理

讨论供给和价格的关系，也是在假定影响供给的其他因素不变的情况下展开的。这里我们着重讨论的供给，关注的是商品的价格与供给量。也就是说，在其他条件不变的情况下，能够影响商品供给数量变化的因素只有价格。经济学家用供给定理揭示价格与供给量之间的关系，即每一种商品的价格与它的供给量之间存在着正向关系。其内容是：在其他影响供给量的因素不变的情况下，某种商品价格越低，则供给量越少；价格越高，供给量越多。供给定理表明的是所有其他影响生产行为的因素不变而只有商品价格因素发生变化时，商品的供给量将发生怎样的变化。如果离开"其他影响供给量的因素不变"这一条件，供给定理就不会成立。根据供给定理，要使生产者在成本提高时提供更多的商品，就要以高价格使生产者得到补偿。

供给定理所描述的商品的价格和供给量之间的关系是一种普遍现象。如同需求定理，供给定理也存在例外的情况。第一，某些特殊商品（如古玩、土地等）。由于受各种条件限制，其供给量是固定的，无论价格如何变化，其供给量也无法增加。第二，劳动。当工资增加到一定程度时，如果继续增加则劳动的供给量不仅不会增加，反而会减少。

供给定理所描述的规律我们可以做如下解释。

1）边际成本递增。当厂商的生产规模超过某一特定的产量水平后，每增加一单位产品的投入，成本就会快速提高。这意味着更多的产出将伴随更大的成本，所以只有产品的价格也随之提高，厂商才愿意增加产量。

2）价格带来的利益推动。在其他条件不变的情况下，商品价格的提高意味着生产者得到的利润提高了，所以他们也就更愿意提供更多的产量。

2.2.3　供给表和供给曲线

揭示供给量和价格之间的关系还可以通过供给表和供给曲线加以描述。

商品的供给表是一个表示某种商品的各种价格水平和与各种价格水平相对应的该商品的供给数量之间关系的数字序列表。其目的在于通过文字表格形式揭示商品价格与供给量之间的正向关系。

假设表 2-2 是某商品的供给表。从表 2-1 中，我们可以看到该商品价格与供给量之间的函数关系。例如，当该商品的价格为 1 元时，供给量为 10 单位；当价格上升为 1.5 元时，供给量增加为 15 单位；当价格进一步上升为 2 元时，供给量进　步增加为 20 单位；如此等等。

表 2-2　某商品的供给表

价格（元）	1	1.5	2	2.5	3
供给量（单位数）	10	15	20	25	30

供给曲线是根据供给表中商品的不同价格—供给量的组合在平面坐标图上所会制的一条曲线。它表示在不同价格水平下生产者愿意并且能够提供的商品数量。所以，供给曲线是以几何图形来表示商品的价格和供给量之间的函数关系。根据表 2-2 的数据，我们可以画出该产品的供给曲线。如图 2-4 所示，横轴表示商品的供给数量，纵轴表示商品的价格，曲线 S 表示供给曲线。

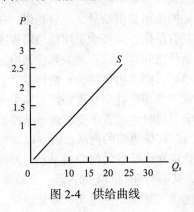

图 2-4　供给曲线

供给曲线的特点如下。

1）供给曲线是一条从左向右上方倾斜的曲线，斜率为正，表明供给量和商品价格呈同方向变化。

2）图 2-4 中的供给曲线是一条直线。实际上，供给曲线既可以是直线形，也可以是曲线形。在微观经济分析中，我们通常使用线性供给函数。

3）供给曲线不只是一条，可有无数条。供给曲线离原点越远，供给程度越高；反之，则供给程度越低。

2.2.4　供给的变动与供给量的变动

如同需求的变动与需求量的变动一样，供给的变动与供给量的变动也是两个不同的概念。供给量的变动和供给的变动都是供给数量的变动，它们的区别在于引起这两种变动的因素是不相同的，而且这两种变动在几何图形上的表示也是不相同的。

供给量的变动是指在其他条件不变时，由某种商品的价格变动所引起的该商品的供给数量的变动。在几何图形中，供给量的变动表现为商品的价格—供给数量组合点沿着同一条既定的供给曲线的运动。图 2-5 中，某商品价格的上升将引起供给数量的增加，而且这种变动是沿着同一条供给曲线进行的。例如，鸡蛋价格上升或下降了，生产者对鸡蛋的供给量增加或减少了，这就是供给量的变化。但是，如果是生产成本增加或减少了，鸡蛋的供给数量减少或增加了，这就是供给的变化。

供给的变动是指在某商品价格不变的情况下，由于其他因素变动所引起的该商品的供给数量的变动。供给的变动表现为供给曲线的位置发生移动。图 2-6 表示的是供给的变动。

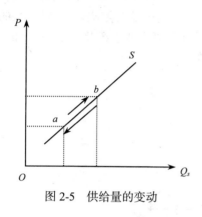

图 2-5　供给量的变动

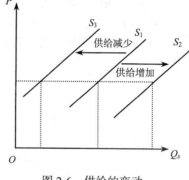

图 2-6　供给的变动

图 2-6 中，S_1 是原来的供给曲线，假定生产成本减少，那么在鸡蛋的每一价格下，生产者愿意提供的数量增加了，鸡蛋的供给曲线向右移动。反之，如果生产成本减少，那么在鸡蛋的每一价格下，生产者愿意提供的数量就会减少，供给曲线向左移动。

一般情况下，在商品本身价格不变的条件下，由于其他因素变化使得供给量增加了，则供给曲线会向右平行移动，表示供给增加；相反，由于其他因素变化使得供给量减少了，则供给曲线向左移动，表示供给减少。

2.3　均衡价格理论

前面我们所探讨的是买方需求和卖方供给的单个主体行为，但是单个买者和卖者的行为都不能决定整个市场的价格。整个市场的价格是由市场需求和市场供给相结合而共同决定的。

2.3.1　均衡价格的形成

市场是由对商品有需求的买方和对商品能够供给的卖方所构成的。买者总是想以更低的价格购买，卖者总是想以更高的价格出售，最终的结果将是一种平衡。均衡分析方法是经济学分析的一种重要的研究方法。微观经济学中的商品价格是指商品的均衡价格，它是在商品的市场需求和市场供给这两种相反方向力量的相互作用下形成的。均衡价格（Equilibrium Price）是指一种商品的需求价格与供给价格相等，需求量与供给量相等的价格，它是由需求曲线与供给曲线的交点决定的。在这个价格水平上，家庭愿意购买商品的数量正好等于厂商愿意出售商品的数量，这种供求相等的市场称为均衡市场。市场均衡时的价格为均衡价格，市场均衡时的产量为均衡产量，如图 2-7 所示。

由于受相关商品的价格、收入水平等诸多因素的影响，在市场上，消费者在消费一种商品的时候，必然有一个愿意接受的最高价格，超过这一价格，他就会减少对这种商品的消费量，这一价格就是需求价格。同样地，由于受生产成本等诸多因素的影响，生产者在供给一种商品的时候，也有一个愿意接受的最低价格，低于这一价格，生产者就会减少对这种商品的供给量，这一价格就是供给价格。一种商品的市场价格并不是由消费者或生产者单方面决定的，而是由需求和供给这两种力量互相影响、互相作用而形成的。

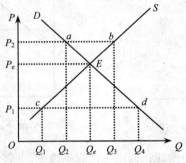

图 2-7 均衡价格和均衡量的决定

我们可以借助于图 2-7 说明均衡价格及其形成。在图 2-7 中，市场需求曲线 D 与供给曲线 S 相交于 E 点，E 点被称为市场的均衡点，均衡点上的价格 P_e 和数量 Q_e 分别被称为均衡价格和均衡量。

根据需求定理和供给定理，价格越高，需求量越小，而供给量越大；相反，价格越低，需求量越大，而供给量越小。由图 2-7 可以看出，当商品的市场价格在高于均衡价格的 P_2 水平上时，供给量为 Q_3，需求量 Q_2，市场出现过剩的供给，我们称这种情况为需求不足或供给过度，过剩量为 Q_3-Q_2。此时，供给者之间的竞争会把价格压低，而价格下降一方面会使供给量减少，另一方面会使需求量增加，直到两者相等、市场价格恢复到均衡价格为止。

当市场价格低于均衡价格时，如果市场价格为 P_1，需求量为 Q_4，而供给量为 Q_1，出现需求量大于供给量的情况，我们称为需求过度或供给短缺。这时，需求者之间将发生竞争，希望得到商品的需求者之间的竞争会把过低的价格抬高，而价格上升又会使需求量减少、供给量增加，直到两者相等、市场价格上升到 P_e 时的均衡价格为止。正是通过由价格联系的需求和供给相互影响，此消彼长，最终会使需求与供给双方力量均等，这时价格不再具有变动的趋势，而处于一种相对静止的均衡状态。这时的价格被称为均衡价格。

商品价格处于均衡价格时，买者愿意而且能够购买的数量正好与卖者愿意而且能够出售的数量平衡。均衡价格有时也被称为市场出清价格，因为在这种价格上，市场上的每一个人都得到了满足：买者买到了他想买的所有东西，而卖者卖出了他想卖出的所有东西。买者与卖者的行为自然而然地使市场向供给与需求的均衡变动。

综上所述，均衡价格是在市场供求关系中自发形成的，而均衡价格的形成过程就是市场价格机制的调节过程。所谓市场的价格机制，是指价格本身所具有的调节市场供求达到一致而使稀缺资源按需要的比例配置的内在功能。如果市场价格偏离均衡价格，市场上便会出现需求量和供给量不相等的非均衡状态。一般来说，偏离的市场价格会自动地回复到均衡价格水平，从而使供求不相等的非均衡状态逐步消失。如果社会上所有的商品和劳务都能在市场的价格机制作用下实现供求平衡，按需要配置稀缺经济资源这一基本的社会经济问题便会自动地解决，而无须计划和政府干预。

由此，我们可得到如下结论：当需求量大于供给量时，价格上升，均衡产量增加；当需求量小于供给量时，价格下降，均衡产量减少。

2.3.2　需求和供给变化对均衡价格的影响

对于上面的分析，我们是在假定其他因素不变的情况下研究市场的均衡状态，也就是说我们采用的是静态分析方法。市场价格既然是由供给和需求双方力量相互作用的结果，所以任何能引起供给和需求变化的因素都会导致均衡发生变动。

1. 需求变动对均衡价格的影响

在商品价格不变时，相关商品价格、消费者收入、个人偏好和时间等因素的变化都能引起需求曲线的移动，进而引起需求量的变化。在供给不变的情况下，需求变动或需求曲线的移动对均衡价格和均衡产量都有影响，如图 2-8 所示。

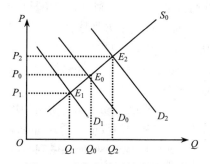

图 2-8　需求变动对均衡的影响

图 2-8 中，假定原需求曲线为 D_0，供给曲线为 S_0，则均衡点为 E_0，均衡价格为 P_0，均衡量为 Q_0。现假定在商品价格不变的前提下，如果由于消费者收入水平提高或相关商品价格变化等原因引起需求增加，则需求曲线向右平移，即新的需求曲线为 D_2，这时均衡点为 E_2，均衡价格由 P_0 上升到 P_2，均衡量也由 Q_0 增加到 Q_2；反之，如果其他因素变化引起需求减少，则需求曲线向左平移，由 D_0 向左平移到 D_1 曲线的位置，此时均衡点为 E_1，均衡价格由 P_0 下降到 P_1，均衡量也由 Q_0 减少到 Q_1。

可见，均衡价格下降，均衡数量也相应减少。因此，需求变动的方向与均衡价格和均衡数量的变动方向是一致的。

2. 供给变动对均衡价格的影响

来自卖者的数量、自然条件、生产成本、卖者对价格变动的预期或其他商品的价格等因素是引起市场供给变动的决定因素。在需求不变的情况下，供给变化或供给曲线的移动对均衡价格和均衡产量也有影响，如图2-9所示。

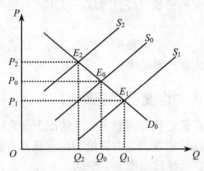

图 2-9　供给变动对均衡的影响

图2-9中，假定原需求曲线为D_0，供给曲线为S_0，则均衡点为E_0，均衡价格为P_0，均衡量为Q_0。现假定在商品价格不变的前提下，由于其他影响供给的因素发生变动，如生产者技术水平提高或相关商品价格变化等原因引起供给增加，则供给曲线向右下方平移，即新的供给曲线为S_1，这时均衡点为E_1，均衡价格由P_0下降到P_1，均衡量也由Q_0增加到Q_1；反之，如果其他因素变化引起供给减少，则供给曲线向左上方平移，由S_0向左上方平移到S_2曲线的位置，此时均衡点为E_2，均衡价格由P_0上升到P_2，均衡量也由Q_0减少到Q_2。

可见，均衡价格上升，但均衡数量却相应减少。供给变动的方向与均衡价格变动的方向相反，但与均衡数量的变动方向是一致的。

通过上述分析，可以说明供给与需求的变动对均衡价格和均衡数量的影响。在其他条件不变的情况下，需求变动会引起均衡价格和均衡数量的同方向变动；供给变动会引起均衡价格的反方向变动，引起均衡数量的同方向变动。这一影响在微观经济学中通常被称为"供求定理"。

供求定理进一步区分了需求和供给的变动对价格和产量产生的影响，因而对解释某种商品价格变动的长期趋势是有用的。供求定理也是市场机制理论的进一步深化。

3. 需求和供给同时变动对均衡价格的影响

当供给与需求同时变化时，均衡价格和均衡数量的变化显得不像前面那样确定了。与原均衡点相比，新的均衡价格可能比原均衡价格高，也可能低，也可能保持不变；均衡数量也是如此。对于价格而言，如果需求增加的量大于供给增加的量，价格将会提高；如果供给增加的量大于需求增加的量，价格将会降低；如果需求增加的量等于供给增加的量，价格将保持不变。

需求和供给同时变动对均衡的影响比较复杂，一般来说有以下几种情况。

1）需求和供给同时呈同方向变动，即同时增加或减少。这种情况下，均衡量将同时增加或减少，而均衡价格的变动则取决于供需变动的相对量，可能上升、下降或保持不变。如果需求曲线移动的幅度大于供给曲线移动的幅度，均衡价格就会上升，反之则下降。两条曲线移动的幅度相同，则均衡价格保持不变。

2）供求同时呈反方向变动。这时，均衡价格总是按照需求的变动方向变动，而均衡数量的变动取决于供求双方变动的相对比例，可能增加，可能减少，也可能维持不变。如果需求曲线移动的幅度大于供给曲线移动的幅度，均衡数量增加；反之则减少。当两者变动的幅度相同时，均衡数量维持不变。

上述供求变动对均衡的影响，可以在表 2-3 中反映出来。

表 2-3 供求变动对均衡的影响

供求变动			对均衡价格的影响	对均衡数量的影响
需求不变		供给减少	上升	减少
		供给增加	下降	增加
供给不变		需求减少	下降	减少
		需求增加	上升	增加
供求同时变动	同向变动 / 幅度不等	需求减少小于供给减少	上升	减少
		需求减少大于供给减少	下降	减少
		需求增加小于供给增加	下降	增加
		需求增加大于供给增加	上升	增加
	同向变动 / 幅度相等	供求增加幅度相等	不变	增加
		供求减少幅度相等	不变	减少
	反向变动 / 幅度不等	需求减少小于供给增加	下降	增加
		需求减少大于供给增加	下降	减少
		需求增加小于供给减少	上升	减少
		需求增加大于供给减少	上升	增加
	反向变动 / 幅度相等	需求减少与供给增加幅度相等	下降	不变
		需求增加与供给减少幅度相等	上升	不变

实 例

SARS 期间台湾地区口罩与板蓝根的价格

面对 SARS 的来袭，虽然还未到人口一罩的情况，不过口罩市场却也因此热翻天。台湾地区消基会 2003 年 3 月 31 日到药局、便利商店与药妆点针对市售口罩进行查价，发现口罩价格已经随着疫情升高也悄悄涨价了，连防尘保暖的纱布型口罩都由原先的 10 元涨到了 60 元，活性炭口罩更是从 80 元涨到了 200 元，涨幅最高达 4 倍。

查价的同时也发现，大部分的口罩缺乏完整标示，未标示品名、材质、使用期限与使用注意事项等，甚至还发现有的业者将仅有的使用年限撕毁，留下依稀是"1999 年"的字样。

除了口罩大卖、涨价 4 倍外，还有一种东西的销售更是吓人，那就是宣称具有提升免疫力的"板蓝根"！根据重要商工会全总会统计，原本板蓝根 50 克卖 20~30 元，SARS 期间上涨 5 倍，50 克约 100~150 元，500 克约 1 000 元，一周热销 3~5 吨，如此估计，每天销售额高达三五百万元。当时严重缺货，已紧急向大陆调货。

资料来源：计永毅. 经济学. 北京：北京邮电大学出版社，2006.

2.3.3　最高限价和最低限价

市场的今后价格是由需求和供给两种力量的对比决定的，同时它又影响着供求的变化。生产者根据商品价格的涨跌来合理判断市场的供求变化以调整自己的产量；消费者也根据价格的涨跌来合理安排自己的商品消费组合以使自己的利益最大化。因此，作为"看不见的手"的价格指挥着人们的经济生活。然而，在现实的经济生活中，诸如经济的、社会的和政治的因素都会影响均衡价格的形成及供求关系的调整。

1．最低限价

最低限价也称为支持价格，是指政府为了扶植某一行业的生产和发展，对该行业产品规定的高于市场均衡价格的最低价格。例如，许多国家对农产品规定支持价格或最低价格。政府为保持这一价格，或者收购商品供大于求的差额，或者组织出口，以防止价格下降趋势。

我们借助于图 2-10 来说明这种方法所产生的后果。

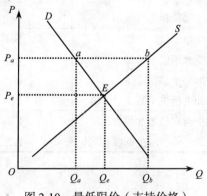

图 2-10　最低限价（支持价格）

图 2-10 中，P_e 和 Q_e 分别代表由市场供求力量自发形成的农产品市场的均衡价格和均衡数量，P_a 代表政府所实行的农产品的最低限价。在最低限价下，供给量 Q_b 高于均衡数量 Q_e，消费者的需求量 Q_a 则低于均衡数量 Q_e。农产品的最低限价导致农产品供给量大于需求量，其剩

余为 $Q_a Q_b$。这时，政府必须从事收购，以消除过剩，最低限价增加了政府的财政支出。

为了支持某一行业的发展，政府还可以采取其他政策，如对产品实行补贴的政策。产品补贴政策不同于产品最低限价政策。产品补贴政策是通过降低产品的生产成本而改变供给曲线，均衡价格仍由市场供求决定。最低限价政策则是脱离了市场价格机制，而由政府直接定价。

2．最高限价

最高限价也称为限制价格，是指政府为了限制某些商品的价格而对它们规定低于市场均衡价格的最高价格。为了实现这一价格，政府必须通过进口或者寻找替代品等方法，增加供给以弥补供求缺口差额，控制价格上涨趋势。在经济不发达的社会，政府实行这一价格是为了稳定经济生活，稳定生活必需品的价格，保护消费者的利益。

我们用图 2-11 来说明限制价格政策所产生的后果。某商品由市场供求力量自发形成的均衡价格为 P_e，如果政府认为此价格过高，从而制定了一个最高限价 P_b，P_b 位于 P_e 之下。在 P_b 水平上，需求量为 Q_d，供给量为 Q_c，短缺量为 $Q_c Q_d$。

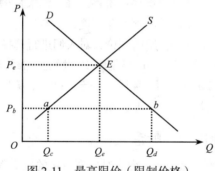

图 2-11　最高限价（限制价格）

最高限价有可能出现抢购现象或者黑市交易。为了解决商品短缺，政府可以采取发放购物券等来控制需求量，但还会出现黑市交易。另外，最高限价会挫伤厂商的生产积极性，没有生产积极性而导致的生产不足使短缺变得更加严重。同时，商品价格偏低还会造成资源的浪费，一旦放弃价格控制，价格上涨会变得更加厉害。

相关链接

价格政策的利与弊

以农业为例，支持价格的作用，从长期看支持了农业的发展，调动了农民种田的积极性，使农产品的供给大于需求。对过剩的农产品，政府只有大量收购，这使政府背上了沉重的债务负担。靠保护成长起来的事物是缺乏生命力的，加入 WTO 后我们还有几年的减缓期，如果仍用这种支持价格，就不能从根本上改变我国农业的落后状况。另外，政府解决收购过剩的农产品方法之一就是扩大出口。这将引起国家与国家之间为争夺世界农产品市场而进行贸易战。

最高价格有利于社会平等，但从长期来看，价格低不利于抑制需求，也不利于刺激供给，使本来就短缺的商品更加短缺。为了弥补供给不足部分，政府往往就会采取配给制。例如，我国住房长期以来实行配给制和低房租，这种政策固然使低收入者可以有房住，但却使房屋更加短缺，几十年的住房问题解决不了。改革开放以来，随着住房分配政策的不断改变，商品房的价格由市场调节，调动了开发商建房的积极性，解决了多少年来住房需求的短缺局面。最高价格是一项不符合经济规律的失败的制度安排，经济学家不主张利用此政策，因此最终要被设计者放弃也就是必不可免的。

资料来源：杨艳芳. 经济学. 北京：北京邮电大学出版社，2006.

2.4 弹性理论

前面，我们分析了需求、供给和价格之间的关系，揭示了需求定理和供给定理：其他条件不变，价格上升，需求量减少，供给量增加；价格下降，需求量增加，供给量减少。这仅仅论述了变化方向，属于定性分析，而没有考察变化程度，没有进行定量分析。弹性理论主要就是研究价格变化对需求量和供给量影响程度的理论，对人们进行选择和做出决策关系重大。

弹性理论是微观经济学的重要理论，最早是由 19 世纪法国经济学家古诺提出的，以后由马歇尔发展成一个完整的理论。20 世纪后，英国经济学家庇古、美国经济学家穆尔和舒尔茨等人将此理论应用于实际，对某些商品的需求弹性做了估计。

2.4.1 弹性和需求弹性的一般含义

"弹性"本是一个物理学的概念，指一物体对外部力量的反应程度。例如，弹簧在外力的作用下的弯曲程度就是弹性。经济学中，弹性指在经济变量之间存在函数关系时，因变量对自变量变化的反应程度。一般来说，只要两个经济变量之间存在函数关系，我们就可以用弹性来表示因变量对自变量变化的反应程度。具体来说，它是这样一个数字——当一个经济变量发生 1% 的变动时，由它所引起的另一经济变量变动的百分比。

经济学中弹性的一般公式为：

$$弹性系数 = \frac{因变量的变动比率}{自变量的变动比率}$$

如果两个经济变量之间的函数关系为 $Y = f(X)$，则弹性的一般公式可表示为：

$$e = \frac{\dfrac{\Delta Y}{Y}}{\dfrac{\Delta X}{X}} = \frac{\Delta Y}{\Delta X} \cdot \frac{X}{Y} \tag{2-4}$$

式中，e 为弹性系数；ΔX、ΔY 为变量 X 的变动量、Y 的变动量。

该式表示，当自变量 X 变动 1% 时，因变量 Y 变动了百分之几。

当经济变量的变化量趋于无限小时，即式（2-4）中的 $\Delta X \to 0$，且 $\Delta Y \to 0$ 时，则弹性公式为：

$$e = \lim_{\Delta X \to 0} \frac{\dfrac{\Delta Y}{Y}}{\dfrac{\Delta X}{X}} = \frac{\dfrac{dY}{Y}}{\dfrac{dX}{X}} = \frac{dY}{dX} \cdot \frac{X}{Y} \qquad (2\text{-}5)$$

通常将式（2-4）称为弧弹性公式，将式（2-5）称为点弹性公式。

前面讲过，需求量的大小受许多因素的影响，但是不同的商品受影响的程度是不相同的。例如，粮食价格下降50%而引起的需求量的变化肯定要小于服装因价格下降50%而引起的需求量变化。为了比较不同产品的需求量因某种因素的变化而受到影响的程度，我们使用需求弹性作为工具。

需求弹性说明需求量对某种影响因素变化的反应程度。因为影响需求量的因素很多，如产品价格、消费者收入、相关商品的价格等，所以需求弹性可以分为需求价格弹性、需求收入弹性、需求交叉价格弹性等。

2.4.2　需求价格弹性

1. 需求价格弹性的定义与特点

需求价格弹性是需求弹性最主要的类型，其重要性不仅在于通过弹性系数大小变化及比较，可以使人们了解商品量与商品价格相对关系变化的规律性，而且在于它指出了当价格变动后，需求量的相应变动会引起的消费支出或销售总收益的变化，从而对于企业确定销售价格具有重要意义。

那么，什么是需求价格弹性呢？需求的价格弹性（Price Elasticity Demand）表示在一定时期内一种商品的需求量的变动对于该商品价格变动的反应程度，或者说是表示一种商品价格变动 1%时会使需求量变动百分之几。需求价格弹性通常简称为需求弹性。其计算公式为：

$$需求价格弹性系数 = \frac{需求量的变动比率}{需求量的变动比率}$$

如果用 e_d 表示需求价格弹性系数，用 P 和 ΔP 分别表示价格和价格的变化量，Q 和 ΔQ 分别表示需求量及需求变化量，则需求价格弹性系数的公式为：

$$e_d = -\frac{\dfrac{\Delta Q}{Q}}{\dfrac{\Delta P}{P}} = -\frac{\Delta Q}{\Delta P} \cdot \frac{P}{Q} \qquad (2\text{-}6)$$

根据需求价格弹性的定义与公式，我们可以发现，需求的价格弹性具有如下特点。

1）一般来说，需求价格弹性系数是一个负数，因为商品的需求量和价格是反方向变动的（但是，为了便于比较，在式（2-6）中加了一个负号，以使需求的价格弹性系数 e_d 取正值。通常说某产品的价格弹性大，是指其绝对值大）。

2）需求弹性系数是需求量变动的比率与价格变动的比率之比，而不是需求量变动的绝对量与价格变动的绝对量之比。因此，需求价格弹性系数是一个无维量，即弹性大小与计量单位无关。

3）根据弹性公式可知，需求的价格弹性由两个部分构成，因此需求弹性的大小取决于两个因素：$\dfrac{\Delta Q}{\Delta P}$ 和 $\dfrac{P}{Q}$。$\dfrac{\Delta Q}{\Delta P}$ 即需求曲线斜率的倒数，而 $\dfrac{P}{Q}$ 表示点在需求曲线上的位置。当需求曲线为一条从左上方向右下方倾斜的直线时，曲线上各点的斜率相同，但各点的需求价格弹性因点在曲线上的位置不同而不同（以下会详细说明）。

2．点弹性和弧弹性的计算

式（2-6）是计算需求价格弹性的一般公式。但在具体计算弹性系数时，还要根据需求曲线上两点之间的距离情况，对上述公式加以修正。

（1）点弹性的计算

当需求曲线上两点之间的变化量趋于零时，即当价格变量无穷小时，需求弹性要用点弹性来表示。点弹性表示的是需求曲线上某一点的弹性，它衡量需求曲线某一点上的需求量的无穷小的变动率对于价格的无穷小的变动率的反应程度。其计算公式为：

$$e_d = \lim_{\Delta P \to 0} -\frac{\Delta Q}{\Delta P} \cdot \frac{P}{Q} = -\frac{dQ}{dP} \cdot \frac{P}{Q}$$

点价格弹性也可以用几何方法求得。用几何方法求价格弹性，从一定意义上来说更为直观，更为简洁。下面，我们用图 2-12 来加以说明。

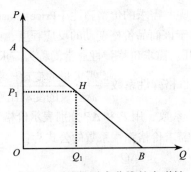

图 2-12　线性需求曲线的点弹性

图 2-12 中，线性需求曲线分别与纵坐标和横坐标相交于 A 点和 B 点，令 H 为该需求曲线上的任意一点，相应的价格和需求量分别为 OP_1、OQ_1，则 H 点的弹性系数 $e_d = -\dfrac{dQ}{dP} \cdot \dfrac{P}{Q} = \dfrac{OB}{OA} \cdot \dfrac{OP_1}{OQ_1}$。因为 $\Delta HQ_1B \backsim \Delta AOB$，故 $\dfrac{OB}{OA} = \dfrac{Q_1B}{Q_1H} = \dfrac{Q_1B}{OP_1}$。则 $e_d = \dfrac{OB}{OA} \cdot \dfrac{OP_1}{OQ_1} = \dfrac{Q_1B}{OP_1} \cdot \dfrac{OP_1}{OQ_1} = \dfrac{Q_1B}{OQ_1}$

又因为 $HQ_1 \parallel OA$ ，故 $\dfrac{Q_1B}{OQ_1} = \dfrac{HB}{HA}$ ，因而

$$e_d = \frac{Q_1B}{OQ_1} = \frac{HB}{HA} = \frac{OP_1}{P_1A}$$

由此，我们可以得出以下结论：线性需求曲线上任何一点的弹性，都可以通过由该点出发向价格轴或数量轴引垂线的方法求得。

除了水平的或垂直的两种特殊形状的线性需求曲线外，线性需求曲线上每一点的点弹性都是不相等的，如图 2-13 所示。

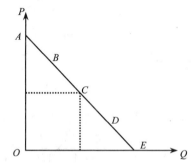

图 2-13　线性需求曲线上不同点的弹性比较

在线性需求曲线的中点 C ,有 $e_d = 1$;在线性需求曲线的中点以上部分的任何一点(如 B 点),有 $e_d > 1$;在线性需求曲线的中点以下部分的任何一点（如 D 点），有 $e_d < 1$;在线性需求曲线与纵轴和横轴的交点 A 和 E ，各有 $e_d = \infty$ 和 $e_d = 0$ 。

显然，线性需求曲线上的点弹性有一个明显的特征：在线性需求曲线上的点的位置越高，相应的点弹性系数值越大；相反，位置越低，相应的点弹性系数值越小。

上述介绍的是线性需求曲线点弹性的几何意义。如果需求曲线为非线性需求曲线时，则需求曲线上任何一点弹性的几何意义可以通过先过该点做切线，使之分别与横轴和纵轴相交，然后用与推导线性需求曲线上的点弹性的几何意义相类似的方法来得到。

图 2-14 中，H 为非线性需求曲线 D 上的一点。为了计算 H 点的需求价格弹性值，可以先过 H 点做切线，使之分别与纵轴和横轴相交于 A 和 B ，然后从 H 点出发向横轴引垂线交于 Q_1 ，或向纵轴引垂线交于 P_1 ，最后用与推导线性需求曲线上的点弹性的几何意义相类似的方法来求得 H 点的需求价格弹性值。这一弹性值为：$e_d = \dfrac{Q_1B}{OQ_1} = \dfrac{HB}{HA} = \dfrac{OP_1}{P_1A}$ 。

（2）弧弹性的计算

需求的价格弧弹性是表示某商品需求曲线上两点之间的需求量的相对变动对于价格相对变动的反应程度，即需求曲线上两点之间的弹性。

如果需求曲线上两点之间的距离较大，测量需求价格弹性就变成了测量需求曲线上相距两

点之间的一段弧弹性。

在计算同一条弧的需求弧弹性时，由于价格和需求量所取的基数值不同，涨价和降价的计算结果便不同。

图 2-15 中，从 A 点到 B 点的弹性不同于从 B 点到 A 点的弹性。

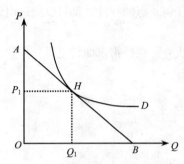

图 2-14 非线性需求曲线的点弹性

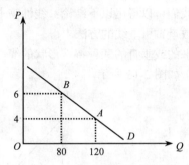

图 2-15 需求价格弧弹性

从 A 点到 B 点（价格上升，需求数量减少）：

$$e_d = -\frac{\Delta Q}{\Delta P} \cdot \frac{P}{Q} = -\frac{80-120}{6-4} \times \frac{4}{120} \approx 0.67$$

从 B 点到 A 点（价格下降，需求数量增加）：

$$e_d = -\frac{\Delta Q}{\Delta P} \cdot \frac{P}{Q} = -\frac{120-80}{4-6} \times \frac{6}{80} = 1.5$$

如果仅是一般计算某一条弧的需求价格弧弹性，并未具体强调这种需求的价格弧弹性是作为降价或涨价的结果，则为了避免不同的计算结果，在计算价格变动的比率时，以价格变动前后的两个价格的算术平均数为基础；在计算需求量变动的比率时，以需求量变动前后的两个需求量的算术平均数为基础。因此，需求价格弧弹性的计算公式又可写为：

$$e_d = -\frac{\dfrac{\Delta Q}{\dfrac{Q_1+Q_2}{2}}}{\dfrac{\Delta P}{\dfrac{P_1+P_2}{2}}} = -\frac{\Delta Q}{\Delta P} \cdot \frac{P_1+P_2}{Q_1+Q_2} \tag{2-7}$$

式（2-7）也被称为需求价格弧弹性的中点公式。运用中点公式计算图 2-15 中从 A 点到 B 点和从 B 点到 A 点的需求价格弹性，其结果是相同的，都等于1。

由上述分析可知，需求价格弧弹性的计算可以有三种情况：涨价时的需求价格弧弹性、降价时的需求价格弧弹性及按照中点公式计算的需求价格弧弹性。至于到底采用哪种计算方法，这需要视具体情况和需要而定。

3. 需求价格弹性的类型

由于需求量与价格在一般情况下呈反方向变动关系，因此需求价格弹性系数为负数。根据需求价格弹性系数绝对值的大小，可以把需求价格弹性分为五种类型。

1）需求完全富有弹性。这种情况下，当价格为既定时，需求量是无限的，$e_d = \infty$。这是一种特例。例如，战争时期的常规军用物资可视为需求完全富有弹性。这时，需求曲线是一条与横轴平行的线，如图 2-16（a）所示。

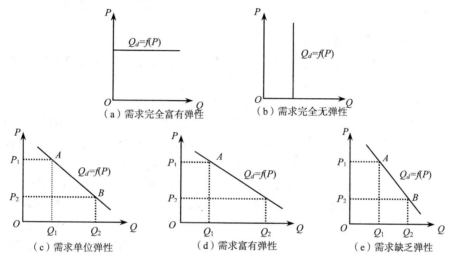

图 2-16　需求价格弹性的五种类型

2）需求完全无弹性。这种情况下，无论价格如何变动，需求量都不会变动，$e_d = 0$。这是一种特例。例如，自来水费、火葬费等就近似于无弹性。这时，需求曲线是一条与横轴垂直的线，其斜率为无穷大，如图 2-16（b）所示。

3）需求单位弹性。这种情况下，需求量的变动率等于价格的变动率，即需求量和价格以相同幅度变动，此时 $e_d = 1$，如图 2-16（c）所示。这也是一种特例。这时，需求曲线的斜率为负，其绝对值等于1。

4）需求富有弹性。这种情况下，需求量变动的比率大于价格变动的比率，$e_d > 1$。奢侈品、珠宝、国外旅游等都属于这种情况。这时，需求曲线是一条比较平坦的线，如图 2-16（d）所示。

5）需求缺乏弹性。这种情况下，需求量变动的比率小于价格变动的比率，$e_d < 1$。生活必需品，如水、粮食等都属于这种情况。这时，需求曲线是一条比较陡峭的线，如图 2-16（e）所示。

📎 相关链接

谷贱伤农

中国有句古话叫"谷贱伤农"，意思是丰收了，由于粮价的下跌，农民的收入减少。其原因就在于粮食是生活必需品，需求价格弹性小。也就是说，人们不因为粮食便宜而多吃粮食，由于丰收了而造成粮价下跌，并不会使需求量同比例地增加，从而总收益减少，农民蒙受损失。不仅如此，粮食是生活必需品，需求收入弹性也小，即人们的收入提高了并不因此而增加粮食的消费。

在资本主义社会，经济危机时期出现把粮食和农产品毁掉的做法，其原因也在于农产品的需求缺乏弹性，降价不会增加需求量的大幅度增加，只会减少厂商的总收益，所以资本家把这些农产品毁掉反而会减少损失。

4．影响需求价格弹性的因素

现实生活中，极端情况很少见，弹性值一般都在0和∞之间。需求价格弹性值的大小受很多因素的影响，归纳起来主要有以下几种。

1）人们对商品的需求程度的大小。一般生活必需品弹性较小，而一些奢侈品弹性较大。例如，粮食、食盐、燃料等，即使其价格上涨幅度很大，需求量也不会有大的变化。我们一般将需求缺乏弹性的商品称为必需品。另外，非生活必需品价格弹性就比较大，通常将需求富于弹性的商品称为奢侈品，这些商品的需求量对价格的变化比较敏感。

2）商品的可替代性。某种商品的替代品越多，替代性越强，该商品的需求价格弹性就越大；相反，该商品的需求价格弹性往往就越小。比如，可口可乐的需求价格弹性是比较大的，因为如果可口可乐涨价，人们就会转而饮用百事可乐或其他软饮料。又如，对于食盐来说，它没有很好的可替代品，所以食盐价格的变化所引起的需求量的变化几乎等于零，它的需求的价格弹性是极其小的。

3）商品支出占总支出的比重。如果一种商品在消费者总开支中只占很小的份额，那么消费者对该商品的价格变化不会很敏感，因此其需求价格弹性较小。如果该商品是一项较大开支，那么价格变化后，消费者对其需求量会重新慎重考虑，因而需求价格弹性较大。例如，食盐、香皂、笔记本等商品的需求价格弹性就是比较小的，因为消费者每月在这些商品上的支出很小，他们往往不太重视这类商品价格的变化。

4）商品用途的广泛性。通常情况下，一种商品的用途越是广泛，它的需求价格弹性就可能越大；相反，用途越是狭窄，当它的价格逐步下降时，消费者的购买量就会逐渐增加，并将商品越来越多地用于其他的各种用途上，需求的价格弹性就可能越小。其原因是，如果一种商品具有多种用途，当它的价格较高时，消费者只购买较少的数量用于最重要的用途上。例如，电就属于这类商品。

5）时间的长短。时间能改变许多东西，需求价格弹性也会随着时间的延长而发生变化。一般来说，时间越长，越容易找到替代品，需求价格弹性也就越大；而短时间内价格变动时，不易立刻调整需求量，需求价格弹性也就较小。例如，当汽油价格上升时，在短期内汽油的需求量会略有减少，但是随着时间推移，人们购买更省油的汽车，转向公共交通，或迁移到离工作地方近的地点，几年之内汽油的需求量就会大幅度减少。

6）消费者对商品的偏好与忠实度。很多消费者在消费时，他们经常会对某种品牌或某种商品有强烈的偏好或品牌忠实度。当对商品有强烈偏好或忠实度很高时，即使价格上涨，人们依然会去购买，所以其需求弹性较小。

在以上影响需求价格弹性的因素中，最重要的是人们对商品的需求程度、商品的可替代程度和商品支出在总支出中的比例。某种商品的需求价格弹性到底有多大，这是各种因素综合作用的结果，不能只考虑其中的一种因素，而且某种商品的需求弹性也因时期、消费者收入水平和地区而不同。例如，在国外，第二次世界大战之前，航空旅行是奢侈品，需求弹性非常大，所以航空公司通过小幅度降价就可以吸引许多乘客；第二次世界大战后，飞机成为日常交通工具，航空旅行不再是奢侈品，其需求弹性就变小了，所以航空公司难以利用降价来吸引乘客，只能用提高服务质量等方法来吸引乘客了。又如，在我国，彩电、手机等商品刚出现时，需求价格弹性也相当大，但随着收入水平的提高和这些商品的普及，其需求价格弹性逐渐变小了。

实例

报纸发行的需求价格弹性

美国学者克拉克曾以10年为期，研究价格变动对239家报纸的流通效果的影响，并认为报纸价格不具有弹性，甚至发现在订阅费和零售价均上扬的情况下，报纸发行量仍然增加。同样，在1982年到1991年的近10年间，英国全国性大报采取了持续涨价的手段，但发行量依然上升了14%。

根据美国一个"短期和长期需求价格"的统计表，报纸杂志的长期弹性为0.52，是缺乏弹性的。这就表示，对于报纸杂志发行来说，如果降低价格，不但不会"薄利多销"，反而会造成"谷贱伤农"的恶果。但事实上，不管是国内还是国外，报纸杂志发行的价格战频发，而且还有很多取得了成功。

1993年，伦敦两大严肃性报纸《泰晤士报》和《每日电讯报》之间爆发了一场价格战。1993年9月，《泰晤士报》首先开始降价，把报纸价格从45便士降到30便士，销量增长了24%。1994年6月，《每日电讯报》也把报纸价格从48便士降到30便士，《泰晤士报》继续降价到20便士。到了1995年1月，双方价格都下降到5便士，大概相当于原来价格的1/10。当时《泰晤士报》的发行量是57万份。两大报纸的降价虽然带来了销售量的剧增，但大幅降价减少了发行收入，给报社经营带来很大压力。《泰晤士报》凭借雄厚的资本撑了下来，到1995年7月，成功地把价格提到25便士；到1996年年底，价格又回到了45便士，但发行量却没有受太大的影响。1997年，《泰晤士报》的发行量达到79.2万份。

从这个案例中可以看到，在需求价格弹性小于1的情况下，《泰晤士报》的巨幅降价使它的发行量大幅增加，4年时间中，它不但从竞争对手《每日电讯报》手中争得了大批读者，而且成功地开拓了新的市场空间（1995年1月，《泰晤士报》和《每日电讯报》的总发行量达到159万份，比1993年9月开始价格战时的总和增加了10万多份），一些不看严肃性报纸的读者也养成了看《泰晤士报》的习惯。可见，《泰晤士报》具有极强的读者忠诚度和黏着度，作为一份历

史悠久、享誉全球的严肃性报纸，它能够为自己的读者创造独特而无法取代的阅读价值。

资料来源：当代传播. 2008 年第 01 期。

2.4.3　需求收入弹性

除了价格以外，收入是影响需求量的另一重要因素。经济学家用需求收入弹性来衡量消费者收入变动时需求量的变动。需求的收入弹性是建立在消费者的收入量和商品的需求量之间关系上的一个弹性概念，它也是一个在西方经济学中被广泛运用的弹性概念。

需求收入弹性（Income Elasticity of Demand）是指在一定时期内某种商品的需求量的相对变动对于消费者收入的相对变动的反应程度，或者说表示在一定时期内当消费者的收入变化 1% 时所引起的商品需求量变化的百分比。它是商品的需求量的变动率和消费者的收入量的变动率的比值。

如果用 M 代表收入，Q 代表需求量，ΔM、ΔQ 分别代表收入和需求量的变动量，e_m 表示需求的收入弹性，则：

$$e_m = \frac{\dfrac{\Delta Q}{Q}}{\dfrac{\Delta M}{M}} = \frac{\Delta Q}{\Delta M} \cdot \frac{M}{Q}$$

收入弹性系数可能是正数，也可能是负数。如果收入弹性系数大于零，这意味着消费者收入水平的提高将引起对该商品需求数量的增加。如果收入弹性是负值，表示收入水平提高，消费者对这些物品的需求数量将会减少。

根据需求的收入弹性，我们可以对商品进行简单的分类。若 $e_m < 0$，即一种商品的需求量与收入水平呈反方向变化，则这种商品为劣等品。如果 $e_m > 0$，即一种商品的需求量与收入水平呈同方向变化，则这种商品为正常品。

在我们的生活中，大多数物品是正常品。正常品可分为两类：一类是奢侈品，$e_m > 1$，意味着需求量增加的幅度大于收入增加的幅度；另一类是必需品，$0 < e_m < 1$，意味着需求量增加的幅度小于收入增加的幅度。

我们知道，需求收入弹性原理对个人消费、企业决策和国家制定政策都有一定的意义。如果某人的即期收入很高，而且预期收入稳定且不断增加，他就应该追求高质量的生活。企业决策者应该随着居民收入的不断增加，不断生产出高品质的商品以满足消费者的需求。国家的决策应根据居民收入的不断增加，适时地调整产业布局。需求收入弹性大的部门，由于需求量增长要快于国民收入增长，因此发展应该快些；而需求收入弹性小的部门，发展速度应当慢些。根据收入弹性还可以分析各部门人员的收入现状等。

恩格尔是19世纪德国统计学家，他在研究人们的消费结构变化时发现了一条规律，即一个家庭收入越少，这个家庭用来购买食物的支出在总收入中所占比例就越大。恩格尔系数是家庭用以购买食物的支出与这个家庭的总收入之比。因为食品缺乏弹性，人们收入增加，几乎不增加对食品的需求，增加的几乎是对弹性大的商品的需求。由此可以得出结论：对一个国家而言，这个国家越穷，其恩格尔系数就越大；反之，这个国家越富，其恩格尔系数越小。这就是经济学界公认的恩格尔定律。

联合国粮农组织提出了一个划分贫困与富裕的标准：恩格尔系数在59%以上为贫困；50%～59%为小康；30%～40%为富裕；30%以下为特别富裕。

如果恩格尔系数降低表明消费结构的变化，消费结构的变化表明生活质量的提高，而在生活质量提高的背后又是什么呢？无疑是经济的发展、人民收入水平的提高。

2.4.4　需求交叉价格弹性

如前所述，相关商品的价格也会影响某一商品的需求量，其影响程度有多大，需要用交叉价格弹性来测度。

需求的交叉价格弹性简称需求交叉弹性。需求交叉弹性（Cross Elasticity of Demand）表示在一定时期内某种商品的需求量的相对变动对于它的相关商品的价格的相对变动的反应程度，或者说表示在一定时期内当某种商品的价格变化 1%时所引起的另一种商品的需求量变化的百分比。它是该商品的需求量的变动率和它的相关商品的价格的变动率的比值。

设商品 X 的需求量 Q_X 是它的相关商品 Y 的价格 P_Y 的函数，即有 $Q_X = f(P_Y)$，ΔQ_X、ΔP_Y 各表示 Q_X 和 P_Y 的变动量，e_{XY} 表示当 P_Y 发生变化时的 X 商品的需求交叉弹性系数，则商品 X 的需求交叉弹性公式为：

$$e_{XY} = \frac{\dfrac{\Delta Q_X}{Q_X}}{\dfrac{\Delta P_Y}{P_Y}} = \frac{\Delta Q_X}{\Delta P_Y} \cdot \frac{P_Y}{Q_X}$$

需求交叉弹性系数值是正数还是负数，取决于所考察的两种商品的关系。如果两种商品之间存在互补关系，则需求交叉弹性系数值就是负数。例如，计算机和软件，如果计算机价格上升，软件的需求量便减少了，计算机的价格与软件的需求量的变动方向相反，软件的需求交叉弹性系数值为负数。如果两种商品之间存在替代关系，则需求交叉弹性系数值就是正数。例如，白面价格上升而其他因素不变，人们会减少对白面的需求而增加对大米的需求数量。由于白面价格和大米需求量同方向变动，所以交叉价格弹性是正数。这样，我们可以根据需求交叉弹性系数对商品之间的关系进行划分。如果需求交叉弹性系数值是正值，那么这两种商品互为替代品；如果需求交叉弹性系数是负值，那么这两种商品是互补品；如果需求交叉弹性为零，则两种商品之间不存在相关关系，因为其中任何一种商品的需求量都不会对另一种商品的价格变动做出任何反应。

相关链接

交叉弹性是指某商品的价格变动对另一种商品价格的需求量的影响程度。大维和杉杉西服都是国内的知名品牌，对消费者来说，大维西服与杉杉西服提供的效用是相同的，它们是互相替代的产品。众所周知，为了提高市场占有率，它们都不惜投入大量的金钱做广告，进行非价格的竞争。但是，如果只注意非价格竞争而忽视价格竞争也会失去市场。例如，大维坚持高价策略，杉杉采取"薄利多销"的低价策略，西装属于富有弹性的商品，因此消费者就会由于杉杉西装价格下降而增加购买，大维就会失去一部分市场份额。因此，大维应根据交叉弹性的特点正确判断自己的市场定位，制定合适的市场价格，预防不利于自己生存和发展的情况发生。

2.4.5　供给价格弹性

供给和需求是一对相对应的概念。如同需求弹性一样，供给弹性也有供给价格弹性、供给交叉价格弹性和供给预期价格弹性等。但是，一般来说，供给价格弹性是最典型、最主要一种类型，通常所讲的供给弹性即指供给的价格弹性，它常常被简称为供给弹性。在此，我们只考察供给的价格弹性。

1. 供给价格弹性的含义及计算。

供给价格弹性（Price Elasticity of Supply）表示在一定时期内一种商品的供给量的变动对于该商品价格变动的反应程度，或者说是表示一种商品价格变动 1%时会使其供给量变动百分之几。供给价格弹性的计算公式为：

$$供给价格弹性系数 = \frac{供给量变动的比率}{价格变动的比率}$$

如果用 e_s 表示供给价格弹性系数，用 P 和 ΔP 分别表示价格和价格的变化量，Q 和 ΔQ 分别表示供给量及供给变化量，则供给价格弹性系数的公式为：

$$e_s = -\frac{\dfrac{\Delta Q}{Q}}{\dfrac{\Delta P}{P}} = -\frac{\Delta Q}{\Delta P} \cdot \frac{P}{Q} \tag{2-8}$$

从计算公式中可以看出，供给价格弹性系数与需求价格弹性系数非常相似。但是，由于在通常情况下供给量与价格的变动方向是相同的，所以供给的价格弹性系数是正数。

式（2-8）是计算供给价格弹性的一般公式。但是，与计算需求价格弹性一样，在具体计算供给价格弹性系数时，也要根据供给曲线上两点之间的距离情况，对上述公式加以修正。

当供给曲线上两点之间的变化量趋于零时，即当价格变量无穷小时，供给价格弹性要用点弹性来表示。供给价格点弹性表示的是供给曲线上某一点的弹性，它衡量供给曲线某一点上的供给量的无穷小的变动率对于价格的无穷小的变动率的反应程度。其计算公式为：

$$e_s = \lim_{\Delta P \to 0} \frac{\Delta Q}{\Delta P} \cdot \frac{P}{Q} = \frac{dQ}{dP} \cdot \frac{P}{Q}$$

供给价格点弹性也可以用几何方法求得。下面，我们用图 2-17 来加以说明。

图 2-17 中，供给曲线 S 上 A 点的弹性系数的几何意义为：可以先过 A 点做供给曲线的延长

线，使之与横轴相交，然后由 A 点向横轴做垂线，则 A 点的弹性系数为：

$$e_s = \frac{dQ}{dP} \cdot \frac{P}{Q} = \frac{CB}{AB} \cdot \frac{AB}{OB} = \frac{CB}{OB}$$

　　上述介绍的是线性供给曲线点弹性的几何意义。当供给曲线为非线性供给曲线时，供给曲线上任何一点弹性的几何意义可以通过先过所求点做供给曲线的切线，使之与横轴相交，然后用与推导线性供给曲线上的点弹性的几何意义相类似的方法来得到，如图 2-18 所示。

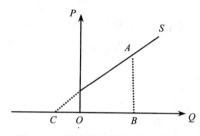

图 2-17　线性供给曲线的点弹性

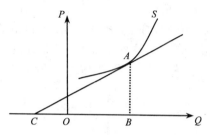

图 2-18　非线性供给曲线的点弹性

　　供给的价格弧弹性是表示某商品供给曲线上两点之间的供给量的相对变动对于价格相对变动的反应程度，即供给曲线上两点之间的弹性。

　　如果供给曲线上两点之间的距离较大，测量供给价格弹性就变成了测量供给曲线上两点之间的一段弧弹性。

　　与计算需求价格弧弹性相似，在计算同一条弧的供给弧弹性时，由于价格和供给量所取的基数值不同，涨价和降价的计算结果便不同。

　　如果仅是一般计算某一条弧的供给价格弧弹性，并未具体强调这种供给的价格弧弹性是作为降价或涨价的结果，则为了避免不同的计算结果，应该用供给价格弧弹性的中点公式。供给价格弧弹性的中点公式为：

$$e_s = \frac{\dfrac{\Delta Q}{\dfrac{Q_1 + Q_2}{2}}}{\dfrac{\Delta P}{\dfrac{P_1 + P_2}{2}}} = -\frac{\Delta Q}{\Delta P} \cdot \frac{P_1 + P_2}{Q_1 + Q_2}$$

2．供给价格弹性的类型

　　各种商品的供给弹性大小并不相同。根据供给弹性大小，可以把供给弹性分为以下五种类型（见图 2-19）。

　　1）供给完全缺乏弹性（$e_s = 0$）。表明供给量是一个常量，不随价格变化而变化。例如，土地、谷物、某些艺术品的供给就属于完全缺乏弹性。这时，供给曲线是一条与纵轴平行的线，其斜率为无穷大，如图 2-19（a）所示。

2）供给完全富有弹性（$e_s = \infty$）。这种情况下，价格既定而供给量无限。这时，供给曲线是一条与横轴平行的线，如图 2-19（b）所示。

3）供给单位弹性（$e_s = 1$）。这表明价格变动的比率与供给量变动的比率相同。这时，供给曲线是一条正双曲线，斜率值为 1，如图 2-19（c）所示。

4）供给富有弹性（$e_s > 1$）。这表明供给量变动的比率大于价格变动的比率。这类商品多为劳动密集型商品或易保管商品。此时，供给曲线的斜率为正，其值小于 1，如图 2-19（d）所示。

5）供给缺乏弹性（$e_s < 1$）。这表明供给量变动的比率小于价格变动的比率，即供给量对价格的变化反应缓和。这种商品多为资金或技术密集型商品和不易保管商品。此时，供给曲线斜率为正，其值大于 1，如图 2-19（e）所示。

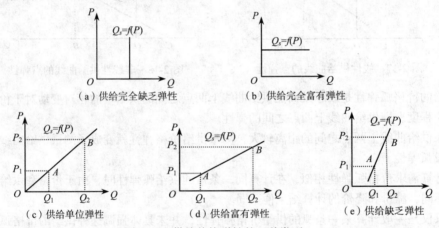

图 2-19　供给价格弹性的五种类型

3．影响供给弹性的因素

1）供给时间的长短。这是影响供给弹性大小的最主要因素，因为当商品的价格发生变化时，厂商对产量的调整需要一定时间。在短时期内，供给量无法随价格变化而变化，弹性近乎为零；长期内，厂商能够通过调整所有生产要素来扩大产量，因而供给弹性增大。

2）生产的技术状况。这里指产品是需要采用劳动密集型方法，还是采用资本密集型或技术密集型方法生产。一般来说，资本或技术密集型的产品，增加供给较难，产品的供给弹性较小；劳动密集型的商品，增加供给相对容易，商品的供给弹性较大。

3）生产要素的供给弹性。一般来说，产量取决于生产要素的供给。生产要素供给弹性大，产品的供给弹性也大；反之，生产要素供给弹性小，产品的供给弹性也小。

4）产品的储藏成本。有些产品的储藏成本很低，生产者可以利用淡季生产、旺季销售的方式，达到调整供给的目的，因此供给弹性较大。一般而言，工业产品的储藏成本较低，在淡旺季之间的存货调整比较容易；鲜活农产品储藏成本高，价格在不同季节之间的波动较大，所以其供给弹性小。

在分析某种产品的供给弹性时要把以上因素综合起来考虑。一般而言，重工业生产一般采用资本密集型生产，生产较为困难，并且生产周期长，所以供给弹性较小。轻工业产品，尤其是食品、服装这类产品，一般采用劳动密集型技术，生产较为容易，并且生产周期短，所以供给弹性大。农产品的生产尽管也多采用劳动密集型技术，但由于生产周期长，因此也是供给缺乏弹性的。

@ 相关链接

供给弹性——企业决策的另一重要依据

如果某商品价格上升 10%，供给量增加 20%，则供给弹性为 2。如果无论价格如何，供给量都不变，则供给弹性为 0，即供给无弹性，如某些已故画家的作品就是这样。如果价格既定，供给无限，则供给弹性为无限大，即供给有无限弹性，如用自然山间清泉做矿泉水就是这样。正常情况下，价格变动百分比大于供给量变动的百分比为供给缺乏弹性，价格变动百分比小于供给量变动的百分比为供给富有弹性。

下面分析家电的生产情况。20 世纪 80 年代，家电需求增加时，价格很高，生产厂家利润丰厚，但家电厂受生产规模的限制，难以很快增加。正因为如此，很多企业纷纷生产家电，所以出现了 90 年代后家电市场的供大于求的局面，但已经形成一定规模的家电生产也难以大幅度地减少。像家电、汽车灯行业要确定一个适度的规模，规模小会失去赚钱的机会，规模大又会形成过剩的生产能力，这正是由于这些生产缺乏供给弹性。因此，有的专家提醒，汽车业不要重蹈家电业的覆辙。

一般来说，像生产周期短、劳动密集型、技术简单、不容易保管的商品供给弹性较大；相反，供给弹性较少。

资料来源：李慧凤. 经济学原理. 北京：北京邮电大学出版社，2006.

2.5　供求分析的运用

弹性理论是供求理论的一个重要组成部分，该理论不但具有丰富的内容，而且是一个很重要的分析工具，可以为人们做出正确决策提供参考。

2.5.1　需求价格弹性与总收入

需求价格弹性的一个重要作用是它有助于弄清价格变化对于厂商销售收入的影响。实际经济生活中，我们经常会遇到这样一些现象：有的厂商价格降低，总收入增加；而有的厂商则不然。这意味着以降价促销来增加总收入的办法，对有的产品适用，对有的产品则无用。那么，我们应该如何解释这一现象呢？这是因为商品的需求弹性表示商品需求量的变化率对于商品价格变化率的反应程度，意味着当一种商品的价格发生变化时，这种商品的需求量的变化情况，进而提供这种商品的厂商的总收入的变化情况将必然取决于该商品的需求价格弹性的大小。所以，商品的需求价格弹性与总收入之间存在着密切关系，具体来说有两种情况。

1. 需求缺乏弹性与总收入

需求缺乏弹性的商品，价格与总收入的变动方向相同，即价格上升，总收入增加；价格下降，总收入减少。其原因在于，需求缺乏弹性时，厂商降价所引起的需求量的增加率小于价格的下降率。这意味着需求量增加所带来的总收入的增加量小于价格下降所造成的总收入的减少量，所以降价最终使总收入减少，如图 2-20 所示。

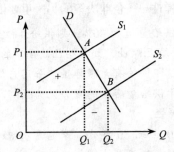

图 2-20　需求缺乏弹性：价格上升，总收入增加

图 2-20 中，当价格为 P_2 时，需求量为 Q_2，总收入相当于矩形 OP_2BQ_2 的面积；当价格由 P_2 上升到 P_1 时，需求量为 Q_1，总收入相当于矩形 OP_1AQ_1 的面积。显然，后者面积大于前者面积，提价的结果使得总收入增加。而降价时，总收入会减少。

2. 需求富有弹性与总收入

需求富有弹性的商品，价格与总收入成反方向变动。其原因在于：需求富有弹性时，厂商降价所引起的需求量的增加率大于价格的下降率。这意味着需求量增加所带来的总收入的增加量大于价格下降所造成的总收入的减少量，所以降价最终使总收入增加，如图 2-21 所示。

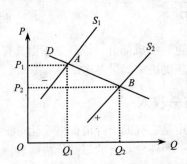

图 2-21　需求富有弹性：价格下降，总收入增加

2.5.2　蛛网模型

1．蛛网模型的假设条件

蛛网模型是 20 世纪 30 年代出现的一种模型。模型是用弹性理论考察某些生产周期较长，因而调节其供给需要相当长时间的产品，特别是农产品的价格波动对下一周期生产的影响及由此产生的均衡变动，是一种动态分析。依据这种动态分析所表现的价格、产量波动的图形状似蛛网，所以称为"蛛网模型"。

蛛网模型的基本假设有三个。

1）所研究的商品生产周期较长，市场商品本期供给量决定于上一期的价格。

2）商品本期需求量决定于本期价格。

3）市场属于完全竞争市场，每个厂商都以为当前市场价格会保持不变，自己改变产量不会影响价格。

2．蛛网模型的三种情况

在上述假定条件下，依据商品的供给弹性和需求弹性的相互关系的不同，上期价格的波动对下期产量的影响会出现三种情况。

1）收敛型蛛网。这种情况下，供给弹性的绝对值小于需求弹性的绝对值。当供给弹性的绝对值小于需求弹性的绝对值时，也就是价格变动对供给量的影响小于需求量时，价格波动对产量的影响越来越小，价格与产量的波动越来越小，最后自发地趋于平衡。这种蛛网波动称为收敛型蛛网，如图 2-22 所示。图中，D 为需求曲线，S 为供给曲线，E 为均衡点，P_e 为均衡价格，Q_e 为均衡产量。

2）发散型蛛网。这种情况下，供给弹性的绝对值大于需求弹性的绝对值。当供给弹性的绝对值大于需求弹性的绝对值时，价格波动对产量的影响越来越大，价格与产量的波动越来越强，离均衡点越来越远。这种蛛网波动称为发散型蛛网，如图 2-23 所示。

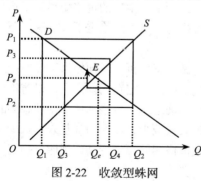

图 2-22　收敛型蛛网

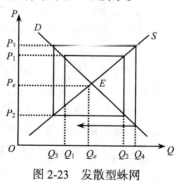

图 2-23　发散型蛛网

3）封闭型蛛网。这种情况下，供给弹性的绝对值等于需求弹性的绝对值。供给弹性的绝对值等于需求弹性的绝对值说明价格变动对供给量与需求量的影响相同，价格与产量的波动始终保持相同程度,既不远离均衡点,又不趋向均衡点。这种蛛网波动称为封闭型蛛网,如图 2-24 所示。

蛛网模型说明了在市场机制自发作用下,必然发生蛛网周期波动,从而影响农业生产和农民收入的稳定。一般来说,农产品供给的价格弹性大于需求的价格弹性。现实中存在最广泛的是"发散型蛛网"波动,这正是农业生产不稳定的原因。为了减少或消除农产品市场的价格波动给农民带来的损失,一般采用两种方法:一是政府实行保护政策,如各国政府实行的支持价格政策,对农产品市场进行干预;二是利用期货市场的调节机制。许多经济学家认为,美国之所以农业稳定,其原因有二:一是政府始终关心农业,采取了支持价格这类保护农业的政策;二是美国有世界上最发达、最完善的农产品期货市场。

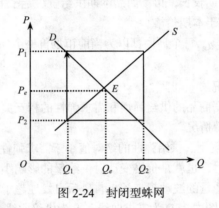

图 2-24　封闭型蛛网

3．蛛网模型的应用

蛛网模型被提出后,一些经济学家用该模型解释生猪和玉米的价格与产量的关系及其波动,提出了著名的"生猪—玉米循环"模型。这个模型指出,因为玉米是生猪的主要饲料,生猪的价格会影响到玉米的价格,玉米的价格发生变动后又会影响下一年的玉米产量,玉米产量变动后又会影响玉米价格,玉米价格的变动进而影响生猪的价格,生猪的价格变动又影响生猪的产量……直至趋向一个长期的均衡,即玉米和生猪的价格与产量相对稳定下来。这是历史上运用蛛网理论的典范。

企业可以运用蛛网理论,对市场供给和需求均衡做动态分析,以便做出正确的产量决策。例如,当商品的供求变化趋于收敛型蛛网时,企业应把产量确定在均衡点上,以防价格和产量波动;当商品的供求变化趋于发散型蛛网时,企业应准确地把握价格和产量变动趋势的转折时机,采取灵活对策,产量应随价格的上升或下降而扩大或减少,以便增加收入、减少损失;当商品的供求变化趋于封闭型蛛网时,企业应根据产量价格相同幅度变动的规律,确定与之相应的产量政策。

蛛网模型确实对解释某些生产周期较长的商品产量和价格波动情况有一定作用。但是,这个理模型也存在着缺陷,主要表现为上期价格决定下期产量这个理论不很准确,因为实际价格和预期价格不相吻合。

实 例

石油输出国组织能否长期保持石油的高价？

20 世纪 70 年代，OPEC 成员国决定提高世界石油价格，以增加他们的收入。他们采取减少石油产量的措施而实现了这个目标。1973 年至 1974 年，石油价格上升了 50%以上，1979 年上升了 40%，1980 年上升了 34%，1981 年又上升了 34%。

但 OPEC 发现要维持高价格是困难的。1982 年至 1985 年，石油价格一直每年下降 10%左右。1986 年，OPEC 成员国之间的合作完全破裂了，石油价格猛跌了 45%。1990 年，石油价格又回到了 1970 年的水平，而且 20 世纪 90 年代的大部分年份中保持在这个低水平上。

这个事件表明，供给与需求在短期内与长期内的弹性是不一样的。短期内，供给与需求都是较为缺乏弹性的。供给缺乏弹性是因为已知的石油储藏量开采能力不能改变，需求缺乏弹性是因为购买习惯不会立即对价格变动做出反应。例如，许多老式的耗油车不会被立即换掉，司机只好支付高价格的油钱。

长期内，OPEC 以外的石油生产者对高价格的反应是增加石油的勘探并建立新的开采能力。消费者的反应是更为节约，如用节油车代替耗油车。

这种分析表明，为什么 OPEC 只有短期内成功地保持了石油的高价格。长期内，当供给和需求较为富有弹性时，OPEC 共同减少供给并无利可图。

现在，OPEC 仍然存在，偶尔也会听到有关 OPEC 国家官员开会的新闻。但是，OPEC 国家之间的合作很少，这主要是由于该组织过去在保持高价格上的失败。

资料来源：王晓芳. 经济学原理. 北京：北京邮电大学出版社，2006.

本章小结

1．影响供给和需求的因素有商品本身的价格因素和其他非价格因素。商品本身价格因素引起的供求变化被称为需求量的变化和供给量的变化，而由其他因素引起供求的变化称为需求的变化和供给的变化。

2．需求规律是：其他条件不变的情况下，某种商品的价格上升，需求量减少；价格下降，需求量增加。

3．需求量的增减幅度是随着需求弹性变化的，包括需求价格弹性、需求收入弹性和需求交叉弹性；供给量的变化与供给弹性相关，主要包括富有弹性、单位弹性和缺乏弹性。

4．均衡价格是指某种商品需求量等于生产者所提供该商品的供给量时的市场价格。价格高于均衡价格，市场会产生过剩；价格低于均衡价格，市场会产生短缺。

5．政府为保护某一行业的发展时采用支持价格，限制某一行业的发展时采用限制价格。

复习思考题

一、选择题

1. 在得出某棉花种植农户的供给曲线时,下列除哪一个因素以外其余均保持为常数(　　)。

A. 土壤的肥沃程度　　B. 技术水平　　C. 棉花的种植面积　　D. 棉花的价格

2. 在某一时期内彩色电视机的需求曲线向左平移的原因可以是(　　)。

A. 彩色电视机的价格上升　　　　　　B. 消费者对彩色电视机的预期价格上升

C. 消费者对彩色电视机的预期价格下降　　D. 消费者的收入水平提高

3. 某月,X 商品的替代品的价格上升和互补品的价格上升,分别引起 X 商品的需求变动量为 50 单位和 80 单位,则在它们共同作用下该月 X 商品的需求数量(　　)。

A. 增加 30 单位　　　B. 减少 30 单位　　C. 增加 130 单位　　D. 减少 130 单位

4. 均衡价格一定随着(　　)。

A. 需求与供给的增加而上升　　　　　B. 需求的增加和供给的减少而上升

C. 需求的减少和供给的增加而下降　　D. 需求和供给减少而上升

5. 对西红柿需求的变化,可能是由于(　　)。

A. 消费者认为西红柿价格太高了　　　B. 西红柿的收成增加

C. 消费者预期西红柿将降价　　　　　D. 消费者的偏好

6. 经济学上的需求是指人们的(　　)。

A. 购买欲望

B. 购买能力

C. 购买欲望和购买能力的统一

D. 根据其购买欲望所决定的购买量

7. 下列(　　)体现了需求定理的规律。

A. 药品的价格上涨是药品质量得到了提高　B. 汽油的价格提高,小汽车的销售量减少

C. 照相机价格下降,导致销售量增加　　　D. 丝绸价格提高,游览公园的人数增加

8. 根据需求定理,需求曲线是一条(　　)。

A. 与横轴垂直的线　　　　　　　　　B. 与横轴平行的线

C. 向右上方倾斜的线　　　　　　　　D. 向右下方倾斜的线

9. 在其他条件不变的情况下,当咖啡的价格急剧升高时,对茶叶的需求将(　　)

A. 减少　　　　　B. 不变　　　　　C. 增加　　　　　D. 没有影响

10. 如果市场价格低于均衡价格,那么(　　)。

A. 存在供给不足　　　　　　　　　　B. 存在供给过剩

C. 消费者希望降低价格　　　　　　　D. 生产者希望降低价格

二、判断题

1. 对农产品实行保护价放开收购是规定了农产品的价格下限。(　　)

2．限制价格是政府规定的某种产品的最低价格。（　　　）

3．需求就是家庭在某一特定时期内，在每一价格水平时愿意购买的商品量。（　　　）

4．当咖啡的价格上升时，茶叶的需求就会增加。（　　　）

5．任何情况下，商品的价格和需求量都是反方向变动的。（　　　）

6．替代效应使价格上升的商品需求量增加。（　　　）

7．需求不变的情况下，供给的增加引起均衡价格上升和均衡数量减少。（　　　）

8．需求的价格弹性是指需求变动对价格变动的反应程度。（　　　）

9．需求的弹性系数是价格变动的绝对量与需求量变动的绝对量的比率。（　　　）

10．同一条线性需求曲线上不同点的弹性系数是不同的。（　　　）

三、简单题

1．用替代效应和收入效应解释需求定理。

2．用图形说明需求量的变动和需求的变动。

3．什么是均衡价格？它是如何形成的？

4．根据需求弹性理论解释"薄利多销"和"谷贱伤农"的含义。

5．降价是市场上常见的促销方式，但为什么餐饮业可以降价促销，而中小学教科书不采用降价促销方式？用需求弹性理论解释这种现象。

四、计算题

1．某商品的需求价格弹性系数是 0.15，现在价格是 1.2 元，试问该商品的价格上涨多少才能使其消费量减少 10%？

2．某种商品在价格由 8 元下降为 6 元时，需求量由 20 单位增加为 30 单位。请用中点法计算这种商品的需求弹性，并说明属于哪一种需求弹性。

五、图示题

1．图示需求和需求量的变动。

2．图示最高限价和最低限价。

3．图示封闭型蛛网。

第3章

消费者行为理论

知识目标 ① 了解效用、序数效用和基数效用的含义；② 了解消费者均衡的含义；③ 掌握边际效用递减规律；④ 能用边际效用理论来分析实际问题。

能力目标 ① 具备运用效用分析消费者理性选择的能力；② 具有运用边际效用递减规律分析消费行为的能力；③ 具备在经济生活中做出消费者最优决策的能力；④ 能够利用无差异曲线和预算约束线分析消费者均衡，以及利用消费者均衡条件推导需求曲线和恩格尔曲线。

 引导案例

春晚的怪圈

大约从 20 世纪 80 年代初期开始，我国老百姓在过春节的年夜饭中增添了一套诱人的内容，那就是春节联欢晚会。记得 1982 年第一届春晚的出台，在当时娱乐事业尚不发达的我国引起了极大的轰动。晚会的节目成为全国老百姓在街头巷尾和茶余饭后津津乐道的题材。

晚会年复一年地办下来了，投入的人力和物力越来越大，技术效果越来越先进，场面设计越来越宏大，节目种类也越来越丰富。但不知从哪一年开始，人们对春晚的评价却越来越差了。原来街头巷尾和茶余饭后的赞美之词变成了一片骂声，春晚成了一道众口难调的大菜，晚会陷入了"年年办，年年骂；年年骂，年年办"的怪圈。所以，消费者对商品的消费并非"多多益善"，"过犹不及"在经济学的消费领域仍然是适用的。

我们从经济学的角度来考虑，为什么春晚作为商品带给我们所有消费者的效用逐年递减了呢？

3.1 效用概述

3.1.1 效用与边际效用

1．效用的含义

萨伊指出，物品能够满足人们欲望的能力叫效用（Utility）。这是从物品本身性质所做出的解释。现实生活中，人们之所以消费商品和劳务，是因为人们从消费中总会得到一定程度的满足感或说某种享受感。例如，喝水可解渴，穿衣可以美观或保暖，去卡拉 OK 可以满足人们的娱乐，旅游给人们一种精神上的满足感。

由此，对效用做如是定义，它指在某段特定时间内，消费者消费某种商品和劳务所获取的满足的程度。效用是消费者对物品满足自己欲望的能力的一种主观评价，具有主观性。不同的人对同一种商品的偏好不同，从而同一种商品对不同的人的效用也就不同。因此，效用不能进行人际间的比较，而且同一个人在不同的时空条件下，消费同一物品也会产生不同的效用。

欲望也叫做需要，但指的是人们想要得到又没有得到某种东西的心理状态。从人类欲望的多样性与层次性来看，欲望是无限的，永远不能得到完全的满足。但人在某个特定时刻的特定欲望往往是有限的，能够被彻底满足。例如，可以通过进食来满足解除某个时刻饥饿的欲望。正如阿尔弗雷德·马歇尔所言，欲望是无止境的，是多种多样的，但每一个别的欲望却是有限度的。

2．效用的特征

（1）偏好不同则效用不同

某个物品之所以能带来效用，主要是因为它具有使用价值。人们消费某种物品，实际上是在利用物品的使用价值，并在对物品有用性的使用中获得一定的效用。因此，使用价值是效用的物质基础。但这里所说的效用不同于使用价值。效用来自欲望的满足，它是一种心理感觉，也是对某物品的偏好。所以，某种物品对消费者有无效用及效用大小，不仅在于物品本身具有的满足人们欲望的客观物质属性（如解渴、御寒），还主要取决于消费者的主观感觉。不同的人感觉不同，偏好不同，效用也会不同。例如，一瓶白酒对于嗜酒如命的消费者来说就是琼浆玉露，效用水平非常高，但对于滴酒不沾的消费者来说却没有任何效用。

（2）效用因人因时因地而异

当然，效用作为一种主观感受，每个人是不同的，在不同的时间和地点带来的效用也不一样。例如，消费者认为一件昂贵的貂皮大衣在冬季具有很高的效用水平，但在夏季只能使消费者感到更加酷暑难耐，没有效用。再如，沙漠与江河边，一杯水提供给消费者的效用水平也不同。效用的主观性要与它的使用价值的概念区分开来。使用价值是指商品能够满足消费者某种需要的属性，是商品的有用性，具有客观性。使用价值强调有用性，对任何人都不变；效用却因人而异，即使同一种商品在不同时期与地点，效用也不同。对于一杯水来说，不管消费者认

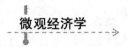

为它的效用是高还是低，一杯水的使用价值都是满足人们口渴的需要。效用的主观性也被称做效用的差异性。

（3）效用因物品多寡而异

如果随着消费某商品的数量增加，消费者从该商品的消费中感到了越来越多的满足，说明消费者得到的效用水平在上升；如果随着消费某商品的数量增加，消费者从该商品的消费中感到了越来越少的满足甚至厌烦，说明消费者得到的效用水平在下降甚至为负。对于消费者而言，有些商品总是"多多益善"的，但是过多也会带来效用水平的下降，而另外一些商品则遵循"物以稀为贵"的原则。

3. 总效用与边际效用

（1）总效用与边际效用的定义

总效用（TU）是指消费者从商品或服务的消费中得到满足的总量；边际效用（MU）是指每增加一个单位消费量所引起的总效用的增量，也就是消费最后一个单位的商品或服务所带来的效用增量。"边际"是经济学的关键术语，通常指"新增"或"额外"的意思。

我们用 MU 来表示边际效用，用 TU 来表示总效用。

边际效用用公式表示为：

$$MU = \frac{\Delta TU}{\Delta Q} \quad 或者 \quad MU = \frac{dTU}{dQ}$$

表 3-1 某消费者消费包子所产生的效用

包子的消费量（Q）	总效用（TU）	边际效用（MU）
0	0	——
1	10	10
2	19	9
3	27	8
4	34	7
5	39	5
6	41	2
7	41	0
8	40	−1

表 3-1 是某消费者的效用表，其中的数字显示了总效用和边际效用的变化过程。消费者从第一个包子中得到的总效用为 10 个单位，再吃一个包子，得到的总效用变为 19 个单位，这说明他从第二个包子的消费中获得的边际效用是 9 个单位。如果他继续吃下去，他消费三个包子所得到的总效用是 27 个单位，这表明第三个包子的边际效用为 8 个单位，如此等等。从图 3-1 中可以看出，总效用一直增加，但到一定高度后就开始下降，边际效用反而从高到低逐渐下降。

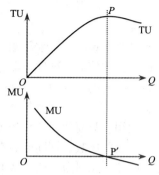

说明：当 MU > 0 时，TU↑；当 MU < 0 时，TU↓；当 MU = 0 时，TU 最高点，总效应达到最大。此时，处于↑、↓的拐点处；总效用以固定水平增加时，边际效用不变。

图 3-1　总效用与边际效用

（2）总效用与边际效用之间的关系

根据表 3-1 和图 3-1，我们可以总结出总效用和边际效用之间的关系如下。

1）当 MU>0 时，总效用曲线呈上升趋势，表明总效用随着消费量的增加而增加，但增加的幅度是递减的。消费者消费某种商品或劳务越多，则总效用或总满足程度越大。

2）当 MU=0 时，总效用曲线达到最高，表明总效用取得最大值。这种情形意味着消费者从该商品或劳务的消费中所能得到的一切可能的满足都得到了，该商品的消费量达到了饱和点。

3）当 MU<0 时，总效用曲线呈下降趋势，表明总效用随着消费量的增加而减少。

3.1.2　基数效用

基数效用理论是 19 世纪古典经济学边际主义学派最早提出的一套衡量效用大小的理论。英国新古典经济学家威廉·斯坦利·杰文斯（William Stanley Jevons）认为经济理论是一种"愉快与痛苦的计算"，他认为理性的人们应以每一物品所能增添的或边际的效用为基础来做出他们的消费决策。19 世纪的许多功利主义者都相信效用是一种心理上的实际存在，可直接地以基础数加以衡量，像长度和温度一样。这就是所谓的基数效用。

基数效用是指能够以具体数值（如 1，2，3，…）来衡量消费者满足的程度。基数效用所指的效用是可以用具体数值来衡量并加总求和，如同物体的重量和长度的物理属性一样。表示效用大小的计量单位被称为效用单位，记为 util。比如，消费者吃一块面包的效用为 10util，吃一块巧克力的效用是 20util，这时从基数效用的观点出发，消费者在某一段时间内吃一块巧克力所获得的满意程度要大于消费一块面包所获得的满意程度。这样，消费者愿意放弃吃两块面包而选择吃一块巧克力，或者放弃一块巧克力而吃掉两块面包。

3.1.3　序数效用

基数效用论遭到了以意大利经济学家维·帕累托（V. Pareto）为代表的序数效用论者的非议，他们认为效用纯粹是个心理现象，是一个有点类似香、臭、美、丑等表示人们主观感觉的概念，因而效用的大小是无法具体衡量的。

1．序数论的基本观点

商品效用高低的评价具有主观性，没有客观的衡量指标，无法准确地用基数来表示其多少，也不能相加。商品效用的多少即使能够准确地衡量并用基数来表示，这种做法对于描述消费者的理性选购行为来说也是不必要的，因为为了确定消费者选购哪一个商品束，只要知道哪一个商品束具有更高的效用就行了，而不必知道各个商品束的具体的效用到底是多少。因此，没有必要用基数来表示商品的效用，只要用序数来表示不同商品束的效用高低就行了：对具有较高效用的商品束总是指派较前面的序数。不同商品束的效用高低与消费者对不同商品束的偏好程度正相关：对某个商品束的偏好越强烈，该商品束的效用水平就越高。

偏好可以通过人们的选购行为反映出来。这样，序数效用论对消费者均衡的研究就建立在客观的可以观察到的消费者的选购行为基础之上，似乎显得比基数效用论科学一些。

序数效用是指根据消费者的偏好程度，采用序数词（如第一、第二、第三……）来表示消费者消费某种商品或服务所获得效用水平的高低。用这种方法来度量人们消费某种商品或服务所获取的效用水平，无须指出各种物品或服务的效用各是多少效用单位。也就是说，效用的大小只与人们消费商品和服务所获取的主观满足程度的排列顺序有关，而与效用的绝对值的大小无关。如上面提到的面包和巧克力的例子，采用序数效用论，人们既可以说消费一块面包可以获得 10util，消费一块巧克力可以获得 20util，也可以说消费一块面包可以获得 100util，消费一块巧克力可以获得 200util，结果是消费一块巧克力的效用大于消费一块面包的效用，而 20 和 10、200 和 100 都没有任何物理或心理意义，只有它们的大小次序 20 大于 10、200 大于 100 才真正地表达了消费者对这两种商品的喜好程度的差别。通过序数效用这种分析方法可以避免由消费者个人主观心理所决定的效用难以计量和效用在不同消费者间无法比较的难题。

现代经济学基本上是以序数效用为基础来分析消费者行为问题的，有时在研究效用时对人们消费某种商品和服务所获得的效用赋予一定的基数数值也只是为了分析和比较方便，并没有什么实际意义。

2．消费者偏好的特征

为了使消费者能够根据自己的偏好做出最优的选购行为，消费者的偏好必须具有如下良好的特征。

1）完备性。消费者对任何两种不同商品束的偏好程度，都是可以比较的。设有 A、B 两种可以选购的商品束，消费者对它们的偏好关系无非有三种情况：A>B、A<B 和 A≈B。

2）传递性。设有 A、B、C 三种可以选购的商品束。如果 A>B，B>C，则一定有 A>C。

3）无餍足性（Nonsatiation）（有的教科书认为是反身性，即对同样的商品束具有相同的偏好 A=A）。设有 A、B 两个商品束，它们的品种构成相同，但 A 商品束中至少有一种商品的数量多于 B，则有 A>B。

3.2 边际效用递减规律

3.2.1 边际效用递减规律的基本内涵

边际效用递减规律是指随着商品和服务消费量的增加,消费者从消费中得到的总效用增加,但增加的效用是不断减少的。

我们可以从两个不同的角度来理解边际效用递减规律。

1) 从心理或生理角度理解。人们的欲望虽然是无限的,但就每一个具体的欲望来说却是有限的。这样,随着消费的商品数量的增加,有限的欲望就逐渐得到满足,心理上或生理上对商品重复刺激的反应越来越迟钝,后来消费的商品的效用也就越来越小。

2) 从商品的用途角度理解。商品的用途是多种多样的,并且各种用途对人们的重要程度也是不同的。人们总是先把商品用于最重要的用途,也就是效用最大的用途,然后才用于重要程度较差的、效用较小的用途。因此,人们后消费的商品的效用一定小于先消费的商品的效用。例如,水有很多种用途,对每个人来说最重要的用途就是喝水以维持人体的正常需求,这种用途的效用也最大;其次,不同的人会根据轻重缓急来运用它,如洗澡、浇花、洗车等,效用也就越来越小。

设想一个极端的情况:如果不存在边际效用递减规律(见图3-2),那么地球上所有的土地生产出来的粮食也不足以满足一个人的消费,因为他的效用水平总得不到满足。一般来说,当边际效用为正时,意味着增加消费能实现总效用的增加;当边际效用为负时,理性的人会停止消费,因为此时消费提供的不是主观上的满足感,而是厌恶和痛苦。实际生活中,人们消费食品时也总是适可而止,如果不是参加吃喝比赛,一般人是不会过量饮食的。

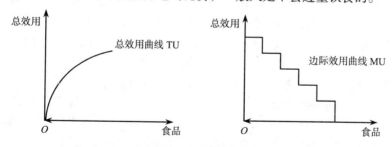

图 3-2 边际效用递减规律

3.2.2 边际效用递减规律的数学表述

边际效用递减规律也可以用数学语言来表达。设商品 X 的效用函数为 $TU = U(X)$,则边际效用为 $MU = \dfrac{dU(X)}{dX}$,那么,边际效用递减规律可表达为:

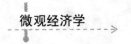

$$MU = \frac{dU(X)}{dX} > 0 \text{ 和 } \frac{dMU}{dX} = \frac{d^2U(X)}{dX^2} < 0$$

效用函数的一阶层数，即边际效用大于零表示随着 X 的增加，总效用也相应增加；效用函数的二阶导数小于零则表示随着 X 的增加，边际效用是递减的。

既然效用是人们获得的满足程度，那么如何来衡量人们消费某种商品或服务所获得的满足程度呢？这是经济学发展史上一直颇有争议的问题，争论的焦点主要在基数效用与序数效用之间。

3.2.3 消费者剩余

1．消费者剩余的定义

一种物品的总效用与其总市场价值之间的差额称为消费者剩余；或者说，购买某种物品时，消费者愿意支付的价格和实际支付的价格之间的差额称为消费者剩余。

2．消费者剩余的获得

我们之所以享受到了消费者剩余，基本的原因在于，对于我们所购买的某一物品的每一单位，从第一单位到最后一个单位，我们支付的是相同的价格。对于每一个鸡蛋或每一瓶水，我们都支付了相同的价格。同时，我们所支付的是最后一个单位的价值，但是根据边际效用递减规律，前面的每一单位都比最后一个单位有更高的价值。因此，我们就从前面每一单位中享受到了效用的剩余。例如，某消费者购买了 5 瓶矿泉水，付出了相同的市场价格（每瓶 2 元钱）。但是根据边际效用递减规律，从第一个单位到第五个单位的效用依次递减，因此消费者愿意支付的价格也各不相同。第一个单位，他愿意支付 6 元，市场价格 2 元，消费者剩余 4 元；第二个单位，他愿意支付 5 元，消费者剩余 3 元；第三个单位，他愿意支付 4 元，消费者剩余 2 元；第四个单位，他愿意支付 3 元，消费者剩余 1 元；第五个单位，他愿意支付 2 元，没有消费者剩余。他按着最后一个单位矿泉水的价格购买每一单位的矿泉水，实际上支付了 $2×5=10$（元），而他愿意支付的价格为 $6+5+4+3+2=20$（元），两者之差为 10 元。之所以会产生剩余，是因为"我们所得到的大于我们所支付的"，这种额外的好处根源于递减的边际效用。

对于消费者剩余的计算，除了按照上面累加的方法来计算以外，我们还可以借助几何图形来表示。图 3-3 中有一条需求曲线 D，当市场价格为 B 时，消费者对其需求量为 C，为此他愿意支付的价格总额可以用梯形 OAEC 的面积来表示，但是他实际支付的货币额是矩形 OBEC 的面积。显然，消费者剩余就是两块面积之差，即图中阴影部分 ABE 的面积。

我们能够想到，既然单个消费者存在消费者剩余，消费者的全体也会有总和的消费者剩余。如果把每一个消费者的剩余进行加总求和，就可以得到包括所有消费者在内的全社会的消费者总剩余。经济学中，消费者剩余是一个非常重要的概念，它是对消费者从交换中所得净利益的一种货币度量。

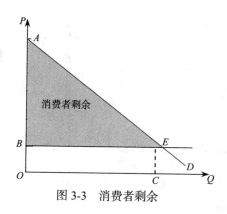

图 3-3　消费者剩余

3.3　无差异曲线分析

3.3.1　无差异曲线的含义

无差异曲线表示的是带给消费者相同效用的所有商品组合情况，即对同一条无差异曲线上的所有商品组合，消费者的偏好程度是完全相同的，或者说消费者觉得它们在效用上是没有差异的。由于消费者的偏好不同，所选择的商品组合也不相同。比如，有两种商品让人们选择，即啤酒和可乐，有的人更爱喝可乐，那么他就多选择一些可乐；而有的人爱喝啤酒，消费选择时可能要多选择一些啤酒。作为理性的消费者，他们的选择偏好有一些共同特征：第一，消费者在心目中能给不同的商品（或商品组）按照偏好排列一个顺序；第二，消费者的偏好具有可传递性；第三，具有"多比少好"的特征。其中，第三个特征并不是必然成立的。

3.3.2　无差异曲线的推导

假设社会上只有两种消费品：食物和衣服。图 3-4 中的每一点代表不同数量的食物和衣服的不同组合，消费者会给所有的组合按照效用的大小排列一个顺序。现在来分析消费者是如何排序的。取 A 点，可以看到满足消费者的效用组合为 4 单位的食物和 12 单位的衣服；现假定衣服消费不变，增加食物消费量，取 M（8，12）点，可以看到，M 点处消费者所获得的满意程度要高于 A 点；再过 A 点做垂直于横轴的直线，在 A 点以上的直线部分任取一点，消费者所获得的效用组合都高于 A 点，所以可以推出在 A 点右上部区域（包括边界线）的所有商品消费组合满足消费者的效用水平都高于 A 点，同理也可以推出 A 点的左下部区域（包括边界线）的所有商品消费组合满足消费者的效用水平都低于 A 点；分别任取 H、L 点连线，按效用水平大小可表示成 $H>A>L$；线段 HL 是连续不间断的，所以可以在 H 与 L 之间找到一点，它的效用水平与 A 点相同，设评点为 B；同样道理，可以推出 C 点的效用水平也与 A 点相同。这样，将 A、B、C 连成曲线，就可以得到无差异曲线。

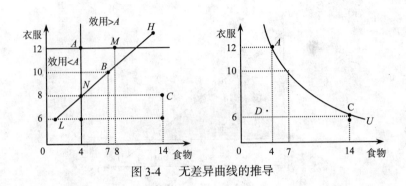

图 3-4　无差异曲线的推导

3.3.3　无差异曲线的特征

（1）无差异曲线斜率为负

无差异曲线是向右下方向倾斜的，斜率为负。图 3-4 中，如果增加食物的消费，衣服的消费必须相应减少，这样才能保持总效用水平的不变；如果曲线向右上方倾斜，那么曲线上总是有一些点比另一些点同时包含更多的食物和衣服，这些点能够满足更高的效用水平，这与无差异曲线上所有点效用相同是矛盾的，所以向右上方倾斜、斜率为正是不可能的，它不符合无差异曲线的定义。

（2）离原点越远代表的效用水平越高

与每一效用水平相对应的无差异曲线可以组成一幅无差异曲线族图，如图 3-5 所示。如果将衣服的消费固定在带箭头线段水平上，那么可以看到按效用水平排列的 $U_1>U_2>U_3>U_4$，食物满足人的消费水平是递增的。按照序数效用分析法，不必去追究 U_1 比 U_2 所代表的效用究竟高多少，只要知道消费者的偏好顺序就足够了。这意味着各种商品的消费都是多多益善的，即 MU>0。

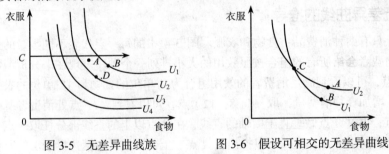

图 3-5　无差异曲线族　　　图 3-6　假设可相交的无差异曲线

（3）无差异曲线两两不相交

任意两条无差异曲线是不能够相交的，我们用反证法来证明。如图 3-6 所示，假设两条无差异曲线 U_1 和 U_2 能够相交，交点为 C，所以 C 同时在 U_1 和 U_2 上，而在 U_1 和 U_2 上分别取 A、B 两点，那么 A 与 C 的效用水平相同，B 与 C 的效用水平也相同，此时 A 与 B 的效用水平也应该相同，这与已知相矛盾，所以任意两条无差异曲线不可能相交。

（4）无差异曲线是凸向原点的

这一点特征并不能从消费者偏好的特征中推导出来，因此不是必然的。它是由一条普遍适用的规律所决定的，那就是边际替代率递减规律。

3.3.4　几种特殊的无差异曲线

一般形状的无差异曲线向右下方倾斜，并且不与横轴和纵轴相交。其特殊形状有以几种，如图 3-7 所示。

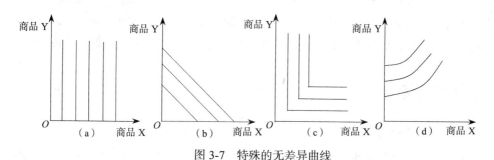

图 3-7　特殊的无差异曲线

图 3-7（a）表示的是独立商品的无差异曲线，它说明消费者的效用随商品 X 的变化而变化，与商品 Y 无关，以致不管商品 X 增加或减少，Y 商品量都不变。图 3-7（b）表示的是完全替代商品的无差异曲线，它说明商品 X 与商品 Y 可以完全替代，且其替代比率是一个常数，因为不消费商品 X 可以完全消费商品 Y，反过来也一样。图 3-7（c）表示的是相互补充商品的无差异曲线，它说明同时消费商品 X 和商品 Y 才能实现消费者的满足程度。图 3-7（d）表示的是好坏搭配的商品的无差异曲线，它说明这两个商品的数量要同时增加或减少，消费者的满足程度才保持不变。

3.3.5　商品的边际替代率递减规律

边际替代率（MRS）是指为了保持消费者的总效用不变，消费者用一种商品去代替另一种商品的意愿程度。它可以表示为：

$$\mathrm{MRS}_{XY} = -\frac{\Delta Y}{\Delta X} \text{ 或 } \mathrm{MRS}_{XY} = -\frac{dY}{dX}$$

随着某种商品和服务消费量的增加，为了保持总效用不变，消费者愿意放弃的其他商品和服务的数量越来越小；或者说，这种商品能够替代的其他商品的数量越来越小。

图 3-7 中，在 A 点，消费者拥有 5 单位食物和 15 单位衣服，此时若增加 1 单位食物，消费者愿意减少 3 单位的衣服作为代价来保持总效用不变，即边际替代率为 3；但在 B 点，增加 1 单位的食物，消费者愿意减少的衣服消费量就变成了 2 个单位，在 C 点变成了 1 个单位。这种现象说明，随着食物的增加，食物对衣服的替代率是递减的，即随着食物消费量的增加，消费

者所愿意放弃的衣服数量越来越小。这正是边际替代率所要表达的含义。

可以用数学语言来理解边际效用递减规律和边际替代率递减规律的关系。根据边际替代率的定义，$\mathrm{MRS}_{XY}=-\dfrac{\Delta Y}{\Delta X}$，$X$增加了，$Y$减少了，$X$的增加所带来的增加的效用$\Delta U_1=\mathrm{MU}_X\cdot\Delta X$；同样，$Y$的减少所带来的减少的效用$-\Delta U_2=-\mathrm{MU}_Y\cdot\Delta Y$。要使总效用不变，则必有$\Delta U_1=-\Delta U_2$，或者说$\mathrm{MU}_X\cdot\Delta X=-\mathrm{MU}_Y\Delta Y$，即$-\dfrac{\Delta Y}{\Delta X}=\dfrac{\mathrm{MU}_X}{\mathrm{MU}_Y}=\mathrm{MRS}_{XY}$。

可见，边际替代率等于两种商品边际效用之比。随着X的增加，MU_X是递减的，这正是边际效用递减规律所表述的内容。此时，MU_Y是递增的，因此$\mathrm{MU}_X/\mathrm{MU}_Y$是递减的，它解释了边际替代率递减规律，同时也解释了无差异曲线在几何上表现为曲线凸向原点的特征。

3.4 预算约束线

3.4.1 预算约束线的含义

消费可能线又称家庭预算线或等支出线，它表明在消费者收入与商品价格既定的条件下，消费者的全部收入所能购买到的两种商品数量的各种组合。其方程为：

$$P_X X+P_Y Y=I$$
$$斜率\ K=-\frac{P_X}{P_Y}$$

3.4.2 预算约束线的几何表示

预算约束线给出了消费者可以选择的区域的界限。

图 3-8 中，在 MN 线以内的区域上任取一点都是消费者能够承担的，在 MN 上取点表示消费者正好消费尽了所有的收入。如取 A、B、M、N 都是消费者客观上能够达到的消费水平；如取 C 点也可以达到，只是消费者的收入还有剩余；如取点 D，则是消费者的收入水平所不能够达到的。因此，在这里又能看到资源的稀缺性特征，消费者不能无止境地消费。

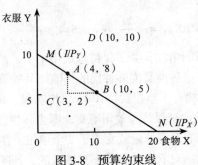

图 3-8　预算约束线

3.4.3　预算约束线的移动

1. 收入变动引起的预算线移动

在商品价格不变的情况下，当消费者的收入水平增加时，整条约束线会平行右移；相反，当收入水平减少时，整条约束线平行左移。这种情况如图 3-9（a）所示。

2. 商品价格变化引起的预算线移动

当商品价格发生变化时，预算约束线也会发生相应的移动。例如，当 X 商品价格下降时，Y 商品价格不变，约束线就会沿着纵轴不变的端点逆时针旋转，结果在横轴的截距延长。相反，当 X 商品价格上涨时，约束线会顺时针旋转，结果在横轴的截距缩短。同理，当 Y 商品价格发生变化而 X 商品价格不变的情况是相同的。而当 X 和 Y 商品价格都发生变化时，预算线的移动要看它们的变化幅度大小。这种情况如图 3-9（b）和图 3-9（c）所示。

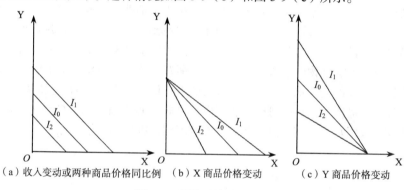

（a）收入变动或两种商品价格同比例　（b）X 商品价格变动　（c）Y 商品价格变动

图 3-9　预算约束线的移动

相关链接

水与钻石的价值悖论

在 200 多年以前，亚当·斯密在《国富论》中提出了一个有关"水与钻石"的著名的悖论。按常理来说，水对于生命是重要的，所以它应该具有很高的价值。另外，钻石只能做装饰且对生命来说并不重要，人们应该认为它的价值比水低。但是，现实中，即使水能够提供更多的效用，它还是比钻石便宜。这是为什么呢？斯密的这个困惑被称为"钻石与水"的悖论。

现在，我们学了有关效用的概念后，就可以来解释经济学之父所遇到的这个难题。

早期的经济学家一直没能找到解释"钻石与水"这一难题的关键所在，这是因为他们不能区分边际效用和总效用。边际效用理论直到 19 世纪晚期才得到发展。水是生命的源泉，它的确能够创造出比钻石更高的总效用。然而，决定价格的并不是总效用，而是边际效用，即取决于最后一杯水的有用性。由于世界有如此之多的水，所以最后一杯水只能以很低的价格出售。即使最初的几滴水相当于生命自身的价值，但最后的一些水仅仅用于浇草坪或洗汽车。

另外，对于珠宝性质的钻石却是稀缺的。相对而言，我们也几乎不可能像得到水一样得到钻石，钻石的消费量不大，所以钻石的边际效用和购买者愿意支付的价格就相当高，以至于稀缺性提高了边际效用和价格，而不论商品的大小和总效用是多少。

资料来源：保罗·萨缪尔森. 微观经济学. 北京：人民邮电出版社，2004.

3.5 消费者均衡

3.5.1 消费者均衡点

消费者均衡是指消费者的选择行为达到了最优化的程度。如果说无差异曲线是消费者最优选择的主观条件，那么预算约束线就是消费者最优选择的客观条件，当两个条件达到统一时，消费者就会实现最优化的选择。这里通过模型进行解释。

先说明两个假设条件：第一，消费者全部收入都用来消费，没有储蓄；第二，消费者是追求个人利益最大化的"理性人"。如图 3-10 所示，要找到消费者的最优化选择点，在约束线上取 A 点，消费者选择的商品组合是 YA 和 XA，所获得效用水平是 U_1，消费者没有达到最优化选择，于是消费者就有增加食物的消费而减少衣服的消费，从而使效用水平增加的愿望；而在 B 点，消费者为追求更高的效用水平而有增加衣服的消费量、减少食物消费量的愿望；当达到 E 点时，消费者实现了最优化选择的目标。我们也可以取 C 点进行分析，C 点在预算约束线的外点侧，虽然达到的效用水平更高，但是客观条件达不到，因此不是最优点。

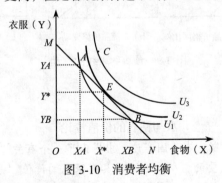

图 3-10 消费者均衡

3.5.2 消费者均衡的条件

图 3-10 中，我们可以看到在同一条预算约束线 MN 上有三个点 A、B、E 哪一点才是最优点呢？答案是 E 点。我们可以很直观地看到，虽然 A、B、E 在同一条预算约束线上，但是与 A、B 相比 E 点的效用更高，因为 E 在 U_2 上。这也正好符合我们之前学过的 U_2 的效用大于 U_1 的效用。

事实上，图 3-10 中的 E 点是预算约束线 MN 与无差异曲线 U_2 的切点，因此 MN 线与 U_2 线在 E 点的斜率是相同的，可以表示如下：

$$\frac{P_X}{P_Y} = \text{MRS}_{XY} = \frac{\text{MU}_X}{\text{MU}_Y}$$

也就是说，在消费者的均衡点上，两种商品的价格之比等于边际替代率，即等于两种商品的边际效用之比；而边际效用之比看做消费者对商品的主观评价，那么当客观评价与主观评价正好相符时，消费者达到了效用极大化。

有时也可将上式表述为：

$$\frac{\text{MU}_X}{P_X} = \frac{\text{MU}_Y}{P_Y}$$

也就是说，当每种商品的边际效用与其价格之比相等时，消费者达到均衡。也可以将其推广到 N 种商品，即消费者在 N 种商品的消费中进行选择，达到均衡的条件为：

$$\frac{\text{MU}_1}{P_1} = \frac{\text{MU}_2}{P_2} = \cdots = \frac{\text{MU}_n}{P_n} = \lambda$$

可以解释为，当消费者达到均衡时，他花在所有商品上的最后一单位货币的边际效用应该相等，否则消费者通过改变货币支出在不同商品之间的分配还能进一步提高效用水平。

为什么只有在 $\frac{\text{MU}_1}{P_1} = \frac{\text{MU}_2}{P_2} = \cdots = \frac{\text{MU}_n}{P_n} = \lambda$ 时才能实现消费者均衡呢？消费者应该怎么样调整才能达到这样的均衡呢？下面我们以消费者消费两种商品为例，从理论推理的角度来进行分析。

MU_1/P_1 表示最后一元钱用在第一种商品上所获得的边际效用，MU_2/P_2 表示最后一元钱用在第二种商品上所获得的边际效用。如果 $\text{MU}_1/P_1 > \text{MU}_2/P_2$，表示支付同样的货币额，购买第一种商品得到的边际效用大于购买第二种商品得到的边际效用。这时，消费者必然减少对第二种商品的购买量，增加对第一种商品的购买量。每转移一单位货币的购买方向，都表明在第一种商品上得到的效用大于在第二种商品上减少的效用，因而总效用不断地增加。同时，在边际效用递减规律的作用下，第一种商品的边际效用会随其购买量的不断增加而递减，第二种商品的边际效用会随其购买量的不断减少而递增。这个过程一直持续到 $\text{MU}_1/P_1 = \text{MU}_2/P_2$，此时总效用增加到最大限度。

如果 $\text{MU}_1/P_1 < \text{MU}_2/P_2$，表示支付同样的货币额，购买第一种商品得到的边际效用小于购买第二种商品得到的边际效用。根据同样的道理，消费者会进行与前面相反的调整过程，即减少对第一种商品的购买量，增加对第二种商品的购买量。每转移一单位货币的购买方向，都表明在第二种商品上得到的效用大于在第一种商品上减少的效用，因而总效用不断地增加。同时，在边际效用递减规律的作用下，第一种商品的边际效用会随其购买量的不断减少而递增，第二种商品的边际效用会随其购买量的不断增加而递减。这个过程一直持续到 $\text{MU}_1/P_1 = \text{MU}_2/P_2$，最后使总效用达到最大。

另外，我们再讨论 MU_1 与 λ 的关系。当 $\text{MU}_1/P_1 > \lambda$ 时，表示消费者花一元钱在第一种商品上所获得的效用大于其拥有一元钱的效用，或者说此时消费者对第一种商品的消费量是不足的。这样，消费者会增加对第一种商品的支出，以获得更多的效用，直到 $MU_1/P_1=\lambda$ 为止。相反，若 $MU_1/P_1<\lambda$，说明消费者花一元钱在第一种商品上所获得的效用小于其拥有一元钱的效用，即此时消费者对该商品的消费量太多了。这样，消费者会减少对这种商品的购买，直到 $MU_1/P_1=\lambda$ 为止。

综上所述，只有当消费者在两种商品的消费上实现了 $MU_1/P_1=MU_2/P_2=\lambda$，此时才能获得最大的满足，实现效用最大化，达到消费者均衡。

下面以某消费者消费鸡蛋与牛奶为例具体说明。假定某消费者每周有 12 元钱用于鸡蛋与牛奶的购买，鸡蛋的价格为 $P_1=2$ 元，牛奶的价格为 $P_2=1$ 元，鸡蛋与牛奶给消费者带来的边际效用如表 3-2 所示。

表 3-2　某消费者消费鸡蛋和牛奶的边际效用

商品数量（Q）	1	2	3	4	5	6	7	8	9	10	11
鸡蛋的边际效用（MU_1）	16	14	12	10	8	6	4	2			
牛奶的边际效用（MU_2）	11	10	9	8	7	6	5	4	3	2	1

那么，能给消费者带来最大效用的购买组合应该是什么呢？从表 3-2 中可知，若消费者先购买 1 单位鸡蛋则花费 2 元，获得 16 个效用单位，此时花在鸡蛋上的 1 元钱获得的效用为 16/2=8；若他先购买 1 单位牛奶则花费 1 元，获得 11 个效用单位，此时花在牛奶上的 1 元钱获得的效用为 11/1=11。所以，理性的消费者会用他的第 1 元钱购买第 1 单位的鸡蛋。接下来，如果购买鸡蛋则是第 1 单位鸡蛋，这时花在鸡蛋上的 1 元钱获得的效用还是 8；如果购买牛奶则是第 2 单位牛奶，此时花在牛奶上的 1 元钱获得的效用为 10。所以，理性的消费者还是会把第 2 元钱用于购买牛奶。依次类推，消费者会用第 3 元钱买第 3 单位的牛奶，第 4 元钱和第 5 元钱买第 1 单位的鸡蛋；第 6 元钱买第 4 单位的牛奶……如此分配，最后消费者购买 3 单位鸡蛋、6 单位牛奶，此时 12 元钱刚好用完，并且花在鸡蛋上的最后 1 元钱得到的效用 12/2=6，花在牛奶上的最后 1 元钱得到的效用为 6/1=6，即满足了 $MU_1/P_1=MU_2/P_2$，实现了消费者均衡。

3.5.3　凹的无差异曲线与边界均衡点

以上分析中，我们一直假定无差异曲线是凸向原点，这是由边际效用递减规律和边际替代率递减规律决定的。但是，这种规律是否可能有例外的情况发生，如无差异曲线是否可能凹向原点呢？

如果无差异曲线如图 3-11 那样凹向原点，那意味着消费者拥有某种商品的数量越多，他越愿意付出更多的代价来进一步增加这种商品的数量。如果这样的话，无差异曲线 U_1 与预算约束线 MN 的切点 E 就不是消费者均衡。实际上，U_1 是消费者付出所有的收入所能达到的最低效用水平，MN 线上任何一点效用水平均高于 U_1。所以，MN 线能够"碰到"的最高水平的无差异曲线为 U_2，均衡点为 M 点，这是一个边界均衡点（又称为角落均衡点）。所以可以看出，只要无差异曲线是凹的，均衡点肯定在预算约束线的某一个端点上，意味着消费者只能消费一种商品。

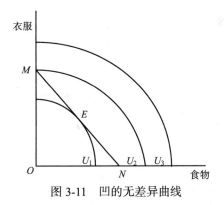

图 3-11　凹的无差异曲线

这样的结果更进一步地说明了为什么凹的无差异曲线不太可能存在。我们的日常生活中，人们几乎不可能在这个消费品众多的市场中仅仅消费一种商品，这也不符合消费者效用最大化的心理。这说明人们的无差异曲线应该是凸向原点的，从而其均衡点代表了不同商品之间的组合。

但是，我们也不能否认，消费者并不会消费所有的商品（这里指的是能够给消费者带来正效用的经济商品）。也许你希望有一辆超炫的跑车，或者去观看某位明星的演唱会，但实际上你却没有消费这些商品，为什么呢？这并不是因为你的无差异曲线是凹的，而是有两个方面的原因：第一，可能是因为你的所有收入还不足以购买 1 单位的某种商品。比如，你想购买一辆跑车，但是实际上你挣的钱还不够买一辆车的车轱辘，所以你不得不将此项消费的计划从你的选择中删除；第二，这个原因和上一个截然不同，如某明星举行演唱会的门票你的收入可以承担，而你没有消费这种商品是因为第 1 单位的该商品带给你的效用不足以抵偿它的成本——价格。也就是说，你觉得欣赏一场明星演出带来的效用不值得让你为它花费你的支出——门票。

3.5.4　收入和价格变化对消费者均衡的影响

以上分析的消费者均衡，是在消费者的收入和商品价格不发生变化的前提下进行的，现在要研究收入和价格的变化对消费者均衡的影响。

1. 收入—消费曲线

在其他条件不变的情况下，消费者收入的变化会引起消费者购买行为效用最大化均衡点的变化。一般把由于收入变化引起最佳购买行为均衡点变化的连线，称为收入—消费曲线（见图3-12）。

图中，横轴代表商品 X，纵轴代表商品 Y，假定商品 X、Y 的消费随收入增加同比例增加。N_1、N_2 和 N_3 分别为三条不同收入水平的预算线；U_1、U_2 和 U_3 为相应的不同效用的三条无差异曲线。无差异曲线和相应的预算线切点分别为 A、B、C，连接三点即为收入—消费曲线。实际上它是不同收入水平条件下，最佳购买行为点的连线，或者不同收入水平条件下，消费者均衡点的连线。因为随着收入的增加，预算线必然向右上方平行移动，我们可以据此得出对商品 X 和商品 Y 的最佳购买点。

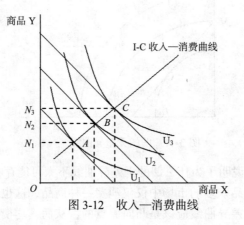

图 3-12　收入—消费曲线

2. 恩格尔曲线

（1）恩格尔系数

恩格尔系数是指食品支出总额占家庭或个人消费支出总额的百分比例。1857 年，世界著名的德国统计学家恩思特·恩格尔阐明了一个定律：随着家庭和个人收入的增加，收入中用于食品方面的支出比例将逐渐减小。这一定律被称为恩格尔定律，反映这一定律的系数被称为恩格尔系数。

其公式表示为：

恩格尔系数（%）= 食品支出总额÷家庭或个人消费支出总额×100%

恩格尔定律主要表述的是食品支出占总消费支出的比例随收入变化而变化的一定趋势，揭示了居民收入和食品支出之间的相关关系，用食品支出占消费总支出的比例来说明经济发展、收入增加对生活消费的影响程度。众所周知，吃是人类生存的第一需要，在收入水平较低时，其在消费支出中必然占有重要地位。随着收入的增加，在食物需求基本满足的情况下，消费的重心才会开始向穿、用等其他方面转移。因此，一个国家或家庭生活越贫困，恩格尔系数就越大；反之，生活越富裕，恩格尔系数就越小。

国际上常用恩格尔系数来衡量一个国家和地区人民生活水平的状况。联合国根据恩格尔系数的大小，对世界各国的生活水平做了一个划分标准，即一个国家平均家庭恩格尔系数大于 60% 为贫穷；50%～60% 为温饱；40%～50% 为小康；30%～40% 属于相对富裕；20%～30% 为富裕；20% 以下为极其富裕。按此划分标准，20 世纪 90 年代，恩格尔系数在 20% 以下的只有美国，达到 16%；欧洲、日本、加拿大，一般在 20%～30% 之间，是富裕状态；东欧国家一般在 30%～40% 之间，相对富裕；剩下的发展中国家，基本上分布在小康水平。表 3-3 就是中国 1978—2006 年的恩格尔系数。

表 3-3　中国 1978—2006 年恩格尔系数

年份（年）	恩格尔系数	年份（年）	恩格尔系数
1978	56	1993	44
1979	55	1994	45
1980	55	1995	47
1981	52	1996	49
1982	53	1997	50
1983	53	1998	41
1984	55	1999	44
1985	47	2000	40
1986	47	2001	40
1987	42	2002	34
1988	43	2003	34
1989	48	2004	35
1990	45	2005	38
1991	43	2006	37
1992	43		

　　但是，需要说明的是，虽然恩格尔系数反映了一个国家或者一个地区的富裕程度，但也不能完全以此做判断。影响一个国家或地区居民恩格系数高的原因很多，如收入总量、消费习惯等。例如，最近几年，海南城镇居民的恩格尔系数一直是全国最高的，在 40%～50%之间波动。以 2002 年为例，海南的恩格尔系数为 45.4%，比最低的北京市高出了 11.6 个百分点，比第二高的福建也多 2 个百分点。海南城镇居民恩格尔系数之所以比较高，主要有如下几大原因。

　　一是因为海南城镇居民收入比较低，大家没有能力购买大宗消费品或大量购买奢侈品，在食品支出基本持平的条件下，分母太小，恩格尔系数就比较高。

　　二是因为海南的主要食品价格在全国很靠前，如鸡蛋价格位列全国第一、肉类价格位列全国前五等，这就意味着消费等量的食品，海南人要付出更多的货币，这也导致恩格尔系数比较高。

　　三是热带地理条件导致海南恩格尔系数偏高。海南地处南方，衣服变化需要比较少，不像北方人各个季节都要穿不同的衣服，尤其是外套价格高，这挤占了食品的消费，导致北方的恩格尔系数普遍低于南方。

　　四是消费习惯不同导致海南恩格尔系数偏高。与所有南方人一样，海南人对饮食比较讲究，一般家庭都会要求有荤有素，有菜有汤，和北方人的吃饭简单不一样，这也导致海南的恩格尔系数比较高。

◎ 相关链接

上海的调查数据

国家统计局上海调查总队 2007 年 2 月 28 日发布的统计信息披露，上海城市居民家庭人均消费支出继续稳步增长，2006 年达到 14 762 元，比上年增长 7.2%。按消费支出的八大分类看，除医疗保健支出有所下降外，其他各类都呈增长态势。

食品消费绝对量继续升、相对量继续降。2006 年，居民家庭人均食品消费为 5 249 元，比上年增长 6.3%。而恩格尔系数，即食品支出占消费支出的比重则下降，比上年下降 0.3 个百分点，为 35.6%。

食品支出的稳步上升，主要受以下三个方面因素的影响。一是价格上涨。2006 年，鲜菜和鲜瓜果的价格上涨较多，居民食品支出中的鲜菜和鲜瓜果支出分别比上年增长 5.4% 和 14.8%。二是讲究营养。吃得好，吃得有营养，成了居民家庭的普遍选择。居民家庭日常饮食中，奶及奶制品消费越来越多，食用油的选择也更讲究营养价值。2006 年，人均奶及奶制品支出为 267 元，比上年增长 8.3%；人均食用油消费量与上年基本持平，消费支出为 84 元，比上年增长 5.5%。三是在外用餐。随着人们饮食观念的变化，在饭店聚会吃饭的现象越来越普遍。2006 年，居民家庭人均在外饮食支出为 1 482 元，比上年增长 11.3%，占食品支出的 28.2%，比重同比提高 1.3 个百分点。

衣着消费首次突破千元。近年来，城市居民衣着消费追求时尚，衣着消费增长较快。2006 年，居民人均用于衣着消费的支出达到 1 027 元，比上年增长 9.2%，占消费支出的 6.9%，比重同比提高 0.1 个百分点。

统计数据还显示，本市居民交通支出增长明显。2006 年，居民人均交通支出为 1 396 元，比上年增长 20.2%，占消费支出的 9.5%，比重同比提高 1.1 个百分点。一方面，汽车消费成为热点，汽车进入居民家庭的速度不断加快，2006 年居民家庭人均购买汽车支出达到 458 元，比上年增长 25%；另一方面，随着交通条件的改善和居民对出行方便快捷的追求，乘坐轨道交通和空调车的次数有所增加，加上轨道交通和出租车价格的上调，居民公共交通支出增长较快。2006 年，居民家庭人均市内交通支出为 360 元，比上年增长 22.7%。

（2）恩格尔曲线的形成

将收入和商品需求量的关系做在一个图上，从收入—消费曲线中引出恩格尔曲线来。图 3-13（a）表明商品 X 是正常商品，而图 3-13（b）表明商品 Y 是低档商品。

（3）不同商品的恩格尔曲线形状

必需品需求量的增加速度小于收入的增加速度；奢侈品需求量的增加速度大于收入的增加速度；低档品随收入的增加其需求量减少。它们的恩格尔曲线分别如图 3-14（a）、图 3-14（b）和图 3-14（c）所示。

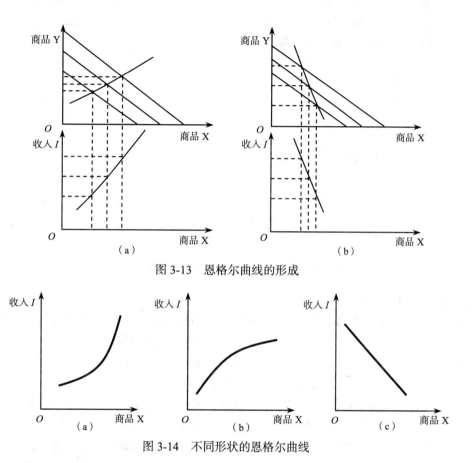

图 3-13 恩格尔曲线的形成

图 3-14 不同形状的恩格尔曲线

3. 价格—消费曲线

价格消费曲线（Price Consumption Curve，PCC）是指在其他因素不变的条件下，由某种商品价格变动引起的消费者均衡点的变动轨迹，也就是当某一种物品的价格改变时的消费组合。

价格—消费曲线也可以说是指在消费者的偏好、收入及其他商品价格不变的条件下，与某一种商品的不同价格水平相联系的消费者效用最大化的均衡点的轨迹。

当其中一种物品的价格改变时（如商品 X 的价格改变），预算线的斜度会改变。将不同相对价格之下的消费组合用线连起来，就是价格—消费曲线。这里要补充一点，就是只有价格在变，其他东西是不变的，如收入。此外，也只有一种物品的价格在变。

如图 3-15 所示，假定商品 X 的初始价格为 P_1，相应的预算线为 AB，它与无差异曲线 U_1 相切于效用最大化的均衡点 E_1。如果商品 X 的价格由 P_1 下降为 P_2，相应的预算线由 AB 移至 AB′，于是 AB′与另一种较高无差异曲线 U_2 相切于均衡点 E_2。如果商品 X 的价格再由 P_2 继续

下降为 P_3，相应的预算线由 AB′移至 AB″ ，于是 AB″ 与另一条更高的无差异曲线 U_3 相切于均衡点 E_3。不难发现，随着商品 X 的价格不断变化，可以找到无数个诸如 E_1、E_2 和 E_3 那样的均衡点，它们的轨迹就是价格—消费曲线。

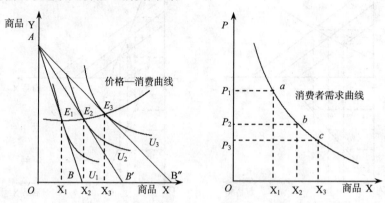

图 3-15 价格—消费曲线和消费者的需求曲线

4．需求曲线的推导

第 2 章里，学习了供求的基本原理，知道了需求曲线的基本形状。在需求曲线模型中，当某种商品的价格上涨时，人们对它的消费需求量会减少，而当价格下降时，又会增加对这种商品的需求量。那么，为什么需求基本曲线是向右下方倾斜的呢？这是由消费者选择理论决定的，我们可以从价格—消费曲线推导出消费者个人的需求曲线，如图 3-16 所示。

当商品 X 的价格为 P_1 时，消费者均衡点为 E，对 X 商品的需求量为 X_1；当价格为 P_2 时，消费者均衡点为 E′，其需求量为 X_2；当价格为 P_3 时，消费者均衡点是 E″，其需求量为 X_3。价格的连续变化可以得到一系列均衡点。如果以价格为纵轴，需求量为横轴，则可表示出商品 X 的需求量与其价格之间的对应关系。如图 3-16 所示，当价格为 P_1 时，需求量为 X_1，可以确定一点 E_1；当价格为 P_2 时，需求量为 X_2，可以确定一点 E_2；当价格为 P_3 时，需求量为 X_3，可以确定一点 E_3。用同样方法还可以确定商品 X 的需求量与其价格对应关系的其他点。将 E_1、E_2 和 E_3 等点连接起来，就得到消费者个人的需求曲线。这条曲线反映了在消费者偏好、收入和商品 Y 的价格不变的条件下，消费者对 X 商品的最优购买量与其价格之间的变化关系。回忆第 2 章中需求曲线的定义，需求曲线是指在其他因素保持不变时，消费者对于商品的各种可能的价格，愿意并且能够购买的数量。其中的"其他因素"就是指消费者的偏好、收入和其他商品的价格等；"愿意并能够购买的数量"就是消费者的最优购买数量，因为每一个均衡点都代表消费者在预算约束下达到了效用的最大化。所以，序数效用理论用无差异曲线与预算线的分析工具推导出了需求曲线。

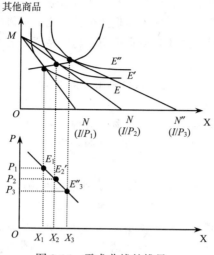

图 3-16　需求曲线的推导

可见，序数效用论推导出的需求曲线与基数效用论推导出的需求曲线具有相同的性质。它也是一条斜率为负，向右下方倾斜的曲线，反映了需求量与价格之间的反向变动关系。需求曲线上的每一点都是消费者的效用水平最高或满足程度最大的均衡点，代表着不同价格下消费者愿意并且能够购买的商品数量。不同的是，基数效用论的需求曲线以边际效用递减规律为基础，序数效用论的需求曲线以边际替代率递减规律为基础。

📐 本章小结

1. 效用是指人们通过消费某种物品或劳务所能获得的满足程度。效用完全是一种主观的心理评价，它和人的欲望联系在一起。

2. 基数效用论者认为效用是可以衡量和加总的。基数效用论者的两个基本概念就是总效用和边际效用。总效用是指消费者在一定时间内从一定数量商品的消费中所得到的效用量的总和。边际效用指消费者在一定时间内增加一单位商品的消费所得到的效用量的增量。边际效用大于零时，总效用是增加的；边际效用等于零时，总效用达到最大值；边际效用小于零时，总效用反而减少。

3. 边际效用递减规律是指在一定时期内其他条件不变的前提下，随着消费者对某一种商品消费量的连续增加，该消费者从连续增加的每一单位的商品消费量中所得到的效用增量是递减的。

4. 序数效用论用无差异曲线图来描述消费者对不同商品组合的偏好。消费者的偏好具有完备性、传递性和不饱和性。无差异曲线斜率为负，并凸向原点，表明两种商品的边际替代率递减。边际替代率反映了消费者在保持效用水平不变的前提下，以一种商品替代另一种商品的比率。

5．消费者均衡是研究单个消费者如何把有限的货币收入分配在各种商品的购买中以获得最大的效用。在基数效用论者那里，消费者实现效用最大化的均衡条件为：在消费者的货币收入和商品价格不变的情况下，消费者应该使自己购买的各种商品的边际效用与价格之比相等，且等于货币的边际效用。

6．预算线限定了消费者在既定的收入和商品价格下能够负担得起的商品组合。预算线会随着消费者收入的变化而平行移动，随着一种商品价格的变化而转动。

7．消费者剩余是指消费者在购买一定数量的某种商品时愿意支付的最高总价格与其购买该商品时实际所花费的总支出之间的差额。消费者剩余的变化可以反映市场效率的高低和福利水平的高低。

8．随着消费者收入变化而变化的一系列消费者均衡点构成收入—消费曲线。收入—消费曲线可以推导出恩格尔曲线。不同商品的收入—消费曲线和恩格尔曲线呈现不同的形态。随着商品价格变化而变化的一系列消费者均衡点形成价格—消费曲线，由价格—消费曲线可以推导出消费者个人的需求曲线。不同商品的价格—消费曲线和需求曲线呈现不同的形态。需求曲线是消费者最优选择的结果。

 复习思考题

一、选择题

1．一个消费者想要一单位 X 商品的心情甚于一单位 Y 商品，原因是（　　　　）。

A．商品 X 有更多的效用　　　　　　　　B．商品 X 的价格较低

C．商品 X 紧缺　　　　　　　　　　　　D．商品 X 满足精神需要

2．总效用曲线达到顶点时（　　　）。

A．边际效用曲线达到最大点　　　　　　B．边际效用为零

C．边际效用为正　　　　　　　　　　　D．边际效用为负

3．某消费者逐渐增加某种商品的消费量，直到实现效用最大化。在这一过程中，该商品的（　　　　）。

A．效用和边际效用不断增加　　　　　　B．总效用不断增加，边际效用不断下降

C．总效用不断下降，边际效用不断增加　D．总效用和边际效用不断减少

4．无差异曲线的形状取决于（　　　　）。

A．消费者偏好　　　　　　　　　　　　B．消费者收入

C．所购商品的价格　　　　　　　　　　D．商品效用水平的大小

5．同一条无差异曲线上的不同点表示（　　　　）。

A．效用水平不同，但所消费的两种商品组合比例相同

B．效用水平相同，但所消费的两种商品组合比例不同

C．效用水平相同，两种商品组合比例也相同

D．效用水平不同，商品组合比例也不相同

6．商品 X 和 Y 的价格按相同比例上升，而收入不变，预算线（　　　）。

A．向左下方平行移动　　　　　　　　B．向右上方平行移动

C．向左下方或右上方平行移动　　　　D．也不变动

7．若消费者低于它的预算线消费，则消费者（　　　）。

A．没有完全用完预算支出　　　　　　B．用完了全部预算支出

C．或许用完了预算支出　　　　　　　D．处于均衡状态

8．需求曲线从（　　　）导出。

A．价格—消费曲线　　B．收入—消费曲线　　C．预算线　　　　D．无差异曲线

9．根据无差异曲线分析，消费者均衡是（　　　）。

A．无差异曲线与预算约束线的相切点　　B．无差异曲线与预算约束线的相交点

C．无差异曲线上的任何一点　　　　　　D．预算约束线上的任何一点

10．预算线绕着它与横轴的交点逆时针转动是因为（　　　）。

A．商品 X 的价格上升　　　　　　　　B．商品 Y 的价格上升

C．消费者收入下降　　　　　　　　　　D．商品 X 的价格不变，商品 Y 的价格上升

二、判断题

1．MRS 始终是固定不变的。（　　　）

2．某个消费者将他的全部收入花在两种商品上，其中一种商品是吉芬商品。如果吉芬商品的价格上升，那么他对另外一种商品的需求也必定下降。（　　　）

3．手机的价格下跌但是移动通信费用上升，则对小灵通的需求会产生正面影响。（　　　）

4．当某一消费者收入水平上升时，无论商品价格发生变化与否都会使预算约束线向右移动。（　　　）

5．所有商品的需求曲线都是向右下方倾斜的。（　　　）

6．消费者均衡条件是边际替代率即商品的边际效用之比等于商品的价格之比。（　　　）

7．如果某一种商品价格下跌了，那么消费者会多消费一些相对便宜的这种商品，去替代相对昂贵的其他商品，这种影响称之为价格效应。（　　　）

8．当人们的收入水平与商品的价格发生相同倍数的移到并且方向相同，那么预算约束线不出现任何移动。（　　　）

9．你的朋友结婚时，你送他钱要比送他礼物会带给他更高的效用水平。（　　　）

10．无差异曲线凸向原点的原因是边际替代率递减规律。（　　　）

三、简答题

1．基数效用论者是如何推导需求曲线的？

2．用图说明序数效用论者对消费者均衡条件的分析，以及在此基础上对需求曲线的推导。

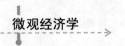

3．说明正常物品、低档物品和吉芬物品的需求曲线的特征。

四、计算题

1．某消费者原来的预算约束线为 $P_1X_1+P_2X_2=I$，如果商品 1 提高 2 倍，商品 2 提高 6 倍，收入增加 4 倍，请写出新的预算约束线。

2．若甲的效用函数为 $U=XY$，试问：

（1）$X=40$，$Y=5$ 时，他得到的效用是多少？过点（40，5）的无差异曲线是什么？

（2）若甲给乙 25 单位 X 的话，乙愿给此人 15 单位 Y。进行这个交换，此人所得到的满足会比（40，5）的组合高吗？

（3）乙用 15 单位 Y 同此人换取 X，为使此人的满足与（40，5）组合相同，他最多只能得到多少单位 X？

3．已知一件衬衫的价格是 80 元，一份肯德基的价格是 20 元，在某消费者关于这两种商品的效用最大化的均衡点上，一份肯德基对衬衫的边际替代率 MRS 是多少？

五、图示题

1．图示消费者均衡。

2．图示价格—消费曲线。

3．图示正常物品、低档物品和吉芬物品的替代效应和收入效应。

第4章

生　产　论

知识目标　① 掌握厂商的组织形式和厂商的目标；② 理解长期生产函数和短期生产函数；③ 理解一种可变生产要素函数和两种可变生产要素函数；④ 掌握生产要素的最优组合。

能力目标　① 能够运用边际报酬递减规律动态分析厂商在实际生产过程中投入特定生产要素能够带来为其产生多大效益；② 具有运用等产量线和等成本线研究生产要素的最优组合的能力；③ 能够利用规模报酬规律研究厂商内部各种生产要素按相同比例变化时所带来的产量变化。

 引导案例

福特汽车的流水线

福特汽车公司是世界最大的汽车企业之一。它由亨利·福特先生在 1903 年创办于美国底特律市。现在的福特汽车公司是世界上的超级跨国公司，旗下拥有的汽车品牌有阿斯顿·马丁（Aston Martin）、福特（Ford）、美洲虎（Jaguar）、路虎（Land Rover）、林肯（Lincoln）、马自达（Mazda）、水星（Mercury）和沃尔沃（Volvo，已被中国吉利公司于 2010 年 3 月收购）。此外，它还拥有世界最大的汽车信贷企业——福特信贷（Ford Credit）、全球最大的汽车租赁公司——赫兹（Hertz）及汽车服务品牌（Quality Care）。福特公司的成功除了先进的经营理念外，还与他们对生产技术的不断改进有着直接关系。世界上第一条流水装配线出现在 1913 年 4 月 1 日的福特汽车工厂。

流水线的原则有以下三个。

1）按照操作程序安排工人和工具。在整个走向成品的过程中，每个部件都将经过尽可能短的距离。

2）运用工作传送带或别的传送工具。

3）运用滑动装配线。需要装配的零件放在最方便的地方。

以流程为本、保证流程本身的顺畅和效率是其精髓。运用这些原则，工人减少了无谓的思考和停留，把动作的复杂性减少到最低程度，几乎只用一个动作就完成一件事情。

在亨利·福特建立他的流水线之前，当时的汽车工业完全是手工作坊型的，三两个人合伙，买一台引擎，设计个传动箱，配上轮子、刹车、座位，装配一辆，出卖一辆，每辆车都是一个不同的型号。福特的流水线使得这一切都改变了。在手工生产时代，每装配一辆汽车需要 728 个人工小时，而由于福特的简化设计，标准部件的 T 型车把这一时间缩短为 12.5 个小时。进入汽车行业的第 12 年，亨利·福特终于实现了他的梦想，他的流水线的生产速度已达到了每分钟一辆车的水平，5 年后又进一步缩短到每 10 秒钟一辆车。在福特之前，轿车是富人的专利，是地位的象征，售价在 4 700 美元左右。伴随福特流水线的大批量生产而来的是价格的急剧下降，T 型车在 1910 年销售为 780 美元，1911 年降到 690 美元，然后降到 600 美元、500 美元，1914 年降到每辆 360 美元。低廉的价格为福特赢得了大批的平民用户，小轿车第一次成为人民大众的交通工具。福特说："汽车的价格每下降 1 美元，就为我们多争取来 1 000 名顾客。"1914 年，福特公司的 13 000 名工人生产了 26.7 万辆汽车；美国其余的 299 家的 66 万工人仅生产了 28.6 万辆。福特公司的市场份额从 1908 年的 9.4%上升到 1911 年的 20.3%和 1913 年的 39.6%，到 1914 年达到 48%，月赢利 600 万美元，在美国汽车行业占据了绝对优势。

资料来源：百度文库. 福特——流水线创作之父.
http://wenku.baidu.com/view/b9602c1cfad6195f312ba693.html

均衡价格理论是微观经济学的核心理论，而均衡价格则取决于需求和供给的相互关系。在本书的第 3 章，我们从需求方面分析了需求规律背后的消费者行为，认为理性的消费者追求效用最大化从而形成了需求曲线的形状。本章，我们要从供给方面，即生产入手，研究供给规律下的生产者行为。

产品的供给源于生产。在经济学的研究中，生产具有广泛的含义，它不仅包括物质产品的生产，还包括诸如金融、贸易等服务活动的提供。因此，从经济学角度而言，生产是指一切能够创造和增加效用的人类活动。生产理论研究的是生产者的行为，生产者在经济学中被称为厂商。

4.1 厂商

4.1.1 厂商的组织形式

1. 厂商的定义

厂商（Firm）是向市场提供商品和劳务以获得最大利润的经济组织。厂商作为运用生产要素生产商品与劳务的经济单位，可以是生产产品的厂商，也可以是提供服务的厂商。因此，厂商可以是工厂、农户、银行，甚至是医院、学校等。作为一种经济决策单位，除了消费者与政府以外，其余的经济组织都是厂商。

2．厂商的组织形式

（1）单人业主制厂商

小吃店、小杂货店等是最简单的厂商组织。这些由个人独自出资、独自经营、独自享有利润、独自承担无限责任的厂商组织称为单人业主制厂商。这种厂商在法律上称为自然人企业，是最早产生的、最简单的厂商形态。

单人业主制厂商具有如下优点。

1）开设、转让与关闭等行为仅需向政府登记即可，手续非常简单。

2）利润全归个人所得，不需与别人分摊。由于是个人投资、个人管理，所以获得的经济收益全归投资者所有。

3）经营制约因素较少，经营方式灵活。

4）易于保护技术、工艺和财务秘密。

5）厂商所有者可以获得个人满足。

单人业主制厂商也有如下不足。

1）责任无限。一旦经营失误，将面临资产抵押——家产抵押——人身抵押之困境。

2）规模有限。这种厂商的发展受到两个方面的限制：一是个人资金的限制；二是个人管理能力的限制。

3）寿命有限。厂商与业主同存亡，业主的死亡、破产、犯罪或转业都可能使厂商不复存在。因此，厂商的雇员和债权人不得不承担较大的风险。债权人往往要求厂商所有者（即企业主，下同）进行人身保险，以便在厂商所有者死亡后可以用保险公司支付的保险金抵付债务。

（2）合伙制厂商

由两个或两个以上的人合作经营的厂商组织称为合伙制厂商。合伙制厂商通常由拥有不同生产资源的两个或两个以上的人组成，每个合伙人都分享利润，共同分担风险，对厂商承担无限责任。相对单人业主制厂商和即将讨论的公司制厂商来说，合伙制厂商有自身的优势所在，同时也存在很多的不足。

合伙制厂商的优点主要有以下几个。

1）资金来源较广，信用能力较大。投资者可以是两方或者两方以上，投资者的非单一性就决定了在进行生产时可以有较多的资金来源，同时投资者之间存在协议，所以彼此之间的信用度还是比较高的。

2）才智与经验更多。由于是多个投资者共同出资经营厂商，因此在经营厂商的过程中，每位投资者都可以充分发挥个人的才智，将自身的管理经验运用到实际的管理运作之中。

3）发展余地更大。由于资金来源的多方位，投资者具有一定的管理经验，因此合伙制厂商比个体厂商有更大的发展空间。

与之相并存的是合伙制厂商的不足。

1）产权转让须经所有合伙人同意方可进行，产权转让较为困难。

2）投资者责任无限且连带。每个投资者对厂商承担的责任都是无限的，当某一投资者因各种原因产生经济纠纷时，其他投资者要分担其责任，共同承担风险。

3）规模仍受局限，意见难以统一，寿命有限。正是以上原因，造成了厂商的规模扩展受到了限制，而且管理主体的混乱容易造成意见难以统一，厂商的发展空间受到影响。

（3）公司制厂商

按照公司法的规定成立的厂商组织称为公司制厂商。公司制厂商通常由共同出资、共享利润、共担风险的多个有限责任股东组成，可分为有限责任公司与股份有限公司两种。所有权和经营权的分离是现代公司制的显著特征。公司的所有权属于股东，经营权属于在董事监管下的总经理。现代公司制厂商，一般都具有较严谨的公司治理结构和严格的运作规则，可以通过发行债券或股票等形式低成本筹得资本，但其庞大的规模和复杂的治理结构也带来了决策的复杂性和迟滞性，层层委托——代理问题的出现更是公司制厂商面临的棘手问题。

3．委托—代理关系

委托—代理关系是指根据契约规定，一个或多个行为主体指定雇用另一些行为主体提供代理服务，并根据其提供的数量和质量支付相应的报酬。委托人是雇用他人完成特定任务的个人（或厂商），代理人是受厂商（或另外一个人）雇用的用于完成特定任务的个人（或厂商）。最典型的这种关系就是厂商股东和总经理的关系，股东就是委托人，而总经理是厂商股东的代理人。

公司制厂商中的委托—代理关系常常带来的低效率等问题，迫使我们去思考应该如何构造一种制度体系用于激励总经理去实现股东的目标。目前，西方国家有以下三种解决方法。

1）良好的总经理市场是解决总经理偷懒问题的最好制度架构。

2）一些大公司对总经理提供股权、奖金、度假和晋升来激励他们努力工作。

3）各种舆论监督和法制约束也是提供负面激励的有效约束机制。

4.1.2　厂商的目标

在传统的微观经济学研究中，通常假定理性厂商的唯一目的是获取最大利润。然而，随着现代公司制厂商两权分离的出现，传统的利润最大化目标并不能体现厂商在实际经营中的多种目标。因此，一些学者修正了厂商的目标函数和约束条件，提出了销售收入最大化、增长率最大化、市场份额最大化和价值最大化等新的假设。尽管如此，为方便研究，本书的分析中仍将采用传统微观经济学的观点，假定厂商是以利润最大化为目的的经济组织。以其他目标为假设的研究可以参照本方法。

厂商在遵循最大利润原则进行生产时，要求尽量使边际收益等于边际成本。我们把最优产量的选择同投入要素的使用数量联系起来，考察厂商利润最大化的最优要素使用原则。

厂商在使用某种生产要素时必须首先考虑要素的边际收益产量（Marginal Revenue Product，MRP）。所谓边际收益产量，是指在其他要素投入量不变的条件下，厂商增加一个单位的某种要素的投入所引起的产量的增加而带来的收益的增加。它等于边际产量（MP）与边际收益（MR）的乘积，即：

$$MRP = MP \cdot MR$$

要注意，边际收益产量既不同于边际收益，也不同于边际产量。产品的边际收益是指增加一个单位销售量（或产量）所增加的收益；边际产量是指增加一个单位生产要素所增加的实物产量。边际收益产量是指增加一个单位生产要素所增加的收益。

边际收益产量的变化取决于两个因素：其一，增加单位要素投入所生产的边际产量的变化；其二，增加一个单位产量所增加的收益的变化。

对于 MP 的变化，在技术给定和其他要素投入不变的情况下，连续增加一个单位某种要素所带来的产量的增量迟早会出现下降，这就是边际生产力递减规律。

MR 的变化取决于产品的市场结构。在完全竞争的产品市场条件下，由于生产者和消费者都不可能影响商品的价格，厂商生产的产品将按同一价格出售，厂商增加一个单位产量所增加的收益等于产品价格，即 MR=P；在不完全竞争的产品市场上，MR 随产量增加而递减且总是小于产品价格。

4.1.3　厂商的性质

厂商是商品经济发展到一定阶段的产物。厂商是一种交易费用更低的资源配置方式。交易费用这一概念是美国经济学家科斯（Ronald H. Couse）在分析厂商的起源和规模时，首次引入经济学分析的。

根据科斯的解释，交易费用（也称交易成本）是围绕交易契约所产生的成本，或者说是运用市场价格机制的成本。它包括两个主要内容：① 发现贴现价格，获得精确的市场信息的成本；② 在市场交易中，交易人之间谈判、讨价还价和履行合同的成本。在商品经济发展的初期，无论是原始的物物交换，还是以货币为媒介的商品交换，由于市场狭小，利用市场价格机制的费用儿乎不存在，这时的商品生产一般以家庭为单位。但随着商品经济的发展和市场规模的扩大，生产者在了解有关价格信息、市场谈判、签订合同等方面利用价格机制的费用显著增加，这时生产者采用把生产要素集合在一个经济单位中的生产方式，以降低交易费用，这种经济单位就是厂商。

厂商这种组织形式之所以可以降低市场交易的费用，是由于它用内部管理的方式组织各种生产要素并使之相结合的缘故。因此，从交易费用的角度来看，市场和厂商是两种不同的组织生产分工的方法：厂商是内部管理方式，市场是协议买卖方式。两种方式都存在一定的费用，即厂商是组织费用，市场是交易费用。厂商之所以出现，正是由于厂商的组织费用低于市场的交易费用。因此，交易费用的降低是厂商出现的重要原因之一。

4.2 生产函数

4.2.1 生产函数的概念

生产是厂商将生产要素有机地结合起来形成产品和服务的过程。生产过程中，一方面消耗掉了生产要素，另一方面生产出了产品和服务。在技术不变的条件下，生产要素的投入量与产品或服务的最大产出量之间的关系被称为生产函数（Product Function）。如果由于技术更新，使得一定量投入可以获得更多产量，或既定产量所需投入的生产要素较以前减少，则表现为另一个生产函数。生产函数表示各种投入量与所生产的最大产量之间的技术关系，为一数量概念而非货币价值概念。

假如生产中投入了 X_1，X_2，$\cdots$，X_n 种生产要素，生产的最大产量为 Q，生产函数可以表示为：

$$Q = F(X_1, X_2, ..., X_n)$$

假如生产中只使用劳动和资本两种要素，则生产函数可以表示为：

$$Q = f(L, K)$$

式中，L 为劳动投入量；K 为资本投入量。

假如生产中只使用劳动要素，则生产函数可以表示为：

$$Q = f(L)$$

式中，L 为劳动投入量。

4.2.2 生产函数的分类

在理论研究中，我们可以根据不同的标准对生产函数进行分类。

（1）根据生产中可变生产要素的多寡分类

根据生产中可变生产要素的多寡，可以将生产函数分为一种可变要素的生产函数、两种可变要素的生产函数和多种可变要素的生产函数。

如果在各种投入组合中，只有一种生产要素的数量是可变的，而其他生产要素的数量保持不变，这样的生产函数即为一种可变要素的生产函数。例如，假定生产过程中只有劳动要素是可变的，该生产函数就是一种可变要素的生产函数，即：

$$Q = f(L)$$

上式表示在技术水平和其他投入要素不变的条件下，各种不同的劳动数量与相应的最大产出之间的对应关系。

在生产的各种投入组合中，如果有两种生产要素的数量是可变的，而其他生产要素的数量保持不变，这样的生产函数即为两种可变要素的生产函数。如果在上述生产中，除了劳动要素（L）可变外，资本要素（K）也可变，那么生产函数就是两种可变要素的生产函数，即：

$$Q = f(L, K)$$

该式表示在技术不变的条件下，劳动与资本的各种不同的数量组合与所对应的最大产量之间的关系。

如果在生产中有三种或三种以上的投入要素可变，可以称为多种可变要素的生产函数。

（2）根据技本系数是否可变分类

按照技术系数是否可变，可以将生产函数划分为固定投入比例的生产函数与可变投入比例的生产函数两种。

所谓技术系数（Technical Coefficient），是指生产一定量的产品所要求的各种投入要素之间的配合比例。不同生产过程的技术系数是不同的。

生产过程中，各种生产要素的投入数量之间都存在一定的比例关系。如果在每一产量水平上，任何投入要素之间的比例是固定的，那么这种生产函数称为固定投入比例的生产函数。如果生产过程中只使用劳动和资本两种要素，且劳动与资本的配合比例为 $\dfrac{K}{L} = \dfrac{\alpha}{\beta}$，则固定投入比例的生产函数可以表示为：

$$Q = \min\left(\frac{K}{\alpha}, \frac{L}{\beta}\right)$$

式中，常数 α 和 β 分别表示固定的劳动和资本的技术系数。

例如，物流行业中的汽车运输，一个司机开一部汽车，这时劳动与资本配合的固定比例就是 1∶1。此时，生产函数可以表示为：

$$Q = f(L, K) = \min(L, K)$$

当生产函数为固定投入比例时，它可以选择的生产方式十分有限，要生产更多产量，所有的投入必须同比例地增加，两种投入之间几乎无法替代。具有这种特征的生产函数又称为里昂惕夫生产函数。

大多数产品的生产，投入要素的配合比例是可以改变的。生产过程中要素投入量之间的比例可以变化的生产函数称为可变投入比例的生产函数。如果在生产过程中只投入劳动和资本两大要素，既可以采取多用资本少用劳动的方式，也可以采取多用劳动少用资本的方式来生产同一产量。柯布—道格拉斯生产函数就是一种典型的可变投入比例的生产函数。

柯布—道格拉斯生产函数是在 20 世纪 30 年代由数学家柯布和经济学家道格拉斯提出的。其一般形式为：

$$f(L, K) = AL^a K^b$$

式中，A 代表技术水平，其含义是当每种投入都增加一个单位时产出量将增加多少；a 和 b（$0 < a < 1$，$0 < b < 1$）分别代表劳动和资本的产出弹性。

（3）根据考察时期的长短分类

按照考察时期的长短，可以将生产函数分为短期生产函数与长期生产函数。

经济学中，时期的划分十分重要。当产量变动时，按照投入要素的变动情况，生产的时期可以分为短期与长期。长期（Long Run）是指所有投入都可以变动的时期；短期（Short Run）是指一种或多种投入无法改变的时期。时期的长短并不是一个单纯的时间概念。短期与长期的划分是相对的，它取决于所考查的问题本身的性质。与长期和短期相对应，生产函数分为短期生产函数与长期生产函数。在分析短期生产函数时，可以将生产要素分为固定投入（Fixed Input）与可变投入（Variable Input）。厂房、机器设备等生产要素，其数量在短期内无法调整，称为固定投入；反之，劳动、原材料等生产要素，其数量在短期内可以变动，称为可变投入。而在长期中，由于所有投入的生产要素都可以变动，故无可变投入与固定投入之分。

4.3　一种可变要素的生产函数

4.3.1　总产量、平均产量和边际产量

一种可变要素的生产函数是指在产量的变化过程中只有一种生产要素可变的生产函数。假如在生产中只投入了两种要素：一种是劳动；另一种是资本。其中，资本要素的投入量保持不变，则生产函数可以表示为：

$$Q = f(L, K)$$

或

$$Q = f(L)$$

根据生产函数，我们可以得出一种可变要素的总产量、平均产量和边际产量。

总产量（Total Product，TP）是指投入一定量一种可变要素所生产的全部产量。其计算公式表示为：

$$TP_L = f(L)$$

式中，TP_L 为总产量。

平均产量（Average Product，AP）是指平均每单位可变要素所生产的产量，即总产量与可变要素投入量之比。其计算公式表示为：

$$AP_L = \frac{TP_L(L)}{L}$$

式中，AP_L 为平均产量。

边际产量（Marginal Product，MP）是指增加一个单位可变要素投入量所带来的产量增加量。其计算公式表示为：

$$MP_L = \frac{\Delta TP_L(L)}{\Delta L}$$

式中，MP_L 为边际产量。

当取 $\Delta L \to 0$ 的极限时，上式化为：

$$MP_L = \frac{d\,TP_L(L)}{d\Delta L}$$

假定生产函数为：

$$Q = 240L + 24L^2 - L^3$$

则总产量函数为：

$$TP_L = 240L + 24L^2 - L^3$$

平均产量函数为：

$$AP_L = \frac{TP_L(L)}{L} = \frac{Q}{L} = \frac{240L + 24L^2 - L^3}{L} = 240 + 24L - L^2$$

边际产量函数为：

$$MP_L = \frac{d\,TP_L(L)}{d\Delta L} = 240 + 48L - 3L^2$$

根据以上公式，在给定劳动投入量的情况下，可以计算出相对应的总产量、平均产量与边际产量，如表 4-1 所示。

表 4-1 总产量、平均产量和边际产量

劳动投入量 L	总产量 TP_L	平均产量 AP_L	边际产量 MP_L
1	263	263	285
4	1 280	320	384
8	2 944	368	432
12	4 608	384	384
16	5 888	368	240
20	6 400	320	0
24	5 760	240	−336

4.3.2 总产量曲线、平均产量曲线和边际产量曲线

根据表 4-1 中的数据，可以绘制出图 4-1 所示总产量曲线、平均产量曲线和边际产量曲线。

图 4-1 中，横轴 L 为生产中使用的劳动量，上图中纵轴 TP_L 为劳动的总产量，下图纵轴 MP_L、AP_L 分别为劳动的边际产量和平均产量。总产量曲线 TP_L 开始先向右上方倾斜，表示在生产开始时总产量随劳动投入量的增加而增加。当劳动投入量在 0~8 之间时，总产量是以递增的速度增加，曲线表现为凸向横轴；当劳动投入量在 8~20 之间时，总产量虽然随劳动投入量的增加而增加，但增加速度减慢，曲线表现为从拐点（劳动投入量为 8 的点）开始凸向纵轴；当劳动投入量为 20 时，总产量达到最大；当劳动投入量大于 20 时，总产量开始递减，曲线向右下方倾斜。

平均产量曲线 AP_L 在劳动投入量介于 0 ~ 12 时是递增的；劳动投入量为 12 时达到最大；劳动投入量大于 12 时，曲线开始。

边际产量曲线 MP_L 在劳动投入量介于 0 ~ 8 时是递增的，当劳动投入量为 8 时达到最大，之后开始递减；直至劳动投入量为 20 时，边际产量为 0，而后变为负值。

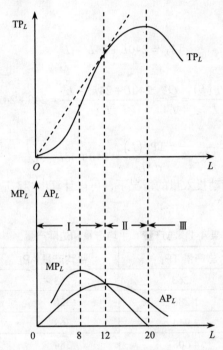

图 4-1　总产量曲线、平均产量曲线、边际产量曲线

4.3.3　总产量曲线、平均产量曲线与边际产量曲线之间的关系

1. 总产量曲线与平均产量曲线之间的关系

从图 4-1 中可以看出，平均产量是总产量曲线上的点与原点连线的斜率。随着劳动投入量的增加，总产量曲线上的点与原点连线的斜率在 $0<L<12$ 区间内是不断增加的，所以平均产量曲线向右上方倾斜。在 $L>12$ 后，总产量曲线上的点与原点连线的斜率随着劳动投入量的增加而不断减小，所以平均产量曲线向右下方倾斜。

2. 总产量曲线与边际产量曲线之间的关系

边际产量是总产量曲线上任意一点切线的斜率。当边际产量递增时，总产量必然是递增的，且增幅越来越大；当边际产量达到最大值时，总产量达到由凸向横轴变为凹向横轴的拐点；当边际产量递减且大于零时，总产量仍然递增，但增幅减慢；当边际产量变为负值时，总产量开始递减。

3．边际产量曲线与平均产量曲线之间的关系

当边际产量曲线在平均产量曲线上方时，平均产量曲线是上升的；当边际产量曲线与平均产量曲线相交时，平均产量曲线达到最高点；当边际产量曲线在平均产量曲线下方时，平均产量曲线是下降的。

边际产量与平均产量的关系在微观经济学中十分重要，二者之间的关系可以用代数法证明如下。

令总产量函数为：

$$TP_L = f(L)$$

则平均产量函数和边际产量函数分别为：

$$AP_L = \frac{f(L)}{L}$$

$$MP_L = \frac{d\left[f(L)\right]}{dL} = f'(L)$$

$$\frac{d(AP_L)}{dL} = \frac{1}{L^2} \cdot \left[f'(L) \cdot L - f(L)\right] = \frac{1}{L} \cdot \left[f'(L) - \frac{f(L)}{L}\right] = \frac{1}{L} \cdot [MP_L - AP_L]$$

因为 $L>0$，所以

当 $MP_L - AP_L > 0$ 时，$\dfrac{d(AP_L)}{dL} > 0$，平均产量曲线是上升的；

当 $MP_L - AP_L = 0$ 时，$\dfrac{d(AP_L)}{dL} = 0$，平均产量曲线达到最高点；

当 $MP_L - AP_L < 0$ 时，$\dfrac{d(AP_L)}{dL} < 0$，平均产量曲线是下降的。

4.3.4　边际报酬递减规律

图 4-1 中，边际产量曲线递增之后便一直递减，这种现象称做边际报酬递减规律（Law of Diminishing Marginal Return）。边际报酬递减规律是指在一定技术水平下，在其他投入要素不变时，随着一种可变要素投入的增加，其边际产量增加到一定点后最终会趋于递减。具体来讲，边际报酬递减规律指在一定技术条件下，在连续等量地追加一种可变要素到其他固定要素上去的过程中，起初该要素的边际产量是增加的，但达到一定点后，再增加可变要素的边际产量是递减的。

短期内边际产量起初之所以是递增的，是因为在生产的开始阶段固定投入不变，可变投入劳动量从 0 开始逐渐增加，这表示开始阶段的单位固定投入吸纳的可变投入非常少，只要增加可变投入，就可以更加有效地利用固定投入，使产量得到快速的提高，故该阶段边际产量递增；随着可变投入量的渐增，单位固定投入所吸纳的可变投入不断增加，可变投入的有效利用程度

逐渐减弱，故随后虽然总产量递增，但增幅减慢，即边际产量开始递减；当可变投入量达到某一限度时，单位固定投入所吸纳的可变投入偏多，可变投入不能充分地利用，此后增加可变投入不会带来资本品固定投入的有效利用，反而带来生产中的相互掣肘，产量不再增加，转为下降，边际产量开始变为负值。

生产中就有不少边际报酬递减的例子。比如，在农田里撒化肥可以增加农作物的产量，当你向一亩农田里撒第一个100公斤化肥的时候，增加的产量最多；撒第二个100公斤化肥的时候，增加的产量就没有第一个100公斤化肥增加的产量多；撒第三个100公斤化肥的时候增加的产量就更少甚至减产。也就是说，随着所撒化肥的增加，增产效应越来越低。

社会管理中，一个政策出台以后，刚开始往往管理或者规范效应很明显，但随着时间的推移，这项政策的功能就越来越小了，越来越不适宜社会管理的需要了，即政策的管理规范制约或者引导效应在不断减弱，这就是为什么一些规章制度等每隔一段时间要进行调整和更新的主要原因。

4.3.5　短期生产的三个阶段

根据短期的总产量曲线、平均产量曲线和边际产量曲线之间的关系，可将短期生产划分为三个阶段，如图4-1所示。图中的Ⅰ、Ⅱ、Ⅲ区分别表示生产的三个阶段。从原点开始至劳动投入为12时，为生产的第一阶段，即Ⅰ区；从劳动投入为12至劳动投入为20时，为生产的第二阶段，即Ⅱ区；从劳动投入为20开始，为生产的第三阶段，即Ⅲ区。

在Ⅰ区，劳动的平均产量始终是上升的，劳动的边际产量大于平均产量，劳动的总产量是增加的。说明在此阶段，相对于固定投入而言，可变投入不足，可变投入的增加可以使固定投入得到更加充分的利用，因此生产者只要增加要素投入量就可以增加总产量。理性的生产者，显然在这一阶段不可能停止生产，而是继续增加可变要素的投入量以增加产量，将生产扩大到第二阶段。

在Ⅲ区，边际产量变为负值，总产量开始下降，这意味着这一阶段可变要素的使用数量越多，总产量就越少，理性的生产者势必减少可变要素投入量，以改变总产量减少的趋势，使生产过程过渡到第Ⅱ区。

既然生产者既不可能将生产停留在Ⅰ区，也不可能在Ⅲ区生产，那么生产只能在Ⅱ区进行。在Ⅱ区，劳动的边际产量小于平均产量，劳动的平均产量开始递减，但边际产量依然大于零。这表示，由于边际产量为正，故增加可变投入依然可以带来总产量的增加，在Ⅰ区之后，固定投入方得到充分利用，因此理性的生产者自然将生产安排在这一阶段来进行。至于具体安排在哪一点，这要取决于厂商的目标。如果厂商追求平均产量最大，生产将被安排在平均产量最高点处；如果厂商追求产量最大，生产将被安排在总产量最大处；在利润最大化假定下，生产的安排取决于成本与收益的比较。

4.4　两种可变要素的生产函数

4.4.1　等产量线

两种可变要素的生产函数是指在生产要素的组合中，有两种生产要素是可变的，且可以相互替代。假定生产中使用的是劳动和资本两种要素，这时生产函数可以表示为：

$$Q = f(L, K)$$

式中，K 和 L 分别为资本和劳动的使用数量。

分析两种可变要素的生产函数的工具是等产量线（Isoquant Curve）。等产量线是指在其他因素不变的条件下，生产一定数量的产品所需要的两种投入的各种有效组合的轨迹。等产量线给出了厂商进行生产决策的可行空间，它意味着厂商可以使用不同的投入要素组合生产等量产品。

假设生产函数为 $Q = \sqrt{KL}$，则生产 8 个单位的产量可以采用表 4-2 列出的不同投入组合进行生产。

表 4-2　产量为 8 个单位时可供选择的投入要素的组合

L	1	2	4	8	16	32	64
K	64	32	16	8	4	2	1

根据表 4-2 的数据，可以绘制出生产 8 个单位产量时各种不同的投入组合的点的轨迹，即生产 8 个单位产量的等产量线，如图 4-2 所示。

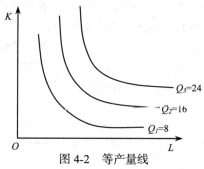

图 4-2　等产量线

图 4-2 中，横纵两轴分别为劳动和资本的投入量 L 和 K，$Q_1=8$ 即为使用劳动与资本的各种不同组合数量生产 8 个单位产品的等产量线。同样，可以得到生产其他产量的等产量线，如 $Q_2=16$ 和 $Q_3=24$。可以看出，等产量线具有以下特征。

1）等产量线向右下方倾斜，斜率为负，并凸向原点。

2）在同一平面上，任意两条等产量线不能相交。

3）在同一平面上，可以有无数条等产量线；同一条等产量线代表相同的产量，离原点远的等产量线代表的产量水平高，离原点近的等产量线代表的产量水平低。

4.4.2 边际技术替代率

在同一条等产量线上，为了保持产量不变，在增加一种生产要素使用量的同时，必须减少另外一种生产要素的使用数量，两种投入要素之间存在替代关系。这种关系可以用边际技术替代率来反映。

边际技术替代率（Marginal Rate of Technical Substitution，MRTS）是指在保持产量水平不变的前提下，用一种投入替代另一种投入的比率。边际技术替代率反映了厂商为保持原有的产量水平不变，增加一个单位要素的使用量与放弃的另一种要素之间的数量比例关系。它用公式表示即为：

$$MRTS_{LK} = -\frac{\Delta K}{\Delta L}$$

当 ΔL 趋于零时，$MRTS_{LK}$ 又可表示为：

$$MRTS_{LK} = -\frac{dK}{dL}$$

4.4.3 脊线与生产的经济区域

在两种可变投入的条件下，生产要素的合理投入区域可以用脊线来确定。如图 4-3 所示，对于一组等产量线，每一条等产量线上都有一条水平切线和垂直切线，把每一条水平切线的切点连接起来，得到一条脊线 OC；把每一条垂直切线的切点连接起来，便得到另一条脊线 OD。图中直线 AB 为一等产量线 Q_2 的切线，其中 A 为脊线上的一点，B 为脊线外的一点。在脊线 OC 以外，在资本投入量不变的情况下，增加劳动的投入量会导致产量下降，表示劳动的边际产量为负。同理，在脊线 OD 以外，资本的边际产量为负。因此，理性的厂商不会在脊线以外的区域生产，故把脊线 OD、OC 以内的区域称为厂商生产的经济区域，而两条脊线以外的区域则为生产的非经济区域。在生产的经济区域内，厂商究竟选择何种投入组合，必须结合投入价格等状况决定。

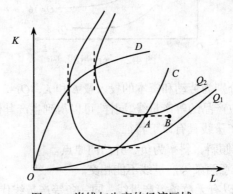

图 4-3　脊线与生产的经济区域

4.5　两种可变生产要素的最优组合

4.5.1　等成本线

1．等成本线及其特点

等成本线（Isocost Line）也叫厂商预算线，是指在生产要素价格一定时，用等量的成本所能购买的两种投入的各种不同组合点的轨迹。等成本线的方程（成本方程）由以下式子给出：

$$C = wL + rK$$

式中，C 为生产成本；L 与 K 分别表示生产中使用的劳动与资本的数量；w 与 r 分别表示劳动与资本的价格。

上式又可以变换为：

$$K = -\frac{w}{r}L + \frac{C}{r}$$

或

$$L = -\frac{r}{w}K + \frac{C}{w}$$

这是一个直线方程式。在横轴和纵轴分别表示生产中所使用的劳动数量和资本数量的直角坐标系中，$\frac{C}{r}$ 是纵截距，表示全部成本所能够购买的资本的数量；$\frac{C}{w}$ 是横截距，表示全部成本所能购买的劳动的数量；$-\frac{w}{r}$ 表示等成本线的斜率。如图 4-4 所示，连接横、纵截距的线段 AB 就是等成本线。

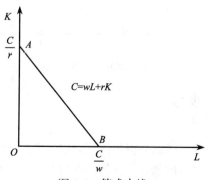

图 4-4　等成本线

等成本线 AB 是一条向右下方倾斜、斜率为负的直线；其斜率的大小等于两种要素价格之比的负值，即 $-\frac{w}{r}$。

2. 等成本线的变动

等成本钱的位置取决于两种要素的价格和成本水平。设 $C=64$，$w=1$，$r=4$，则等成本方程为：

$$64 = L + 4K$$

或

$$K = -\frac{1}{4}L + 16$$

这是一条纵截距为 16、斜率为 $-\frac{1}{4}$ 的等成本线，如图 4-5 中的线段 AB 所示。

如果两种要素价格及成本水平不变，等成本线的位置也就不变。如果要素价格或成本水平发生变动，则等成本线的位置将发生变动。如果成本水平不变，一种要素的价格发生变动，如要素 L 的价格由1升高到2，则等成本线将绕 A 点顺时针转动到 AE 的位置，说明既定的成本只能购买更少的劳动；反之，等成本线将绕 A 点逆时针转动。如果要素 L 的价格不变，要素 K 的价格由 4 升高到 6，则等成本线 AB 将绕 B 点逆时针转动；反之，则顺时针转动。

如果两种要素的价格不变，而成本状况发生了变化，则等成本线将发生平行移动。如果成本由 64 减少到 32，等成本线向左下方移动到 DE 的位置；反之，如果成本变大了，则等成本线向右上方移动。

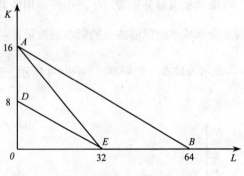

图 4-5 等成本线的变动

4.5.2 最佳生产要素组合

1. 最佳生产要素组合

有了等产量线和等成本线，就可以分析理性厂商如何选择最佳的生产要素组合，以实现利润最大化。厂商最佳生产要素组合的选择可分为两种情况：一种是在产量约束下选择成本最小化；另一种是在成本约束下选择产量最大化。这里我们仅分析前者。

假定 w 和 r 分别为生产中两种要素劳动 L 和资本 K 的价格，在给定的技术条件下，为了生产既定的产量 Q，厂商应该按下列方法选择所使用的要素组合。

如图 4-6 所示,产量水平给定,则等产量线 Q_0 的位量给定,生产中的成本状况由等成本线表示,图中有三条等成本线,分别为 AB、A_1B_1、A_2B_2,三条等成本线具有相同的斜率,但代表不同的成本水平。其中只有等成本线 AB 与等产量线 Q_0 相切,切点 E 即为生产者均衡点。生产者均衡点表示,在既定产量下,生产者选择 E 点的要素组合(L_0,K_0),可以实现成本最小化。如果等成本线位于 AB 的左下方,如等成本线 A_2B_2,虽然所代表的成本水平较低,但它与既定的等产量线 Q_0 既无交点,又无切点,无法实现等产量线 Q_0 所代表的产量。如果等成本线与等产量线 Q_0 相交,如等成本线 A_1B_1,虽然这样的成本能生产 Q_0 的产量,但花费的成本高于等成本线 AB 所代表的成本水平。如果沿着等产量线 Q_0 由 a 点向 E 点或由 b 点向 E 点移动,都可以获得相同的产量水平并可以使成本下降。故只有在 E 点,才能够满足既可以实现既定产量,又可以使成本水平降到最低。因此,E 点是生产者均衡点。

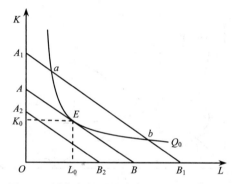

图 4-6　既定产量下的成本最小化要素组合

在生产者均衡点上,等成本线的斜率等于等产量线的斜率,用公式表示即为:

$$\text{MRTS}_{LK} = \frac{w}{r}$$

因此,生产者均衡条件是两种要素的边际技术替代率等于两种要素的价格之比。

由于边际技术替代率可以表示为两种要素的边际产量之比,所以上式又可以写为:

$$\text{MRTS}_{LK} = \frac{MP_L}{MP_K} = \frac{w}{r}$$

或

$$\frac{MP_L}{w} = \frac{MP_K}{r}$$

即生产者均衡的条件还可以表述为,两种要素的边际产量与其价格比相等。

2. 最佳要素组合的变动

(1)产量变动对要素组合的影响

如果技术、要素价格及产量不变,那么生产者均衡也不变。如果上述三个因素发生变化,生产者选择就会发生变动，最佳要素组合也将发生变化。

在投入要素价格不变的条件下，厂商产量水平的变化将引起最佳要素组合的变动。如果厂商增加产量，则厂商必须增加两种要素的投入量。如图 4-7 所示，初始的生产者选择为等产量线 Q_2 与等成本线 C_2 的切点 E_2；当产量增加到 Q_3 时，生产者选择为等产量线 Q_3 与等成本线 C_3 的切点 E_3；如果厂商减少产量，情况则相反。

（2）生产扩展线

图 4-7 中有三条等产量线 Q_1、Q_2、Q_3，分别与三条等成本线 C_1、C_2、C_3 相切于 E_1、E_2、E_3。E_1、E_2、E_3 都是生产者选择的均衡点，如果将三点连接起来，就得到一条新的曲线 OR，它是在技术、要素价格和其他因素不变的条件下，当产量扩张时要素最佳组合的点的轨迹，称为生产扩展线（Expansion Path）。

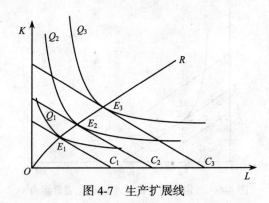

图 4-7　生产扩展线

生产扩展线表明了厂商为保持成本最低，生产要素的组合如何随产出的变化而变化的趋势。当厂商生产规模扩大时，只有扩展线上的点才能实现成本最低，因此扩展线表明了生产每一产出的长期最低总成本，是厂商扩展规模时必须遵循的路径。

生产扩展线上的每一点都满足均衡条件 $\mathrm{MRTS}_{LK}=\dfrac{w}{r}$，由于 w、r 不变，故边际技术替代率不变。

扩展线方程可由成本方程和生产函数求出，这里就不做赘述了。

（3）等斜线

与生产扩展线相关的一个概念是等斜线。等斜线是一组等产量曲线中两种要素的边际技术替代率相等的点的轨迹。如图 4-8 所示，三条等产量线 Q_1、Q_2、Q_3 分别有三条切线 L_1、L_2、L_3，这三条切线互相平行，表明三条等产量线在各自切点 E_1、E_2、E_3 上，两种要素的边际技术替代率都相等。连接这些点及原点，所得的曲线 OR 为等斜线。

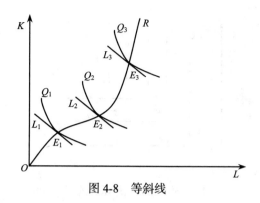

图 4-8　等斜线

3. 特殊形状的等产量线及最优要素组合

（1）两种投入要素完全替代

对于两种投入要素完全替代的生产函数 $Q=aL+bX$，两种要素之间的边际技术替代率为常数，等产量线为直线。如图 4-9 所示，三条平行线 Q_1、Q_2、Q_3 分别为三条等产量线。

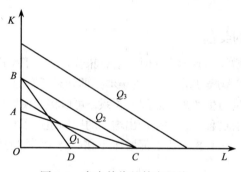

图 4-9　完全替代的等产量线

在两种投入要素完全替代的情况下，要素投入的最优组合通常是在横、纵两轴上。如果等成本线比等产量线陡峭，要素投入的最优组合点在纵轴上。如图 4-9 所示，等成本线 BD 较为陡峭，投入要素的最优组合点在纵轴的 B 点。如果等成本线比等产量线平缓，要素投入的最优组合点在横轴上。如图 4-9 所示，等成本线 AC 较为平缓，投入要素的最优组合在横轴的 C 点。

（2）固定比例的生产函数

对于固定比例的生产函数 $Q=min\left(\dfrac{L}{\alpha},\dfrac{K}{\beta}\right)$，投入要素之间不能进行任何替代。任何特定的产量都需要有特定的投入要素组合，只有同比例增加各种投入才能增加产量，等产量线呈 L 形。如图 4-10 所示，Q_1、Q_2、Q_3 分别为三条等产量线。

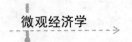
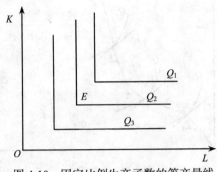

图 4-10　固定比例生产函数的等产量线

在固定比例的生产函数下，投入要素的最优组合点在等产量线的拐角处。图 4-10 所示的 E 点，即为投入要素的最优组合点。

4.6　规模报酬

4.6.1　规模报酬的类型

当厂商以相同的比例增加所有的投入时，就意味着其改变了生产规模。规模报酬（Returns to Scale）分析的是厂商生产规模变动对产量的影响，即如果所有的投入都同时变动同样的倍数，产出将如何变动。根据产量与生产规模之间的关系，可以将规模报酬分为以下三种情况。

其一，在生产规模变动过程中，如果产出增加的比例超过了投入要素增加的比例，那么生产的规模报酬递增。例如，所有投入要素都增加 1 倍，产量增加的倍数大于 1。规模报酬递增用公式表示即：

$$f(tL,tK) > tf(L,K)$$

其二，在生产规模变动过程中，如果投入与产出的增加比例相同，那么规模报酬不变。例如，投入增加 1 倍，产出也增加 1 倍。如果生产中使用劳动 L 与资本 K 两种要素，则规模报酬不变可以表示为：

$$f(tL,tK) = tf(L,K)$$

其三，在生产规模变动过程中，如果产量增加的比例小于投入要素增加的比例，那么，生产是规模报酬递减的。例如，所有投入要素增加 1 倍，产量增加的倍数小于 1 倍。规模报酬递减用公式表示即：

$$f(tL,tK) < tf(L,K)$$

4.6.2　规模报酬的原因

导致规模报酬递增的原因主要是扩大生产规模所产生的分工与专业化、管理费用的节省和专业化设备的使用。在生产中，随着厂商规模的扩大，厂商内部分工与专业化程度不断提高，使工人劳动熟练程度加强，有利于提高劳动效率。厂商规模的扩大也可以节省管理费用，降低交易成本。由于技术的不可分性，有些技术和投入（如自动化装配线、各种专用高炉等）只能在经营规模或产量足够大时才可能使用，所以一个较大规模的工厂可能比规模相同的两个小厂效率更高，因为它可以利用小厂所不能利用的某些技术和投入。

当生产规模扩大而导致长期平均成本下降时，就实现了规模经济。规模报酬递增只是造成规模经济的原因之一，但不是全部原因。规模报酬递增与规模经济有着一定的差别。规模报酬递增讨论投入与产出之间的关系，而规模经济讨论产出与成本之间的关系。规模经济与行业有关，大量使用资本设备的行业（如汽车、钢铁业）可实现规模经济，传统零售业、农业中则难以实现规模经济。由于递增的规模报酬所导致的成本下降主要来自厂商组织内部，因此规模报酬递增又被称为"内部经济"。

规模报酬递增的趋势总是有限的，当生产达到一定规模以后，规模报酬递增的趋势逐步变弱，工厂规模将达到最佳状态，规模报酬基本处于不变阶段。这个阶段往往可以经历相当长的一个时期，但最终要进入规模报酬递减阶段。

在规模报酬不变阶段之后，规模报酬递增因素的作用不再存在，技术限制了生产组合的进一步调整，同时过大的规模带来了管理效率的下降。厂商规模越大，各方面协调的难度越大，信息传递失真，决策时间延长、滞后，这种由于生产规模过大所导致的成本上升显示了规模不经济，又称为"内部不经济"。

4.6.3 规模报酬类型的判定

对于生产函数 $Q = F(X_1, X_2, ..., X_n)$，如果所投入的要素都增加 α 倍，产量增加 β 倍，即：

$$\beta Q = F(\alpha X_1, \alpha X_2, ..., \alpha X_n)$$

那么，可根据 α 和 β 的大小来判定生产函数的规模报酬情况。

若 $\beta > \alpha$，则规模报酬递增；若 $\beta = \alpha$，则规模报酬不变；若 $\beta < \alpha$，则规模报酬递减。

对于生产函数 $Q = f(L, K)$，如果 $\lambda^n Q = f(\lambda L, \lambda K)$，其中 n 为任意常数，λ 为正实数，那么该生产函数称为 n 次齐次生产函数。

对于 n 次齐次生产函数，其规模报酬的判定可依据如下条件：

若 $n > 1$，则规模报酬递增；

若 $n = 1$，则规模报酬不变；

若 $n < 1$，则规模报酬递减。

本章小结

1. 生产者也称厂商或企业，它是指能够做出统一的生产决策的单个经济单位。厂商主要采取三种组织形式：个人业主制厂商、合伙制厂商和公司制厂商。厂商的目标是利润的最大化。

2. 厂商是一种组织交易、配置资源的方式，与市场存在替代关系。当市场交易成本高于企业内部的管理协调成本时，厂商便产生了；当市场交易的边际成本等于厂商内部的管理协调的边际成本时，就是厂商规模扩张的界限。

3. 厂商的生产有短期和长期之分，短期和长期的划分不是以时间的长短为标准，而是以生产者能否调整所有要素的投入数量为标准。生产函数表示在一定时期内，在一定的技术条件下，生产要素的投入量与它所能生产出来的最大产量之间的一种函数关系。

4. 边际报酬递减规律的基本内容是：在技术水平不变的情况下，当把一种可变的生产要素投入到一种或几种不变的生产要素中时，最初这种生产要素投入所带来的边际产量是递增的；但是当这种可变要素的投入量连续投入并超过一定限度时，增加该要素投入所带来的边际产量是递减的。

5. 等产量线表示任一给定产量所需两种投入要素的各种可能的组合，等成本线则表示任一给定总成本企业能够获得的两种投入要素的组合。等产量线和等成本线的切点实现了生产要素的最优组合。

6. 规模报酬变化是指在其他条件不变的情况下，厂商内部各种生产要素按相同比例变化时所带来的产量变化。厂商的规模报酬可以分为规模报酬递增、规模报酬不变和规模报酬递减三种情况。

 复习思考题

一、选择题

1. 理性的生产者选择的生产区域应是（　　）。

A. MP＞AP 阶段　　　　　　　　　　B. MP 下降阶段

C. AP＞MP＞0 阶段　　　　　　　　　D. MP 与 AP 相交之点起至 MP 与横轴交点止

2. 下列说法中正确的是（　　）。

A. 只要总产量减少，边际产量一定为负　　B. 只要 MP 减少，总产量一定减少

C. MP 曲线必定交于 AP 曲线的最高点　　D. 只要 MP 减少，AP 也一定减少

3. 关于等产量曲线，下列说法中正确的是（　　）。

A. 同一条等产量曲线代表相同的产量

B. 离原点越近的等产量曲线代表的产量水平越低

C. 同一平面坐标上的任意两条等产量曲线不会相交

D. 等产量曲线凸向原点

4. 等产量曲线上任意两点的产量肯定是（　　）。

A. 相等　　　　　　B. 不等　　　　　　C. 无关　　　　　D. 以上情况都存在

5．若横轴代表劳动，纵轴表示资本，且劳动的价格为 ω，资本的价格为 r，则等成本线的斜率为（　　）。

A．ω/r　　　　B．r/ω　　　　C．$-\omega/r$　　　　D．$-r/\omega$

6．当其他生产要素不变，而一种生产要素连续增加时（　　）。

A．TP 会一直增加　　　　　　B．TP 会一直减少

C．TP 先增加后减少　　　　　D．MP 会有一最大值

7．一企业采用最低成本进行生产，若资本的边际产量为 5，单位资本的价格为 20 元，单位劳动的价格为 8 元，则劳动的边际产量为（　　）。

A．1　　　　B．2　　　　C．3　　　　D．4

8．生产函数表示（　　）。

A．一定数量的投入，至少能生产多少产品

B．生产一定数量的产品，最多要投入多少生产要素

C．投入与产出的关系

D．以上都对

9．如果连续地增加某种生产要素，在总产量达到最大值时，边际产量与（　　）相交。

A．平均产量曲线　B．纵轴　　　　　C．横轴　　　　D．总产量曲线

10．在总产量、平均产量和边际产量的变化过程中，（　　）首先发生。

A．边际产量下降　B．平均产量下降　　C．总产量下降　D．B 和 C

二、判断题

1．在一种可变投入生产函数条件下，可变要素合理投入区域应在 AP>MP>0 的阶段。（　　）

2．在一种可变投入生产函数条件下，可变要素合理投入区域应在 MP>AP 的第一阶段。（　　）

3．生产理论中的短期是指未能调整全部生产要素的时期。（　　）

4．AP 曲线与 MP 曲线交于 MP 曲线的最高点。（　　）

5．能提供相同效用的不同商品数量组合的点的连线即为等产量曲线。（　　）

6．等产量曲线表示的是用同样数量的劳动和资本生产不同的产量。（　　）

7．当劳动的边际产量小于其平均产量时，平均产量肯定是下降的。（　　）

8．在规模报酬不变阶段，若劳动的使用量增加 10%，资本的使用量不变，则产出增加 10%。（　　）

9．消费者剩余是消费者的主观感受。（　　）

10．如果在新的消费者均衡状态下，各种商品的边际效用低于原均衡状态，则意味着消费者的生活状况恶化了。（　　）

三、简答题

1．试用边际报酬递减规律分析企业为何不能无限制地增加某一种生产要素。

2．分析在一种可变投入生产函数下 TP、AP、MP 曲线之间的关系，依此分析说明在短期内企业对劳动要素的使用量并非越少越好。

3．运用图形分析厂商在两种可变投入生产函数下，如何实现资本与劳动要素的最佳组合。

四、计算题

1．短期生产函数为 $Q = 40L + 20L^2 - L^3$ 时，试确定 L 的合理投入区间。

2．已知生产函数 $Q = f(L, K) = LK - 0.32K^2 - 0.5L^2$，$Q$ 表示产量，K 表示资本，L 表示劳动。若 $K=10$，试计算或证明：

（1）写出劳动的平均产量和边际产量函数。

（2）分别计算当总产量和平均产量达到极大值时企业雇用的劳动量。

（3）证明当 AP_L 达到极大时，$AP_L = MP_L = 2$。

3．下面是一张一种可变生产要素的短期生产函数的产量表，请在表中填空。

可变要素的数量	可变要素的总产量	可变要素的平均产量	可变要素的边际产量
1		2	0
2	12	6	
3	24	8	
4	48		24
5		12	12

五、图示题

1．图示总产量曲线、平均产量曲线、边际产量曲线。

2．图示等产量曲线。

3．图示等成本线。

4．图示扩展线。

第5章

成 本 论

知识目标 ① 掌握经济学中使用的成本及利润概念；② 了解成本理论是建立在生产理论基础上的，短期成本和短期生产是同一枚硬币的正反两面，长期成本和长期生产是同一枚硬币的正反两面；③ 掌握短期各类成本变动规律；④ 掌握长期成本变动规律。

能力目标 ① 具备解读 AC、MC、AVC 主要成本曲线的能力；② 具备利用供给规律揭示现实中企业供给行为的能力。

 引导案例

北大校园里的占座现象

在北大校园的占座方面，女生勤快于男生，由事实可知，几乎每堂课坐在前几排的都是女生，而男生都在后面几排，据说因此男生颇不服气，于是一连几天早早起来占座，座是占到了，但带来的负效应也不少：晚上睡的晚，早上起得早，上课精神自然不好，一连几天的恶性循环，男生起早占座的现象就没了，前几排仍是女生占有绝大部分的座位，其实这是一个机会成本的问题，男生占座的显形机会成本是提前一个小时起床，而隐性机会成本则是一天的精神状态不佳，相较起来，女生的机会成本就要小得多。因此，占座风波的必然结果就是机会成本比较小的方取胜。

资料来源：网络资料编写。

收益与成本之间的差额是厂商的利润，所以追求利润最大化的厂商必然会密切关注自己企业的成本状况。成本理论主要研究的就是厂商如何减少支出的问题。上一章我们通过等成本线的概念已经了解了成本的概念，但它主要描述的是成本与要素价格和投入数量的关系，而这一章的成本理论主要研究的是成本与产量之间的关系。成本理论主要是从经济的角度来考察生产者行为，上一章的生产理论主要从技术的角度来考察生产者行为，成本理论的研究不能脱离上一章生产理论的基础。

成本是企业、政府乃至消费者个人进行经济决策需要考虑的重要因素。厂商要取得最大化的利润，政府要实现资源在全社会范围内的有效配置，个人要实现资产的有效组合，都必须进行成本与收益的分析。厂商的利润最大化理论、政府公共工程的评价等，都主要是建立在成本分析的基础之上的。本章我们将从厂商决策的角度讨论成本理论。

5.1 成本的概念

成本是指厂商在生产过程中的全部支出。从生产要素所有者的角度出发，成本表现为要素所有者提供要素参与生产后得到的报酬，包括工人的工资、资本的利息、土地所有者的地租和企业家才能的报酬正常利润。然而，在经济学分析中，我们不能这样简单机械地理解成本的概念，企业生产成本包括它经营生产产品和劳务的所有机会成本。按照不同的分类标准，成本可以分为会计成本和机会成本、显成本和隐成本、短期成本和长期成本等。

5.1.1 成本的类型

1. 会计成本和机会成本

会计成本是企业按照实际支付的价格所支出的生产要素的价值。在经济学的分析中，仅仅有会计成本的概念是不够的，经济学家从资源稀缺的角度提出了机会成本的概念。

企业的生产成本通常被看成企业对所购买的投入要素的货币支出，然而在经济学分析中，这样理解企业的生产成本是不够的。企业生产成本包括它经营生产产品和劳务的所有机会成本。西方经济学家认为，经济学是研究一个社会如何对稀缺的经济资源进行合理配置的问题。从经济资源的稀缺性这一前提出发，当一个社会或一个企业用一定的经济资源生产一定数量的一种或者几种产品时，这些经济资源就不能同时被使用在其他用途方面。这就是说，这个社会或这个企业所获得的一定数量的产品收入，是以放弃同样的经济资源来生产其他产品时所能获得的收入作为代价的，由此便产生了机会成本的概念。机会成本是经济学家分析经济问题的时候所使用的成本。显而易见，会计成本和机会成本并非总是一致的。例如，一个厂商用5万元生产服装获利3万元，这5万元如果不用来生产服装的话，可以用来投资房地产获利2万元，开餐厅获利1.5万元，炒股票获利1万元，存银行获利3 000元等。那么，这个厂商用5万元进行服装生产而放弃的机会成本就是用来投资房地产而获利的2万元。一般地，用于某种用途生产要素的机会成本是指这种生产要素在其他各种可供选择的用途中，最好用途的收益。在西方经济学中，企业的生产成本应该从机会成本的角度来理解。

2. 显成本和隐成本

企业的生产成本可分为显成本和隐成本两个部分。

企业的显成本是指厂商在生产要素市场上购买或租用其他所拥有生产要素的实际支出。显成本又称"会计成本"或"历史成本"，是指厂商实际货币支出在会计账目上可以显现出来的成本。例如，某厂商雇用了一定数量的工人，从银行取得一定数量的贷款，并租用了一定数量的土地，这个厂商就需要向工人支付工资，向银行支付利息，向土地出租者支付地租，这些支出便构成了该厂商的生产的显成本。从机会成本的角度讲，这笔支出的总价格必须等于这些生产要素的所有者将相同的生产要素使用在其他用途时所能得到的最高收入。否则，这个企业就不能购买或租用到这些生产要素，也不能保持对它们的使用权。

企业生产的隐成本是指厂商本身所拥有的且被用于该企业生产过程的那些生产要素的总价值。例如，为了进行生产，一个厂商除了雇用一定数量的工人、从银行取得一定数量的贷款和租用一定数量的土地（这些均属于显成本支出）外，还动用自己的资金和土地，并亲自管理企业。西方经济学家指出，既然借用了他人的资本需要利息，租用他人的土地需付地租，聘用他人来管理企业需付薪金，那么同样的道理，在这个例子中，当厂商使用了自有的生产要素时也应该得到报酬。所不同的是，现在厂商是自己向自己支付利息、地租和薪金。所以，这笔价值就应该计入成本之中。由于这笔成本支出不如显成本那么明显，故被称为隐成本。

显成本与隐成本的区别强调了经济学家与会计师分析经营活动之间的重要不同。当老板放弃了作为计算机程序员可以赚钱的机会时，他的会计师并没有把这一点作为经营的成本。因为企业并没有为支付这种成本花钱，它绝不会出现在会计师的财务报表上。但是，一个经济学家将把放弃的收入作为成本，因为它会影响一个企业在经营中做出决策。例如，这个老板作为计算机程序员的工资以每小时 100 美元增加到 500 美元，他就会认为经营成本太高了，并决定选择关掉工厂，以便成为计算机程序员。总之，在经济学分析中，我们应该知道生产成本不仅是货币支出，而且是做出一种选择而牺牲的其他选择。即使厂商投入的某些要素并不是花钱买来的，经济成本仍然存在，因为厂商牺牲了这些要素，若用于别的用途可能带来收益。

无论是显成本还是隐成本，都需要从机会成本的角度考虑问题。企业所支出的显成本必须等于这些生产要素使用于其他最佳用途时所能得到的收入，否则生产要素的供给者不会愿意放弃该要素的所有权或者使用权，厂商也就不能按照已经支付的显成本获取其所需要数量与质量的生产要素来组织生产。隐成本同样需要从机会成本的角度，按照厂商的自有生产要素在其他用途中所能得到的最高收入来计算；否则，厂商会把自有生产要素转让出去，以期获得更高的收入。

3. 可回收成本与沉没成本

可回收成本是指在已经发生的会计成本中，有的（如办公楼、汽车、计算机等）通过出售或出租方式在很大程度上可以收回的那部分成本。

沉没成本是指一旦付出则无法收回的成本。例如，因失误造成不可回收的投资，具有理性的人在决策时只能忽略、忘记，因为无论我们做什么样的选择都无法将其收回。美国经济学家斯蒂格列茨运用了一个生活中的例子来说明什么是沉没成本。他说："假如你花 7 美元买了一张电影票，你怀疑这个电影是否值 7 美元。看了半小时后，你最担心的事被证实了，影片糟透了。你应该离开影院吗？在做这个决策时，你应当忽视那 7 美元。这是沉没成本，无论你离开影院与否，钱都不会再收回。"面对这种无法收回的沉没成本，最明智的选择就是视其没有发生。也就是说，不应该考虑以前做过什么，而应该考虑以后怎么做才能取得最佳效益。生活中有很多沉没成本，不断追问、不断埋怨是不理性的。沉没成本的精髓在于它不是成本，决策时不考虑。像生活中的广告费用就是沉没成本的典型例子。

4. 私人成本和社会成本

社会成本是从社会角度来看待的成本。社会成本也是一种机会成本，即把社会的经济资源用于某一种用途而放弃的该经济资源最有利可图的其他机会。

私人成本是由经济主体（如企业）本人负担的成本。私人经济活动往往对社会造成影响，从而产生社会成本。如果市场是一个完全竞争的市场，并且私人经济活动不产生外部性，则私人成本与社会成本就完全一致；若市场不完善和存在外部性，则私人成本与社会成本就不一致了。本章我们要讨论的成本是指厂商的私人成本。

5. 短期成本和长期成本

短期内，某些生产要素投入量由于来不及改变而是固定的，厂商只能改变其他生产要素投入量或减少投入量。例如，厂房设备短期内固定不变，只能在既定的厂房设备的生产能力范围内增减工人劳动量和原材料数量。厂商短期内从事生产所发生的成本称为短期成本。

长期内，厂商有足够的时间增减在短期内固定不变的生产要素。因此，任何生产要素投入量都将是可以改变的。厂商长期内从事生产所发生的成本称为长期成本。

◎ 相关链接

对许多企业来说，总成本如何分为固定成本和变动成本取决于所考虑的时间长度。20 世纪 90 年代初，夏利车供不应求，在短期内夏利汽车厂不能调整其汽车工厂的数量和规模，满足市场需求的唯一方法是，增加现有工人的劳动时间或多雇用工人、多购进生产汽车所需要的原材料，这些成本都是短期中的变动成本。与此相比，在以后的几年中，夏利车无论是上马年产 15 万辆车的流水线，还是与日本丰田合资生产新型夏利 2000，都属于长期变动成本。因此，从长期来看，工厂一切成本都是可变的。

由于许多成本在短期内是固定的，但在长期内是可变的，所以企业的长期成本曲线不同于短期成本曲线。

5.1.2 利润

企业的所有显成本和隐成本之和是企业总成本。一般来讲，厂商利润等于厂商收益减去成本，但由于成本概念不同，使用不同成本概念就会得到不同的利润概念。

经济利润是指企业的总收益和总成本（机会成本=显成本+隐成本）之间的差额。企业所追求的最大利润指的就是最大的经济利润。经济利润也称为超额利润。

值得与经济利润相互区分的一个概念是会计利润。会计利润是指企业的会计账簿上所显示出来的利润，即账面实际收益与账面实际成本之间的差额。机会成本包括的内容比会计成本多，因此会计成本要比机会成本低；相应地，经济利润也要比会计利润低。

会计利润=正常利润，厂商利润为零。

会计利润>正常利润，厂商获得超额利润。

会计利润<正常利润，厂商在经济学意义上就是亏损的。

例如，某人拥有一个企业，假设每年收益为 100 万元。如果经营者不自己经营企业而是去寻找工作，可以得到每年 2 万元收入；厂房租金 3 万元；原材料支出 60 万元；设备折旧 3 万元；工人工资 10 万元；电力等 3 万元；使用一部分自有资金进行生产，若该项资金存入银行可得 5 万元利息，贷款利息 15 万元。

通过以上信息，我们可以计算出以下几个量值：

$$会计成本=3+60+3+10+3+15=94（万元）$$
$$会计利润=100（总收益）-94（会计成本）=6（万元）$$
$$机会成本=7（万元）$$
$$经济成本=101（万元）$$

正常利润是指厂商对自己所提供的企业家才能的报酬支付。正常利润是厂商生产成本的一部分，它是以隐成本计入成本的。由于正常利润属于成本，因此经济利润中不包含正常利润。又由于厂商的经济利润等于总收益减去总成本，所以当厂商的经济利润为零时，厂商仍然得到了全部的正常利润。

成本理论是建立在生产理论基础上的。生产理论分为短期生产理论和长期生产理论，成本也分为短期成本理论和长期成本理论。由于在短期内企业根据其所要达到的产量，只能调整部分生产要素的数量而不能调整全部生产要素的数量，所以短期成本有不变成本和可变成本之分。由于在长期内企业根据其所要达到的产量，可以调整全部生产要素的数量，所以长期内所有的要素成本都是可变的，长期成本没有不变成本和可变成本之分。本章从第二节起将先后研究短期成本函数及其曲线和长期成本函数及其曲线。

实　例

经济学家与会计师眼中的利润有何不同？

李先生用自己的银行存款 30 万元收购了一个小企业，如果不支取这些钱，在市场利息 5%的情况下，他每年可以赚到 1.5 万元的利息。李先生为了拥有自己的工厂，每年放弃了 1.5 万元的利息收入。这 1.5 万元就是李先生开办企业的机会成本之一。

经济学家的观点：经济学家把王先生所放弃的 1.5 万元作为企业的成本，尽管这是一种隐性成本。

会计师的观点：会计师不把这 1.5 万元作为成本来看待，因为在会计的账面上并没有货币流出企业去进行支付。

为了进一步分析经济学家和会计师之间的差别，我们换一个角度来考虑。假如李先生没有买工厂的 30 万元，而是用自己的储蓄 10 万元，并以 5%的利息从银行借了 20 万元。会计师只衡量显性成本，他将把每年为银行贷款支付的 1 万元利息作为成本，因为这是从企业流出的货币量。与此相反，根据经济学家的看法，企业所拥有的机会成本仍然是 1.5 万元。

再回到企业的目标——利润上。由于经济学家和会计师用不同方法衡量企业的成本，他们也会用不同的方法衡量利润。经济学家衡量企业的经济利润，即企业总收益减去生产所销售物品与劳务的所有机会成本；会计师衡量企业的会计利润，即企业的总收益只减去企业的显性成本。

资料来源：李慧凤. 经济学原理. 北京：北京邮电大学出版社，2006.

5.2 短期成本曲线

5.2.1 短期生产函数和短期成本函数之间的关系

我们分析了生产既定产量的成本最小化问题，找到了生产既定产量的最小的投入组合 (L^*, K^*) 及其最低成本 $(P_L L^* + P_K K^*)$。这里我们将分析随产量变化的最低成本的变化，即把成本表示为产量的函数。成本函数表示一定产量与生产该产量的最低成本之间的关系。短期成本函数可以从短期生产函数中推导出来。在短期内，我们同样假定厂商使用劳动和资本来生产一种产品。其中，劳动的投入数量是可变的，以 L 来表示，而资本的投入数量是不变的，以 $\overline{K}$ 来表示，则短期生产函数的形式是：

$$Q = f(L, \overline{K})$$

该式表明可变要素劳动投入量 L 和产量 Q 之间存在着相互依存的一一对应的关系。在资本投入量不变的情况下，某一数量的可变要素劳动的投入量，对应着该数量的劳动和固定数量的资本所能得到的某一最大值的产量。而在产量为某一数值时，该技术也要求至少某一数量的劳动投入量；相应地，成本函数便度量为了生产出既定产量而所需的最小成本。上述关系也可以理解为厂商可以通过对劳动投入量的调整来实现不同的产量水平，也可以反过来理解为厂商根据不同的产量水平的要求来确定相应的劳动的投入量。根据后一种理解，且假定要素市场上劳动的价格 ω 和资本的价格 r 是给定的，则可以用下式来表示厂商在每一产量水平上的短期总成本：

$$STC(Q) = \omega \cdot L(Q) + r \cdot \overline{K}$$

式中，$\omega \cdot L(Q)$ 为可变成本部分；$r \cdot \overline{K}$ 为固定成本部分，两个部分之和构成厂商的短期总成本；STC 是短期总成本的英文缩写。如果以 $\Phi(Q)$ 表示厂商在每一产量水平的短期总成本 $\omega \cdot L(Q)$，以 b 表示固定成本 $r \cdot \overline{K}$，则短期总成本函数可以写成以下形式：

$$STC = \Phi(Q) + b$$

至此，我们由短期生产函数公式导出了相应的短期总成本函数。也就是说，短期总成本是产量的函数。

5.2.2　短期成本分类

短期内，某些生产要素是固定不变的，可变的仅仅是一部分生产要素。相对应，厂商对固定要素的投入支付为固定成本或者不变成本，对可变要素的投入支付为可变成本。由此，厂商在短期内的总成本由固定成本和可变成本两个部分组成。具体地讲，厂商的短期成本有以下七种：总不变成本（TFC）、总可变成本（TVC）、总成本（TC）、平均不变成本（AFC）、平均可变成本（AVC）、平均总成本（AC）和边际成本（MC）。

总不变成本是厂商在短期内为生产一定数量的产品对不变生产要素所支付的总成本。例如，建筑物和机器设备的折旧费等就属于这类成本。由于在短期内不管企业的产量为多少，这部分不变要素的投入量都是不变的。所以，总不变成本是一个常数，它不随产量的变化而变化。即使产量为零，总不变成本也仍然存在。如图 5-1（a）所示，横轴 Q 表示产量，纵轴 C 表示成本，TFC 趋向一条水平线。它表示在短期内，无论产量如何变化，总不变成本 TFC 是固定不变的。需要与总不变成本相区别的一个成本概念是沉没成本，前者是不论产量多少厂商都必须支付的成本，而后者是一旦投入就无法追回的成本。

总可变成本（TVC）是厂商在短期内生产一定数量的产品对可变生产要素支付的总成本。例如，厂商对原材料、燃料动力和工人工资的支付等就属于这类成本。总可变成本曲线如图 5-1（b）所示，它是一条由原点出发向右上方倾斜的曲线。总可变成本随产量的变动而变动。当产量为零时，总可变成本也为零。在此之后，总可变成本随着产量的增加而增加。总可变成本的函数形式为：

$$TVC = TVC\,(Q)$$

总成本是厂商在短期内为生产一定数量的产品对全部生产要素所支付的总成本。它是总固定成本和总可变成本之和。总成本曲线如图 5-1（c）所示，它是从纵轴上相当于总固定成本高度的点出发的一条向右上方倾斜的曲线。TC 曲线表示在每一个产量上的总成本由总固定成本和总可变成本共同构成。总成本公式表示为：

$$TC(Q) = TFC + TVC(Q)$$

平均不变成本是厂商在短期内平均每生产一单位产品所消耗的不变成本。平均不变成本曲线如图 5-1（d）所示，它是一条向两轴渐近的双曲线。AFC 曲线表示，在总不变成本固定的前提下，随着产量的增加，平均不变成本是越来越小的。平均不变成本用公式表示为：

$$AFC(Q) = \frac{TFC}{Q}$$

平均可变成本是厂商在短期内平均每生产一单位产品所消耗的可变成本。平均可变成本用公式表示为：

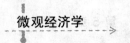

$$AVC(Q) = \frac{TVC(Q)}{Q}$$

平均总成本是厂商在短期内平均每生产一单位产品所消耗的全部成本。它等于平均不变成本和平均可变成本之和。平均总成本用公式表示为：

$$AC(Q) = \frac{TC(Q)}{Q} = AFC(Q) + AVC(Q)$$

边际成本是厂商在短期内每增加一单位产量时所增加的总成本。边际成本用公式表示为：

$$MC(Q) = \frac{\Delta TC(Q)}{\Delta Q}$$

或

$$MC(Q) = \lim_{\Delta Q \to 0} \frac{\Delta TC(Q)}{\Delta Q} = \frac{dTC(Q)}{dQ}$$

比如，一个民航公司用于飞机的折旧维修费和工作人员的工资是固定成本，用于购买汽油等的费用是可变成本；固定成本和可变成本之和即为短期成本；分摊到每位顾客的成本为平均成本，包括平均固定成本与平均可变成本；增加一个旅客而增加的成本是边际成本。

根据短期成本的定义公式，我们可以用一个短期成本表把各种成本关系表示出来（见表5-1）。

表 5-1　短期成本　　　　　　　　　　　　　　　　　　　单位：元

产　　量	TFC	TVC	TC	AFC	AVC	AC	MC
0	10.00	0	10.00	—	—	—	—
1	10.00	5.00	15.00	10.00	5.00	15.00	5.00
2	10.00	8.00	18.00	5.00	4.00	9.00	3.00
3	10.00	10.00	20.00	3.33	3.33	6.67	2.00
4	10.00	11.00	21.00	2.50	2.75	5.25	1.00
5	10.00	13.00	23.00	2.00	2.60	4.60	2.00
6	10.00	16.00	26.00	1.67	2.67	4.33	3.00
7	10.00	20.00	30.00	1.43	2.86	4.29	4.00
8	10.00	25.00	35.00	1.25	3.13	4.38	5.00
9	10.00	31.00	41.00	1.11	3.44	4.55	6.00
10	10.00	38.00	48.00	1.00	3.80	4.80	7.00
11	10.00	46.00	56.00	0.91	4.18	5.09	8.00

因此，可知，每一个产量水平上的边际成本值就是相应的总成本曲线的斜率。

平均可变成本曲线、平均总成本曲线和边际成本曲线如图 5-1（e）、图 5-1（f）和图 5-1（g）所示。这三条曲线都呈现出 U 形的特征。它们表示，随着产量的增加，平均可变成本、平均总成本和边际成本都是先递减，各自达到本身的最低点之后再递增。需要指出的是，从以上各种短期成本的定义公式中可知，由一定产量水平上的总成本（包括 TFC、TVC 和 TC）出发，可以得到相应的平均成本（包括 AFC、AVC 和 AC）和边际成本（即 MC）。

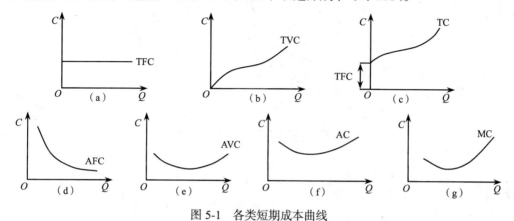

图 5-1　各类短期成本曲线

5.2.3　短期成本曲线之间的相互关系

1. 各种短期成本变动规律

图 5-1 中，我们分别画出了七条不同类型的短期成本曲线。我们可以将这些不同类型的短期成本曲线置于同一张图中（见图 5-2），以分析不同类型的短期成本曲线相互之间的关系。

（1）短期总成本变动规律

我们曾经指出，短期成本函数可以由短期生产函数导出。现在我们假设短期总成本可以简单表示为 C，其一般形式为：

$$C = \Phi(Q) + b$$

式中，$\Phi(Q)$ 为变动成本；b 为固定成本。

固定成本不随产量的变化而变化，变动成本随产量变化而变化。假定成本函数是三次成本函数，即：

$$C = \partial Q^3 + \beta Q^2 + \lambda Q + \delta$$

我们可以画出短期总成本、总固定成本、总变动成本图形，如图 5-2（a）所示。图 5-2（a）中，横坐标表示产出水平 Q，纵坐标表示成本 C。总固定成本是一条与横坐标相平行的直线，表示不管产出水平是多高，这笔成本支出不变，为 C_0。总变动成本随产出的变化而变化。总变动成本曲线在产出的不同阶段呈现不同的变化特征，先以递减的速率增加，后以递增的速率增加。这种变化的特征与生产函数理论中具有一种变化投入的总产量曲线呈现出对偶性。在那里，随着变动要素投入量的增加，产出水平先以递增的速率增加，后以递减的速率增加。造成这两种曲线变化呈现对偶特征的原因是同一个，即边际报酬递减规律的作用。短期总成本曲线 STC

111

由总固定成本曲线与总变动成本曲线的垂直距离相加而得到，短期总成本曲线的变化与总变动成本曲线的变化呈现相同的特征。

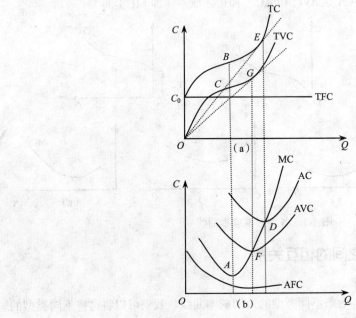

图 5-2　短期成本曲线

总之，我们可以从图中看出短期总成本的变动规律如下。

1）短期总不变成本曲线 TFC 是一条过纵轴上 C_0 点与产量轴平行的直线，说明总不变成本在一定的范围内不随产量的变化而变化。

2）短期总可变成本曲线 TVC 是一条由原点开始向右上方倾斜的曲线，说明产量为 0 时，总可变成本为 0，而且总可变成本随产量增加而增加。这条曲线先以递减的速率增加，表现较为平坦；随后以递增的速率增加，表现较为陡峭。

3）短期总成本曲线 TC 由水平的总不变成本曲线和总可变成本曲线叠加而成，它的形状与短期总可变成本曲线 TVC 完全相同，只是在纵轴上加一个总不变成本 C_0。

（2）短期平均成本与短期边际成本变动规律

平均成本是平均每一单位产量所分摊的成本。对成本函数而言，短期平均成本表示为：

$$SAC = \frac{\Phi(Q)}{Q} + \frac{b}{Q}$$

对三次总成本函数而言，短期平均成本表示为：

$$SAC = \partial Q + \beta Q + \gamma + \frac{\delta}{Q}$$

短期平均成本由两个部分构成，一部分是平均变动成本，另一部分是平均固定成本。平均固定成本为：

$$AFC = \frac{\delta}{Q}$$

平均变动成本为：

$$AVC = \partial Q^2 + \beta Q + \gamma$$

不管是平均固定成本还是平均变动成本，它们都随着产量的变化而变化。平均固定成本是一条直角双曲线，其图形如图 5-2（b）所示。平均变动成本曲线是一条二次成本曲线，其图形如图 5-2（b）所示。图 5-2（b）中的短期成本曲线 SAC 由平均固定成本曲线 AFC 与平均变动成本曲线 AVC 的垂直相加得到。短期平均成本曲线先下降后上升，这一特征正好与我们讨论过的平均产量曲线呈对偶的特征。平均产量曲线先上升后下降。平均成本曲线的变化特征可以从平均产量曲线的变化特征推导而出。在 $TVC = \omega \cdot L(Q)$ 在劳动要素价格不变的假定下，平均变动成本表示为：

$$AVC = \frac{TVC}{Q} = \omega \frac{L}{Q} = \omega \cdot \frac{1}{AP_L}$$

式中，ω 为劳动的价格；L 为劳动投入量；Q 为产量；AP_L 为要素的平均产量。

显然，平均变动成本与平均产量两者的变动方向是相反的。前者呈递增势态时，后者呈递减势态；前者呈递减势态时，后者呈递增势态；前者的最高点对应后者的最低点。由于平均固定成本随产量的增加而一直下降，因此短期平均成本曲线与平均成本曲线一样先下降后上升。

我们再来讨论短期边际。短期边际成本是产量的增量所引起的总成本的增量。由于短期边际成本随产出的变化而变化，它与固定成本无关。所以，短期边际成本又可以表示为：

$$SMC = \frac{\Delta TVC}{\Delta Q} \text{（在函数不连续、不可求导的情况下）}$$

或者

$$SMC = \frac{dTVC}{dQ} \text{（在函数连续、可求导的情况下）}$$

如果短期总成本函数是三次成本函数，那么短期边际成本为二次成本函数，则

$$SMC = 3\partial Q^2 + 2\beta Q + \gamma$$

短期边际成本曲线如图 5-2（b）所示。

三次总成本函数所对应的边际成本曲线呈现先下降后上升的特征。这一特征正好与上一章所讨论的边际产量曲线成对偶的特征，边际产量曲线先上升后下降。像平均成本曲线的变化特征可以从平均产量曲线的变化特征导出一样，边际成本曲线的变化特征也可以由边际产量曲线的变化特征导出。在要素价格不变的假定下，短期边际成本可表示为：

$$MC = \frac{dTC}{dQ} = \omega \frac{dL}{dQ} = \omega \cdot \frac{1}{MP_L}$$

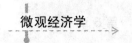
式中，ω 为劳动的价格；L 为劳动投入量；Q 为产量；MP_L 为要素的边际产量。

显然，边际成本与边际产量两者的变动方向是相反的。从几何图形上看，如果边际产量先上升后下降，那么边际成本就先下降后上升。

正如生产理论中边际产量与平均产量存在密切关系一样，成本理论中边际成本与平均成本也存在密切关系，而且边际成本与平均成本的关系同边际产量与平均产量的关系一样也呈现出对偶的特征。边际产量在平均产量达到最大值时与平均产量相等；边际成本则是在平均成本达到最小值时与平均成本相等。从几何图形上看，短期边际成本分别过平均变动成本曲线与短期平均成本曲线的最低点，如图 5-2（b）所示。

证明边际成本分别在平均变动成本及短期平均成本达到最小值以后二者相等是不困难的。按照求极值的必要条件，我们分别就平均变动成本与短期平均成本对产量求一阶导数，并令导数值等于 0，便可以证明这一结果。

AC 曲线和 MC 曲线之间的关系用数学证明如下：

$$\frac{\mathrm{d}}{\mathrm{d}Q}\mathrm{AC} = \frac{\mathrm{d}}{\mathrm{d}Q}(\frac{\mathrm{TC}}{Q}) = \frac{\mathrm{TC}' \cdot Q - \mathrm{TC}}{Q^2} = \frac{1}{Q}(\mathrm{TC}' - \frac{\mathrm{TC}}{Q}) = \frac{1}{Q}(\mathrm{MC} - \mathrm{AC})$$

由于 $Q > 0$，所以当 MC $<$ AC 时，AC 曲线的斜率为负，AC 曲线是下降的；当 MC$>$AC 时，AC 曲线的斜率为正，AC 曲线是上升的；当 MC=AC 时，AC 曲线的斜率为 0，AC 曲线达极值点（在此为极小值点）。

类似地，AVC 曲线和 MC 曲线之间的关系用数学证明同上。

至于短期成本曲线所体现的这些特征的原因，我们将在下面运用边际报酬递减规律进行深入的解释。

2．短期成本变动的决定因素：边际报酬递减规律

边际报酬递减规律是短期生产的一条基本规律，因此它也决定了短期成本曲线的特征。边际报酬递减规律是指在短期生产过程中，在其他条件不变的情况下，随着一种可变要素投入量的增加，它所带来的边际产量先是递增的，达到最大的值以后再递减。关于这一规律，我们也可以从产量变化所引起的边际成本变化的角度来解释。假定生产要素的价格是固定不变的，在开始时的边际报酬递增阶段，增加一单位可变要素投入所产生的边际产量递增，这意味着也可以反过来说，即在这一阶段增加一单位产量所需要的边际成本是递减的。在以后的边际报酬递减阶段，增加一单位可变要素投入所产生的边际产量递减，则意味着也可以反过来说，即在这一阶段增加一单位产量所需要的边际成本是递增的。显然，边际报酬递减规律作用下的短期边际产量和短期边际成本之间存在着一定的对应关系。这种对应关系可以简单地表述为，在短期生产中，边际产量的递增阶段对应的是边际成本的递减阶段，边际产量的递减阶段对应的是边际成本的递增阶段，与边际产量最大值相对应的是边际成本的最小值。正因为如此，在边际报酬递减规律作用下的边际成本 MC 曲线表现出先降后升的 U 形特征。

从 U 形的 MC 曲线出发，可以解释其他的短期成本曲线的特征及短期成本曲线相互之间的关系。

1）关于 STC 曲线、TVC 曲线和 SMC 曲线之间的关系。由于在每一个产量水平上的 MC 值就是相应的 TC 曲线的斜率，又由于在每一产量上的 TC 曲线和 TVC 曲线斜率是相等的，所以在每一产量水平的 MC 值同时就是相应的 TC 曲线和 TVC 曲线的斜率。于是，图 5-2（a）中的 TC 曲线、TVC 曲线和 MC 曲线之间表现出这样的相互关系：与边际报酬递减规律作用下的 MC 曲线的先降后升的特征相对应，TC 曲线和 TVC 曲线的斜率也由递减变为递增。而且，MC 曲线的最低点 A 与 TC 曲线的拐点 B 和 TVC 曲线的拐点 C 相对应。

2）关于 SAC 曲线、AVC 曲线和 SMC 曲线之间的关系。我们已经知道，对于任何一对边际量和平均量而言，只要边际量小于平均量，边际量把平均量拉下；只要边际量大于平均量，就把平均量拉上；当边际量等于平均量时，平均量必达本身的极值点（证明见上）。将这种关系具体到 AC 曲线、AVC 曲线和 MC 曲线的相互关系上，可以推知，由于在边际报酬递减规律作用下的 MC 曲线有先降后升的 U 形特征，所以 AC 曲线和 AVC 曲线也必定具有先降后升的 U 形的特征。而且，MC 曲线必定会分别与 AC 曲线相交于 AC 曲线的最低点，与 AVC 曲线相交于 AVC 曲线的最低点。如图 5-2（b）所示，U 形的 MC 曲线分别与 U 形的 AC 曲线相交于 AC 曲线的最低点 D，与 U 形的 AVC 曲线相交于 AVC 曲线的最低点 F。在 AC 曲线的下降段，MC 曲线低于 AC 曲线；在 AC 曲线的上升段，MC 曲线高于 AC 曲线。类似地，在 AVC 曲线的下降段，MC 曲线低于 AVC 曲线；在 AVC 曲线的上升段，MC 曲线高于 AVC 曲线。

3）关于 TFC 曲线和 AFC 曲线之间的关系。因为 $AFC(Q) = \dfrac{TFC}{Q}$，所以任何产量水平上的 AFC 值都可以由连接原点到 TFC 曲线上相应点的线段的斜率给出。

4）关于 TVC 曲线和 AVC 曲线之间的关系。由于 $AVC(Q) = \dfrac{TVC(Q)}{Q}$，所以在任何产量水平上的 AVC 值都可以由连接原点到 TVC 曲线上相应点的线段的斜率给出（在切点前是递减的，在切点后是递增的）。

5）关于 STC 曲线和 SAC 线之间的关系。由于 $SAC(Q) = \dfrac{STC(Q)}{Q}$，所以，任何产量水平上的 SAC 值都可以由连接原点到 STC 曲线上相应点的线段的斜率给出。

5.3　长期成本曲线

在长期中，一切投入都是可变的，没有不变成本和可变成本之分。因此，厂商的长期成本可以分为长期总成本（LTC）、长期平均成本（LAC）和长期边际成本（LMC）。

5.3.1 长期总成本曲线

1. 长期总成本函数

长期总成本是指厂商在长期中的每一个产量水平上通过选择最优的生产规模所能达到的最低总成本。相应地，长期总成本函数可以定义为当所有的要素投入量都可以变动时，厂商为了生产既定产量所需要的最小总成本。假定两种生产要素——劳动和资本的价格不变，厂商生产的产量为 Q，则长期总成本函数的形式为 $LTC=C[Q(K, L)]$。但是，我们通常将长期总成本函数写为：

$$LTC = LTC(Q)$$

上式表明，随着产量的增加，长期总成本也增加。从长期看，厂商可以根据最优产量的要求，调整全部生产要素的投入量，甚至可以进入或退出一个行业。

2. 长期总成本曲线推导

我们可以从短期总成本曲线 STC 中推导出长期总成本曲线 LTC。图 5-3 中有三条短期总成本曲线，即 STC_1、STC_2 和 STC_3，它们分别代表三个不同的生产规模。对应产量 Q_1、Q_2、Q_3 来说，三条短期总成本曲线的成本最低点分别为 a、b、c，连接 O、a、b、c 成一条曲线，也就是长期总成本曲线 LTC。由于短期总成本曲线的纵截距表示相应的 TFC 的数量，因此从图中三条短期总成本曲线的纵截距可知它们所代表的生产规模：SRC_1 曲线最小，STC_2 曲线居中，STC_3 曲线最大。

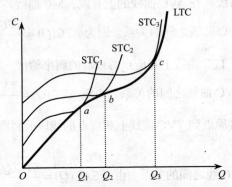

图 5-3　短期总成本曲线和长期总成本曲线

如果市场需求小于 Q_1，厂家会选择 STC_1 曲线所代表的生产规模，因为在 Q_1 产量时，它比其他规模的生产成本都低，只为 Q_1a；如果预计市场需求量大于 Q_1 而小于 Q_2，厂商会选择 STC_2 所代表的生产规模；如果预计市场需求量大于 Q_2，厂商会选择 STC_3 所代表的生产规模。对于任意一个既定产量，厂商都可以实现最低的总成本。理论上假定存在无数个可供选择的生产规模，即有无数条短期总成本曲线，长期总成本曲线 LTC 就是无数条短期总成本曲线 STC 的包络线。在这条包络线上，在连续变化的每一个产量水平上都存在着 LTC 和一条 STC 曲线的相切点，该 STC 曲线所代表的生产规模就是生产该产量的最低总成本。因此，LTC 曲线代表了长期内厂商在每一产量水平上都由最优生产规模进行生产的变动轨迹。

从图 5-3 中可以看出，长期总成本曲线 LTC 是一条从原点开始向右上方倾斜的曲线。它表明，产量为 0 时，长期总成本为 0；随着产量的增加，长期总成本也增加。LTC 曲线先以递减的速度增加，然后以递增的速度增加。

5.3.2　长期平均成本曲线

1. 长期平均成本曲线的推导

厂商在长期内实现每一产量水平的最小总成本的同时，必然就实现了相应的最小平均成本。LAC 曲线表示厂商在长期内按产量平均计算的最低总成本。长期平均成本函数可以写为：

$$LAC(Q) = \frac{LTC(Q)}{Q}$$

长期平均成本曲线可以根据其定义由长期总成本曲线导出，将长期总成本曲线上的每一点与原点相连，所得线段的斜率就是我们所需要的该产量下的长期平均成本。每一个产量水平下，我们都可以通过这个方法找到对应的长期平均成本，从而可以做出长期平均成本曲线。

此外，长期平均成本曲线还可以通过短期平均成本曲线而得到。图 5-4 中有三条短期平均成本曲线，即 SAC_1、SAC_2 和 SAC_3，它们各自代表了三个不同的生产规模。长期内，厂商可以根据产量要求，选择最优的生产规模进行生产。假定厂商生产产量小于 Q_1，则厂商会选择 SAC_1 曲线所代表的生产规模，因为这时 SAC_1 低于其他任何规模；而对于 Q_1 和 Q_2 之间产量，厂商会选择 SAC_2 曲线所代表的生产规模；当产量大于 Q_2 时，厂商会选择 SAC_3 曲线所代表的生产规模。对于每两条 SAC 曲线的交点，如 Q_1 的产量，这时两个生产规模都以相同的最低平均成本生产同一产量。厂商若从规模较小、投资较少方面来考虑，则可选择 SAC_1 曲线所代表的生产规模。

可见，长期平均成本 LAC 曲线是无数条短期平均成本 SAC 曲线的包络线。从图 5-5 中可以看出，在 LAC 曲线与某一条 SAC 曲线的相切点，该 SAC 曲线所代表的生产规模是该产量下的最优生产规模，即最低平均成本。总之，LAC 曲线上的每一点都表示生产相应产量水平的最低平均成本。

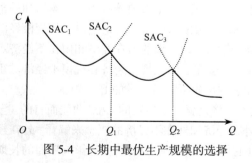

图 5-4　长期中最优生产规模的选择

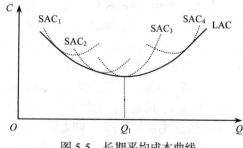

图 5-5　长期平均成本曲线

117

从图 5-5 中还可以看到，在 LAC 曲线的递减阶段，LAC 曲线相切于所有相应的 SAC 曲线最低点的左边；在 LAC 曲线的递增阶段，LAC 曲线相切于所有相应的 SAC 曲线最低点的右边；只有在 LAC 曲线的最低点，LAC 曲线才相切于某一条 SAC 曲线的最低点。

◎ **相关链接**

LAC 逸事

长期平均成本曲线是文纳教授在 1931 年发表的一篇论文中首次提出的。他认为，长期平均成本曲线是一系列短期平均成本曲线的包络线。

据说，在准备这篇论文时，文纳教授曾请他的研究生 Wang 帮助他画一幅图，表明长期平均成本曲线通过所有短期平均成本曲线的最低点，并从数学上加以证明。

Wang 接到任务后便琢磨起来：如果长期平均成本曲线和短期平均成本曲线都呈 U 形，长期平均成本曲线除了在最低点与短期平均成本曲线最低点相切外，其他点都不可能与短期平均成本曲线最低点相切。但碍于面子，他没有将自己的这一想法及时告知导师。导师久等无信，便生气了。

直到 1950 年，文纳教授才醒悟过来，并不无遗憾地说，早知如此，他就不会交给杰出的 Wang 这样一个在经济上不合理、技术上不可能的任务了。

资料来源：黎诣远.微观经济分析.北京：清华大学出版社，2003.

2．长期平均成本曲线呈 U 形特征的原因

一般而言，长期平均成本曲线呈 U 形。在长期平均成本曲线下降的阶段，我们说生产中存在着规模经济现象；在长期平均成本曲线上升的阶段，我们说生产中存在着规模不经济的现象；在长期平均成本曲线为水平线的阶段，我们说生产处于规模报酬不变阶段。长期平均成本曲线呈 U 形主要是由长期生产中的规模经济和规模不经济决定的。

规模经济是指在企业生产扩张的开始阶段，厂商由于扩大生产规模而导致长期平均成本下降的情况。规模不经济是指当生产扩张达到一定规模以后，厂商继续扩大生产规模而导致长期平均成本上升的情况。或者说，厂商产量增加的倍数大于成本增加的倍数，为规模经济，这里对应的是企业长期生产内的规模报酬递增阶段；相反，厂商产量增加的倍数小于成本增加的倍数，为规模不经济，这里对应的是企业长期生产内的规模报酬递减阶段。这里讨论的规模经济和不规模经济都是由厂商变动自身企业生产规模所引起的，即所谓的内在经济和内在不经济。一般来说，在企业的生产规模由小到大的扩张过程中，会先后出现规模经济和规模不经济。正是由于规模经济和规模不经济的作用，LAC 曲线才表现出先下降后上升的 U 形特征。

此外，还需指出的是，企业的规模经济和规模不经济是就一条给定的 LAC 曲线而言的。至于 LAC 曲线的位置的变化原因，则需要用企业的外在经济和外在不经济的概念来解释。外在经济和外在不经济是由企业以外的因素（如企业所处的行业因素）所引起的，它影响厂商的长期

平均成本曲线的位置。外在经济是指由于厂商的生产活动所依赖的外界环境得到改善而产生的。例如，整个行业的发展，可以使行业内的单个厂商受益。外在不经济是指厂商的生产活动所依赖的外在环境恶化（如整个行业发展，使得生产要素的价格上升，交通运输紧张），从而给行业内的单个厂商的生产带来困难。企业的外在经济使 LAC 曲线向下移；相反，企业的外在不经济可以使 LAC 曲线向上移。所以，内在经济和内在不经济决定了长期平均成本曲线的 U 形特征，而外在经济与外在不经济则决定了 LAC 曲线的位置。从长期平均成本曲线呈 U 形的特征出发，不仅可以解释下面将要分析的长期边际成本曲线的特征，而且可以进一步解释前面所分析的长期总成本曲线的特征。

规模经济和规模不经济仅仅是决定长期平均成本曲线形状和位置的最重要的因素，诸如学习效应、分工经济和范围经济也都对这一形状特征具有影响。学习效应是指在长期的生产过程中，企业的工人、技术人员和经理人员等可以积累起对产品的生产、技术设计、管理及销售方面的经验，从而导致长期平均成本的下降。分工经济通过企业内部分工与加深专业化程度，生产效率提高，劳动成本降低，这意味着人们能够把更多的时间投入到更小的活动范围中去。由于学习效应的存在，每个人都可以大大提高自己在所属专业中的特殊技能，通过合作大大降低生产的总成本。范围经济指的是在相同的投入下，由单一的企业生产联合产品比多个不同的企业分别生产这些联合产品中的每一个单一产品的成本要低。

许多工业发达国家的经验证明，长期平均成本曲线不是 U 形，而是 L 形。因为往往当产量有极大提高后，企业才出现规模经济，而且规模经济要持续一段时间，即 U 形曲线的底部很长，成为 L 形曲线。

相关链接

规模经济

亚当·斯密在其名著《国民财富的性质和原因的研究》中，根据他对一个扣针厂的参观描述了一个例子。斯密所看到的工人之间的专业化和引起的规模经济给他留下了深刻的印象。他写道："一个人抽铁丝，另一个人拉直，第三个人截断，第四个人削尖，第五个人磨光顶端以便安装圆头；做圆头要求有两三道不同的操作，装圆头是一项专门的业务，把针涂白是另一项，甚至将扣针装进纸盒中也是一门职业。"

斯密说，由于这种专业化，扣针厂每个工人每天生产几千枚扣针。他得出的结论是，如果工人选择分开工作，而不是作为一个专业工作者团队，"那他们肯定不能每人每天制造出 20 枚扣针，或许连一枚也造不出来"。换句话说，由于专业化，大扣针厂可以比小扣针厂实现更高的人均产量和每枚扣针更低的平均成本。

斯密在扣针厂观察到的专业化在现在的经济中普遍存在。例如，如果你想盖一座房子，你可以自己努力去做每一件事。但大多数人找建筑商，建筑商又雇用木匠、瓦匠、电工、油漆工和许多其他类型的工人。这些工人专门从事某种工作，而且这时他们比作为通用型工人时做得更好。实际上，运用专业化实现规模经济是现代社会如此繁荣的一个原因。

资料来源：曼昆. 经济学原理. 北京：北京大学出版社，2006.

5.3.3 长期边际成本曲线

长期边际成本表示厂商在长期内增加一单位产量所引起的最低总成本的增量。长期边际成本函数可以写为：

$$LMC(Q) = \frac{\Delta LTC(Q)}{\Delta Q}$$

或

$$LMC(Q) = \lim_{\Delta Q \to 0} \frac{\Delta LTC(Q)}{\Delta Q} = \frac{dLTC(Q)}{dQ}$$

长期边际成本曲线 LMC 可以由长期总成本曲线 LTC 推导出来，也可以由短期边际成本曲线 SMC 推导而出。由 LTC 曲线得到 LMC 的原理在于，每一产量水平上的 LMC 值都是由相应的 LTC 曲线的斜率给出的。所以，只要把每一个产量水平上的 LTC 曲线的斜率值描绘在产量和成本的平面坐标图中，便可得到 LMC 曲线。

为什么可以根据 SMC 推导出 LMC？从图 5-3 中可以看出，LTC 曲线是 STC 曲线的包络线，说明在任一产量上，LTC 曲线都与某一最优规模的 STC 曲线相切，切点上两条曲线的斜率必然相等。因为 LTC 曲线的斜率为 LMC，STC 曲线的斜率为 SMC，即 LMC 与 SMC 的数值在切点对应的产量上相等。在任意产量上，LMC 值都与最优生产规模的 SMC 相等，所以我们可以根据 SMC 确定 LMC。不过，与长期总成本曲线和长期平均成本曲线的推导不同，长期边际成本曲线不是短期边际成本曲线的包络线。它的推导如图 5-6 所示。

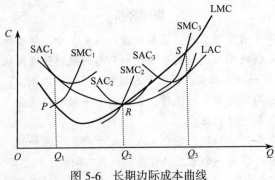

图 5-6　长期边际成本曲线

图 5-6 中，横轴代表产量 Q，纵轴代表成本 C，LAC 代表长期平均成本曲线，SMC 代表短期边际成本曲线，SAC 代表短期平均成本曲线。从图中可见，每一条 SAC 曲线都有一条相应的 SMC 曲线，而且 SMC 曲线通过 SAC 曲线的最低点。据此，在图 5-6 中，我们可以确定 LMC 上的三个点：SAC$_1$ 和 LAC 相切点决定的 Q_1 和 SMC$_1$ 的交点 P；SAC$_2$ 和 LAC 相切点决定的 Q_2

和 SMC_2 的交点 R；SAC_3 和 LAC 相切点决定的 Q_3 和 SMC_3 的交点 S。连接 P、R、和 S 就可得到长期边际成本曲线 LMC。应该指出，LMC 曲线与 LTC 曲线和 LAC 曲线不同，它不是 SMC 曲线的包络线。

从图 5-6 中还可以看出，在 LAC 曲线与 SAC 曲线相切点左边的产量上，长期边际成本大于短期边际成本，即 LMC>SMC；在 LAC 曲线与 SAC 曲线相切点右边的产量上，长期边际成本小于短期边际成本，即 LMC<SMC。

由于规模经济和规模不经济的作用，LMC 曲线呈 U 形，它与 LAC 曲线相交于 LAC 曲线的最低点。其原因在于，根据边际量和平均量之间的关系，当 LAC 曲线处于下降段时，LMC 曲线一定处于 LAC 曲线的下方，即此时 LMC<LAC，LMC 将 LAC 拉下；相反，LAC 曲线处于上升段时，LMC 曲线一定位于 LAC 曲线的上方，即此时 LMC>LAC，LMC 将 LAC 拉上。

本章小结

1．厂商生产并提供给消费者的商品需要付出成本代价。成本同样可以划分为长期成本和短期成本。短期成本包括总成本、固定成本、变动成本、平均成本和边界成本；长期成本不包括固定成本。

2．经济学意义上的成本均应理解为机会成本。机会成本是指把既定资源用于生产某种产品时所放弃的另一种最大收入。机会成本可以分为显性成本和隐性成本。

3．短期平均成本与长期平均成本都呈 U 形，前者由边际收益递减规律决定，后者由规模经济与规模不经济决定。

4．短期总成本曲线是一条向右上方倾斜的曲线，是由短期不变成本曲线和可变成本曲线叠加而成的。

5．长期总成本是短期总成本的包络线，长期平均成本是短期平均成本的包络线。长期边际成本曲线可以由短期边际成本曲线推导出来，但不是短期边际成本曲线的包络线。

复习思考题

一、选择题

1．经济学分析中所说的短期是指（　　　）。

A．1 年之内

B．2 年之内

C．全部生产要素都可随产量而调整的时期

D．只能根据产量调整可变成本的时期

2．随着产量的增加，短期平均固定成本（　　　）。

A．在开始时减少，然后趋于增加

B．一直趋于减少

C．一直趋于增加

D．不变

3．当 AC 达到最低点时，下列（　　　）是正确的。

A．AVC=FC 　　　B．MC=AC 　　　C．P=AVC 　　　D．P=MC

4．经济成本与经济利润具有以下特征：（　　　）。

A．前者比会计成本大，后者比会计利润小　　B．前者比会计成本小，后者比会计利润大

C．两者都比相应的会计成本和会计利润小　　D．两者都比相应的会计成本和会计利润大

5．当总产量下降时，（　　　）。

A．AP 为零 　　　B．AP 为负 　　　C．MP 小于或等于零 　　D．AP 递减

6．以下不是说明等产量线的项目是（　　　）。

A．说明了为生产一个给定的产量而可能的各种投入要素的组合

B．除非得到了所有要素的价格，否则不能画出该曲线

C．表明了投入与产出的关系

D．表示了无论投入数量怎样变化，产量都是一定的

7．下列因素中属于固定成本的是（　　　）。

A．土地的租金 　　　B．折旧 　　　C．财产税 　　　D．营业税

8．当 AC 达到最低点时，下列哪条是不正确的（　　　）。

A．AVC=FC 　　　B．MC=AC 　　　C．P=AVC 　　　D．P=MC

9．在短期内，随着产量的增加，平均固定成本（　　　）。

A．先减少后增加 　　　B．一直趋于减少 　　　C．一直趋于增加 　　　D．先增加后减少

10．企业从销售其产品中得到的全部收入叫做（　　　）。

A．收益 　　　B．利润 　　　C．边际收益 　　　D．超额利润

二、判断题

1．机会成本是做出一项决策时所付出的费用或损失。（　　　）

2．机会成本是做出一项选择时所放弃的其他各种可能性。（　　　）

3．会计利润和经济利润是一回事，只是名称不同而已。（　　　）

4．短期内，管理人员的工资和生产工人的工资都是固定成本。（　　　）

5．短期内，企业增加一单位产量时所增加的可变成本等于边际成本。（　　　）

6．短期内，平均可变成本曲线是一条先下降后上升的 U 形曲线。（　　　）

7．会计成本忽视了厂商的隐性成本，经济成本则忽视了厂商的沉没成本。（　　　）

8．短期边际成本曲线与短期平均曲线的交点就是收支相抵点。（　　　）

9．利润最大化就是实现无限的利润。（　　　）

10．边际收益等于边际成本时，企业的正常利润为零。（　　　）

三、简答题

1．如何正确理解机会成本这个概念？

2．会计利润与经济利润是一回事吗？

3．用图形说明短期总成本、固定成本和可变成本的变动规律及其相互关系。

4．用图形说明短期平均成本、平均固定成本和平均可变成本的变动规律及其相互关系。

5．简要说明利润最大化的原则。

四、计算题

1．假设某厂商的边际成本函数 $MC=3Q^2-30Q+100$，且生产 10 单位产量时的总成本为 1 000。

（1）求固定成本的值。

（2）求总成本函数、总可变成本函数、平均成本函数及平均可变成本函数。

2．已知某厂商的生产函数为 $Q=0.5L^{1/3}K^{2/3}$；当资本投入量 $K=50$ 时，资本的总价格为 500，劳动的价格 $P_L=5$。

（1）求劳动的投入函数 $L=L(Q)$。

（2）求总成本函数、平均成本函数和边际成本函数。

（3）当产品的价格 $P=100$ 时，厂商获得最大利润的产量和利润各是多少？

3．假定某企业的短期成本函数是 $TC=Q^3-10Q^2+17Q+66$，请写出下列函数：TVC、AC、AVC、AFC、MC。

4．已知某企业的短期总成本函数是 $STC=0.04Q^3-0.8Q^2+10Q+5$，求最小的平均可变成本值。

五、图示题

1．图示总成本曲线、可变成本曲线、固定成本曲线。

2．图示短期成本曲线。

第6章

完全竞争市场

知识目标 ① 理解完全竞争市场的特征；② 掌握完全竞争厂商的需求曲线与收益曲线；③ 掌握完全竞争厂商短期均衡的状态与条件；④ 理解完全竞争厂商的长期均衡；⑤ 掌握行业的短期供给曲线与长期供给曲线。

能力目标 ① 具备生产决策及确定最佳产量的能力；② 具备分析判断短期内厂商是否继续经营的能力；③ 具备分析判断完全竞争市场与完全垄断市场的能力。

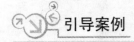 引导案例

政府办的大型鸡场为什么失败

20世纪80年代，一些城市为了保证居民的菜篮子，由政府出资办了大型养鸡场，但成功者少，许多养鸡场最后以破产告终。这其中的原因是多方面的，重要的一点在于鸡蛋市场是一个完全竞争市场。

在鸡蛋市场上，短期中鸡蛋生产者可能有超额利润（如发生了鸡瘟，供小于求，价格高），也可能有亏损（如生产者进入太多，供大于求，价格低）。但在长期中一定是价格等于平均成本，生产者经济利润为零。生产者所赚的是由机会成本带来的会计利润，如生产者不向自己支付工资，会计成本中没有这一项，但这是机会成本。

在长期均衡时价格等于平均成本，但这个平均成本是整个社会的行业平均成本。如果某个生产者采用了新技术，平均成本低于行业平均成本，就可以获得利润。生产者为了获得这种利润，都努力采用新技术，并降低成本。当所有生产者都这样做时，整个行业的平均成本也下降了，价格也下降了。这正是完全竞争市场上竞争的残酷性。如果哪个生产者平均成本高于行业平均成本，他就无法在这个行业中生存下去，只好退出或破产。

政府建立的大型养鸡场在这种完全竞争市场上并没有什么优势，它的规模不足以达到能控制市场，产品也没有特色。它要以平等的身份与那些分散的养鸡专业户或把养鸡作为副业

的农民竞争。但这种大型养鸡场的成本都要大于行业平均成本，因为这些养鸡场固定成本远远高于农民，也即高于行业平均成本。这些大型养鸡场在与农民的竞争中并无优势，其破产就是必然的。

资料来源：郭万超，辛向阳. 轻松学经济. 北京：对外经济贸易大学出版社，2005.

在前面的内容中，我们分别从生产和成本角度对生产者行为进行了分析，这一章将详细探讨在消费者和生产者的经济行为的相互作用下，完全竞争市场的价格和产量是如何决定的。

6.1　市场结构及完全竞争市场

6.1.1　厂商、行业与市场

1. 厂商与企业

在经济学教科书中，一部分学者认为，厂商和企业是同一个概念，是指能够做出统一生产决策的单个经济单位；而另一部分学者则持相反的观点，认为厂商和企业是两个不同的概念。科斯认为，企业是市场的一种替代，是出于交易费用的节约而对市场的一种替代，如果市场交易成本过高，可以将生产者与市场之间的交易转化成生产者内部的交易，从而可以将交易成本控制得更低。例如，生产者在生产过程中为了取得生产所需的中间投入产品，往往要成立专门的采购部门，委派专业的人员，寻找合适的中间产品供应商，而这一切都需要生产者付出相对较高的交易成本。相反，如果生产者能够扩大自己的生产活动范围，将中间产品的生产变成自己生产活动的一部分，生产者将不再关注以往这些中间产品对生产活动的影响，而是更关注于自己生产中所需要的各种"要素"，那么生产者不仅可以节省原先中间商品在市场交易时所产生的费用，而且对生产的整体过程也可以主动把握，利于生产的顺利进行。因此，对于一个企业来说，其生产过程涵盖着一个或者多个不同的"环节"，而每一个"环节"的生产过程都可能是一种（中间）产品产生的过程。知道了这一点，我们就对现实经济世界中既存在着力量单薄的各种小企业，又存在着许多跨产品、跨行业的大企业这种现象不足为奇了。而关于厂商的概念，更多的是出现在经济学的各种理论分析当中。经济学认为，厂商是指一切以利润为目的，独立进行生产和经营活动的经济主体。这一定义表明，厂商是以利润为目的，并具有独立决策权的生产和经营单位，其范围小到个体户，大到跨国公司。这种生产活动具有针对性，强调的是通过有效地对生产要素进行组合而得到特定的产品。从这个角度上说，厂商是一个抽象的概念，它的界定是为了分析生产者的各种经济行为，从而揭示经济学中的一些基本原理，为企业复杂的生产决策提供基本的理论支持。

2. 市场

什么是市场？怎样去理解市场呢？市场是一切经济活动的出发点和归宿，是社会生产和社会分工的产物，也是商品生产和商品交换的产物，哪里有社会生产和商品生产，哪里就会有市场。古今中外关于市场的说法很多，最开始的理解认为市场是商品交换的场所。《易经》中曾经记载"神农之士日中为市，致天下之民，聚天下之货，交易而退，而得其所"。所以，古代的市场都是建立在交通特别方便、人们容易聚集的地方，就好像人们在井边汲水一样，所以古代的市场又叫做市井。随着生产力的进一步发展，市场也逐渐固定下来，指一定时间、一定地点条件下的买卖双方的集合。一般认为，市场是指从事某一种商品或劳务交易的场所或接触点。买卖双方在市场上决定商品交换的价格。通常每种商品都有一个市场，如汽车市场、彩电市场等。某种商品在同一市场上一般只有一个价格，一个市场不一定是单一的地点，而可能是一个区域，它可能有固定的场所，也可以通过电话、互联网等买卖成交。从本质上讲，市场是一种组织形式或制度安排，这种组织形式或制度安排为商品的交换提供了可能。交易商品的种类与性质决定着市场的种类和性质。有些商品的交易是在有形的场所进行的，而有些商品的交易是在无形的场所进行的；前者决定了买卖双方的有形市场，如一般的商品市场；后者决定了买卖双方的无形市场，如目前较为流行的网络购物。按照商品交易的方式不同，市场也可以分为现货市场和期货市场。前者的交易方式是商品和货币的即期交换，而后者的交易方式则是商品交割与货款给付在时间上的分离。此外，在商品交易的过程中，商品供给者与商品需求者的数量也对市场产生着重要的影响。当某种商品交易的供给者和需求者众多，彼此之间无法影响时，往往会形成完全竞争市场；而当某种交易商品的供给者很少或者仅仅是一家供给者，那么这样的商品市场往往会成为卖方的寡头垄断或完全垄断市场。同样，商品需求者的数量对市场也产生着重要影响。总而言之，每一种交易商品都决定着一个市场的存在，而每一种商品交易的性质和特征也决定着该种商品交易市场的性质和特征。

3. 行业

与市场概念较为相近的一个概念是行业。行业是生产和提供同一种商品的所有厂商的集合。行业与市场是一对既有关联又有区别的概念。相关联的是，行业与市场是一一对应的，每一个市场就对应着一个行业。例如，家用轿车市场就必然对应着一个家用轿车的生产行业。市场与行业的区别也是显著的，市场体现的是供给者和需求者的相互作用，换句话说就是在市场的范畴内既有厂商也有消费者；而行业是生产类似商品厂商的集合，行业这个概念中是不包含消费者群体的。

通过对厂商、行业、市场三个概念的界定，我们可以总结出这样的一个脉络，即同一种商品的所有生产厂商的集合构成了该种商品的行业，而在行业的基础上，如果再考虑到对这种商品的需求群体的经济行为，那么对行业的研究就开始变成了对市场的研究。

6.1.2 决定市场结构的因素

现实生活中不断地发生着各种各样的交易活动。我们每天早上到菜市场买菜，用货币换回我们需要的蔬菜，这是一种交易；周末逛超市，购买生活必需品，这是一种交易；钢铁公司从矿厂购入铁矿石等原材料，这也是一种交易等。生活中交易如此频繁，以至于我们未曾想过何为交易。同样地，几乎没有人能够具体说出我们的身边到底有多少种商品在进行着交易，但是每种商品都在买方和卖方集聚的市场中进行着交易。这些数不尽的市场当中有着共同之处，即每一个买方都希望以最低的价格买到自己满意的商品，而每一个卖方都希望以最高的价格售出自己的产品，买卖双方在博弈的过程中均以自愿为交易的前提条件。然而，这些市场的相似之处却也仅此而已。当我们开始注意观察每种商品的交易行为时，会发现不同的商品是以截然不同的方式进行着交易。例如，我们每天都在漫天的商品广告中寻找自己最为满意的商品，然而当我们在每天打开水龙头时会突然意识到，我们从没有看到过自来水这种商品的广告；当毫无预示的断电给我们造成一些意外损失之后，我们却发现自己手里持有的货币对"电"这种商品丝毫没有选择的权利。此外，与中小企业的千方百计谋生相反，诸如石化、电力这样的大型企业却相对清闲并且异常阔绰，我们不禁也要思考是什么原因造成了企业间如此之大的利润差异。不同商品之间销售方式的差别是如此之大，以至于我们不得不进一步考虑这些差别背后的原因——市场结构。

所谓市场结构，是指影响某种商品买卖双方交易行为的各种市场特征。交易行为随着买卖双方所在市场结构的不同而不同。正如我们所知道的，商品交易的性质和特征决定着该种商品交易市场的性质和特征。微观经济学以市场竞争程度来划分市场类型，影响市场竞争程度的具体因素主要有以下几点。

（1）市场上厂商的数目

厂商是指根据一定的目标为市场提供某种商品或劳务的独立经营单位。厂商可以做出独立的经营决策。市场中厂商数目的大小直接决定着该市场的竞争程度。市场上的厂商数目越少，甚至仅此一家时，厂商的垄断力量便会越强，市场竞争程度就会越弱。

（2）厂商所提供的产品的差别程度

同一市场上出售的产品或劳务可能是完全没有差别的，即产品同质，也可能具有某些自然或人为的差别。厂商越是提供了别的生产者所无法替代的产品，它的市场垄断力便会越强。各个厂商之所以在广告费上不惜血本，就是想给消费者造成自己的产品是独一无二的印象。例如，原产于马来西亚等地的榴莲，按照它的果味、奶味和种子的大小，可以分为不同的等级；同时人们冠以榴莲萨尔顿、金枕等不同的名称。很明显，前者的差异是自然差异，也就是实体差异，而后者是人为差异；也就是品牌差异。

（3）单个厂商对市场价格的控制程度

这其实是衡量厂商市场垄断力最全面和最权威的指标。如果个别厂商能够左右产品的市场价格，则说明其具有相当的市场力量。反之，如果厂商只是市场价格的接受者，不能控制市场价格，则说明其不具备市场力量。也就是说，厂商的定价能力越强，市场的竞争程度越弱。

（4）厂商进入或退出该市场的难易程度

进入的壁垒越高，市场上现有的厂商数目越少；退出的沉没成本越高，厂商在决定进入时越谨慎。一般来说，生产成本较低、生产规模较小、政府管制少的行业容易进入，反之则较难进入。

影响市场结构的因素在现实经济世界中所起的作用是不同的，相互之间既有联系又有区别。

根据影响因素作用的不同，经济学中将市场结构分为完全竞争市场、垄断竞争市场、寡头垄断市场、完全垄断市场四种类型，如表 6-1 所示。其中，完全竞争市场和完全垄断市场是两种极端形式，前者的厂商和消费者数目很多，产品没有任何差异，进入或退出行业没有任何限制，厂商对商品价格没有丝毫的控制能力；而后者市场中只有一家厂商生产和销售该种商品，没有替代产品，行业的进入或退出壁垒很高，厂商对商品的价格具有完全的控制能力。在完全竞争和完全垄断两种极端市场结构之间，则是垄断竞争和寡头垄断两种市场结构。

表 6-1　不同市场类型特点比较

市场和厂商的结构类型	厂商数目	产品差异度	进入壁垒	市场力量
完全竞争	很多	完全无差别	自由进入	没有
垄断竞争	较多	差异很小	比较自由	有一些
寡头垄断	少数几个	有或没有差异	很难进入	相当程度
完全垄断	一个	无替代品	不能进入	很大但受政府管制

6.1.3　完全竞争市场的条件

完全竞争市场是指竞争不受任何阻碍和干扰的市场结构。一个完全竞争的市场结构必须满足以下主要条件。

1）市场上有无数的买者和卖者。正是因为市场上有为数众多的商品需求者和供给者，所以每一次交易在整个市场交易额中都是微不足道的。市场价格只能由全体买者的需求总量和卖者的供给总量共同决定，每一个买者和售者都是市场价格的接受者，而非价格的制定者。换句话说，由于买者众多，任何一个人都可以按照市价出售他所愿意卖出的数量；由于卖者众多，任何一个人都可以按照市价买到他所愿意购买的数量。而且，他们中的任何人买与不买或者卖与不卖，都不会对整个市场的交易水平与价格水平产生任何影响。所以，在完全竞争市场中，每个消费者和生产者都是市场价格的被动接受者，而不是市场价格的操纵者。

2）市场上厂商所提供的产品都是同质的。所有厂商所提供的产品可以理解为是所谓的标准化产品，产品在原料、加工、质量、包装、服务等方面完全一样，可以完全相互替代。因此，任何一个厂商都不能通过生产有差别性的产品来控制市场价格。这意味着如果有厂商敢于提价，那么其商品就会完全滞销。当然，也不会有厂商愿意降价，因为既定的价格使厂商可以卖掉其愿意卖的所有商品。

3）厂商可以自由地进入或退出市场。厂商可以根据各行业的盈亏状况，无障碍地自由进入或退出某一行业，这样生产要素就会从生产效率低的行业转向生产效率高的行业，从而使资源能得到充分利用。

4）购买者和生产者对市场信息完全了解。买卖双方都掌握了相关产品和价格的完全信息，可以据此确定最佳购买量和销售量，也可以据此以一个确定的价格来出售产品，而不至于因为信息不畅造成多个价格并存的现象。

完全竞争市场所要求的条件十分苛刻，现实生活中能够同时具备上述四个条件的市场几乎不存在。一般认为，农产品市场比较接近完全竞争市场的条件，可以被当做典型来分析完全竞争市场的情况。此外，许多行业中竞争异常激烈，所以我们也可以用完全竞争模型的研究来预测这些行业中企业的行为。例如，冰激凌的生产与销售业、农业、渔业、纸浆和造纸业、法律服务业等的竞争都非常激烈，某些易腐烂变质的商品的市场也可以被看做完全竞争市场（如鲜鱼和鲜花市场）。即使这些市场上只有少数的几家厂商，每家厂商可能也不得不将其他厂商的价格当做既定的价格来考虑，如果市场上顾客的信息充分，并且只有在最低价时购买，那么出售鲜花的最低价就成了市场价格，其他的厂商要想出售其所有商品，只有按这种市场价格出售，从而也成了价格的接受者。

由此可见，完全竞争市场是一个理想化的模型。一般认为，完全竞争市场中资源配置最为合理，资源利用最为充分，生产效率最高，可以作为衡量其他现实市场的一个标准。从这一模型出发，我们可以对原来的假定不断地做出修改或补充，使之更接近现实，进而对复杂的市场结构中产品价格做出具体的描述。

6.2　完全竞争厂商的需求曲线和收益曲线

6.2.1　完全竞争厂商的需求曲线

行业面临的需求曲线也就是市场所面临的需求曲线，是描述消费者对整个行业所生产的商品的需求状况的曲线，即每一个售价下行业整体所能销售出的商品数量。一般情况下，行业面临的需求曲线是向右下方倾斜的。厂商清楚地了解自己所面对产品的需求状况是做出正确决策的前提。市场对某家厂商的产品需求状况，可以用该厂商面临的需求曲线来表示。厂商面临的需求曲线的形状与市场结构状况密切相关。在完全竞争市场上，厂商是市场价格的接受者，每家厂商都可以按照一个既定的价格售出其愿意提供的商品数量。在完全竞争市场条件下，厂商所面临的需求曲线是一条由既定的市场价格出发的水平直线，如图 6-1 所示。这意味着在给定的价格下，厂商可以销售无穷多的数量的商品，然而只要稍微一提价，厂商就一件商品也卖不出去。厂商可以选择降价，这意味着所有的买者都来买其商品，但是不降价时厂商已经可以卖出其所想卖的任意数量了，降价只是徒然地使利润受损，没有一个理性的厂商愿意这样做。图 6-1（a）表示的是某一个完全竞争市场的供求曲线。在这个市场当中，市场供给和市场需求在 E 点处达到均衡，此时市场价格为 P_0。图 6-1（b）表示的是在这个完全竞争市场中某一个厂商所面临的需求曲线，当市场价格为 P_0 时，该厂商面临的需求曲线就是出发于市场价格 P_0 的一条水平直线 d。这里要注意的是，图 6-1（a）和图 6-1（b）中虽然坐标变量相同，但是横坐标的度量单位是不一样的。因为完全竞争市场中任何一个厂商所生产的产量相对于整个市场的产量来说是微不足道的，因此两个坐标系中的度量单位也不应该相同。为说明简单，我们分别为图 6-1（a）和图 6-1（b）赋予千克和吨两种不同的度量标准。那么，为什么完全竞争市场中厂商面临的需求曲线是一条出发于既定市场价格的水平直线呢？实际上正如我们在完全竞争市场特征中说明的一样，完全竞争市场中由于单个厂商的规模相对于整体市场规模而言很小，因此任何一个厂商只是既定的价格接受者。这种情况下，无论市场价格是多少，单个厂商都必须接受而不能改变。如果厂商试图提高自己产品的售价，哪怕只提高一分钱，那么也没有买方愿意购买它的产品，因为买方可以很容易地从其他厂商那里买到同质而低价的产品。另一方面，厂商也不会将产品价格设在市场价格之下，因为相对于整体市场规模而言，单个厂商的规模是如此之小，这足以保证厂商能够在既定的市场价格下销售它想要达到的任意数量，制定低于市场价格的销售价格只会减少企业的收益。因此，在完全竞争市场中，厂商的需求曲线是一条水平的直线，这条需求曲线是完全弹性的。

当然，完全竞争市场中厂商所面临的需求曲线也不是一成不变的。我们知道，完全竞争厂商面临的需求曲线是出发于市场均衡价格的一条直线。那么，市场均衡价格的变动自然会使得完全竞争厂商的需求曲线发生变动。从宏观上说，当消费者的购买能力随着收入水平的普遍提高而不断增强，当技术进步导致所有生产厂商的供给能力不断增加，以及当各种国家政策对生产和消费分别产生影响，此时市场的供给曲线和需求曲线都会发生变动，而供求变化的结果是市场均衡价格的变动，完全竞争厂商的需求曲线也因此而发生变化，产生平行移动的效果，如图 6-2 所示。图 6-2（a）中，市场需求曲线 D_1 和市场供给曲线 S_1 确定了市场的初始均衡价格 P_0，而此时完全竞争厂商的需求曲线则是出发于这个市场价格 P_0 的一条水平直线 d_1。当市场的需求和供给分别受到影响，相应的需求曲线从 D_1 移动至 D_2，供给曲线从 S_1 移动至 S_2 时，新的均衡价格则从 P_0 提高到 P_1，此时完全竞争厂商的需求曲线则是出发于 P_1 的一条水平直线 d_2。

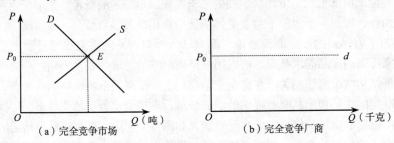

图 6-1　完全竞争厂商的需求曲线

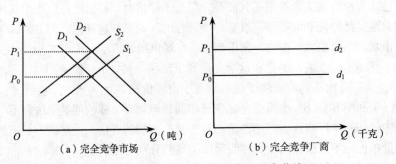

图 6-2　均衡价格变动与厂商的需求曲线

完全竞争厂商的需求曲线表明，在完全竞争市场条件下，生产厂商总是能够在既定的市场价格下售出其所有愿意出售的产品，那么现在唯一需要厂商做的决策就是决定自己到底应该销售多少，或者更严格地说是完全竞争厂商应该生产多少数量的产品。而要做出这个决策，完全竞争厂商还必须知道自己所面临的收益曲线，并对其特征加以综合分析。

完全竞争行业所面临的需求曲线一般是向右下方倾斜的，但是在某些特殊情况下，行业的需求曲线有可能是十分陡峭的。例如，农产品作为一种生活必需品，它的需求弹性很小。也就是说，即使被标以高价，人们对农产品的需求仍然不会减少太多，所以农产品行业面临的需求曲线还是比较陡峭的。

6.2.2　完全竞争厂商的收益曲线

完全竞争厂商要做出正确的生产决策，它必须考虑厂商的收益曲线。实际上，任何市场结构下的厂商都有着自己不同的收益曲线，收益曲线则取决于厂商所面临的需求曲线。为更好地学习完全竞争厂商的收益曲线，以及为学习其他市场结构下厂商所面临的收益曲线做好铺垫，我们有必要先介绍收益的一些基本概念，然后再具体分析完全竞争市场结构下厂商收益曲线的特征和性质。

1．厂商收益的概念

1）总收益。总收益是指厂商按照一定价格出售一定量的产品时所获得的全部收入。一般情况下，我们用 P 表示给定的市场价格，用 Q 表示销售总量。如果市场价格是既定不变的，那么总收益就等于单位产品的售价与销售数量的乘积，定义公式为：

$$TR = P \times Q$$

如果市场价格 P 是随着销售量 Q 变化的，那么此时总收益的定义公式为：

$$TR = \int_0^Q PQ \mathrm{d}Q$$

2）平均收益。平均收益是指厂商从平均每一单位的产品销售中所得到的收入。平均收益的定义公式为：

$$AR(Q) = \frac{TR(Q)}{Q}$$

3）边际收益。边际收益是指市场上增加一单位的产品销售所获得的收入增额。边际收益等于总收益变化量与产量变化量的比率，定义公式为：

$$MR(Q) = \frac{\Delta TR(Q)}{\Delta Q}$$

如果产量的变化趋近于 0，则边际收益可以看做总收益的一阶导数，即总收益曲线的斜率。其公式表述为：

$$MR(Q) = \lim_{\Delta Q \to 0} \frac{\Delta TR(Q)}{\Delta Q} = \frac{\mathrm{d}TR(Q)}{\mathrm{d}Q}$$

从三种收益的定义及公式中我们可以看出，厂商的平均收益和边际收益取决于总收益，总收益则取决于市场价格与厂商产量，而反映市场价格与厂商产量之间关系的则正是厂商的需求曲线。因此，我们说厂商的收益曲线是取决于厂商需求曲线的。

完全竞争市场上，产品价格 P 对于厂商而言是事先给定的常量，所以我们可以很容易地推出完全竞争市场上厂商的边际收益 MR 等于平均收益 AR，而且等于价格 P。

2. 完全竞争厂商的收益曲线

（1）完全竞争厂商的总收益曲线

完全竞争市场中，因为产品同质，单个厂商是市场价格的接受者，它只能在既定的市场价格下改变产品的供给量。无论决定生产多少，产品的价格都是相同的，既没有必要降价，也没有必要提价。因此，单个厂商面对的总收益曲线是一条从原点出发向右上方倾斜的直线，如图6-3所示。

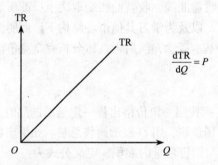

图 6-3　完全竞争厂商的总收益曲线

（2）完全竞争厂商的平均收益曲线

由于完全竞争厂商面临的需求曲线是出发于既定市场价格的一条水平直线，无论完全竞争厂商生产多少产量，市场价格都不会发生改变，因此完全竞争厂商的平均收益曲线 $\mathrm{AR}(Q) = \dfrac{\mathrm{TR}(Q)}{Q} = \dfrac{P \times Q}{Q} = P$，仍然等于市场价格。换句话说，无论完全竞争厂商生产多少产量，如果市场价格在此期间没有变化，那么完全竞争厂商的平均收益就是市场价格；其平均收益曲线也是出发于既定市场价格的一条水平直线，正好与完全竞争厂商的需求曲线相重合，如图6-4所示。图 6-4（a）表示的是完全竞争市场均衡价格的决定过程，图6-4（b）表示的则是在市场价格既定时完全竞争厂商的需求曲线和平均收益曲线。

（3）完全竞争厂商的边际收益曲线

完全竞争市场条件下，市场均衡价格是不变的，因此我们可以推导出完全竞争厂商的边际收益为 $\mathrm{MR}(Q) = \dfrac{\mathrm{dTR}(Q)}{\mathrm{d}Q} = \dfrac{\mathrm{d}(PQ)}{\mathrm{d}Q} = P$。从结论上看，完全竞争厂商的边际收益不随产量的变化而变动，始终等于市场价格。从图形上看，完全竞争厂商的需求曲线、平均收益曲线及边际收益曲线是相互重合的，都表现为同一条出发于既定市场价格的水平直线，如图 6-5 所示。完全竞争市场中，厂商的边际收益曲线是一条等于市场价格的水平线，这并不难懂。实际上，边际收益的概念告诉我们，边际收益是厂商额外增加一单位产量时所增加的收入量，因此对于作为价格接受者的完全竞争厂商来说，无论其已经售出多少单位的产品，这额外一单位产量带来的收益就是这种产品的市场价格。

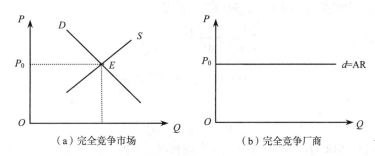

图 6-4　完全竞争厂商的平均收益曲线

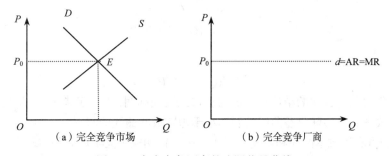

图 6-5　完全竞争厂商的边际收益曲线

6.3　厂商利润最大化的条件

短期内，厂商的生产规模无法变动，只有通过对产量的调整来实现最大利润。厂商实现最大利润所应该遵循的原则是，在其他条件不变的情况下，厂商应该选择最优的产量，使得最后一单位产品所带来的边际收益等于边际成本。或者说，厂商实现最大利润的均衡条件是边际收益等于边际成本，即 MR=MC。

综合上节分析的完全竞争厂商的需求曲线和收益曲线，同时再结合之前学习过的厂商成本曲线，现在我们就可以开始探讨完全竞争市场条件下厂商的利润问题了。完全竞争市场条件下，生产厂商总是能够在既定的市场价格下售出其所有愿意出售的产品，那么厂商现在唯一需要做的决策就是决定自己到底应该生产多少数量的产品才能使得厂商实现利润最大化的目标。因此，我们现在有一个急需解决的问题，就是厂商根据什么原则来确定它所愿意生产或出售的产品数量。

我们现在就开始讨论厂商利润最大化的条件。一般来说，经常用 $\pi(Q)$ 来表示厂商的利润，其中利润 π 是产量 Q 的函数。显而易见，我们可以推导出生产厂商的利润等式为：

$$\pi(Q) = \mathrm{TR}(Q) - \mathrm{TC}(Q)$$

现在求利润等式的极值。满足上式极值的一阶条件为：

$$\frac{\mathrm{d}\pi(Q)}{\mathrm{d}Q} = \frac{\mathrm{d}\mathrm{TR}(Q)}{\mathrm{d}Q} - \frac{\mathrm{d}\mathrm{TC}(Q)}{\mathrm{d}Q} = 0$$

$$\frac{\mathrm{d}\pi(Q)}{\mathrm{d}Q} = \mathrm{MR}(Q) - \mathrm{MC}(Q) = 0$$

即：

$$\mathrm{MR}(Q) = \mathrm{MC}(Q)$$

应该注意的是，$\mathrm{MR}(Q) = \mathrm{MC}(Q)$ 仅仅是实现利润极值的一阶必要条件，它并不能确定这个极值是最大值还是最小值，因此我们仍必须讨论利润极值的二阶条件，进而确定利润最大值的条件。

$$\frac{\mathrm{d}^2\pi(Q)}{\mathrm{d}Q^2} = \mathrm{MR}'(Q) - \mathrm{MC}'(Q) < 0$$

即：

$$\mathrm{MR}'(Q) < \mathrm{MC}'(Q)$$

因此，我们得出了这样的结论：厂商为获得最大的利润，应该选择最优的产量，使得边际收益等于边际成本，且边际收益曲线的斜率小于边际成本曲线的斜率。

下面，我们再利用成本曲线和收益曲线来进一步说明完全竞争厂商利润最大化的这个条件，即 $\mathrm{MR}(Q) = \mathrm{MC}(Q)$，如图 6-6 所示。

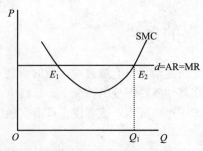

图 6-6　厂商利润最大化的条件（一）

图 6-6 中，短期边际成本曲线 SMC 与边际收益曲线 MR 分别相交于 E_1 和 E_2 两点。其中，在 E_1 点处，短期边际成本的斜率小于零，而边际收益曲线此时的斜率为零，边际收益曲线的斜率大于边际成本曲线的斜率，因此 E_1 不符合利润最大化的二阶条件。实际上，E_1 点对应的产量

是厂商利润最小化时的产量。而在 E_2 点处，边际收益与边际成本相等，且边际收益的斜率小于边际成本的斜率，这同时符合厂商利润最大化的一阶和二阶条件，因此 E_2 点对应的产量是完全竞争厂商获取最大利润时的产量，厂商在短期中应该把产量确定为 Q_1。厂商利润最大的条件是边际成本等于边际收益是很好理解的。如果厂商把产量定在小于边际成本等于边际收益所确定的 Q_1 时，边际收益是大于边际成本的，即 MR > SMC，如果此时额外增加一单位产量的生产，那么这一单位产量带来的额外收益将大于生产这一单位产量时所花费的成本。也就是说，厂商此时增加产量是可以增加厂商总收益的，厂商会增加生产。随着产量的增加，厂商的边际收益 MR 仍保持不变，而厂商的短期边际成本 SMC 是不断增加的，这种状况一直持续到 SMC=MR 为止。这一过程中，厂商获得了扩大产量所带来的收益，最终获得了最大利润。相反，如果厂商把产量确定为大于 Q_1 时，厂商的边际收益小于边际成本，MR < SMC。这表明，此时如果厂商额外增加一单位产量的生产，这一单位产品所获得的额外收益要小于为生产这一单位产品而付出的额外成本，企业生产这一单位产品是损失利润的。因此，厂商在这一阶段不仅不会继续增加产量，反而会减少产量，从而减少利润损失。在产量的减少过程中，厂商的边际收益仍然保持不变，而厂商的边际成本 SMC 是不断下降的，最后 MR < SMC 的状况会逐渐改变，直到 MR = SMC 时厂商获得了最大的利润。值得注意的是，一般情况下，我们将厂商利润最大化条件简单地说成是边际收益等于边际成本，而省去二阶条件，但是在具体的研究过程中，我们必须要充分考虑 $MR'(Q) < MC'(Q)$ 这个利润最大化的二阶条件，否则会在极大值和极小值之间产生错误判断。

我们同样还可以利用总收益曲线及总成本曲线来推导出上面所述的结论，如图 6-7 所示。

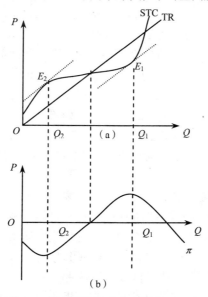

图 6-7　厂商利润最大化的条件（二）

图 6-7（a）显示的是短期总成本曲线 STC 和总收益曲线 TR，图 6-7（b）则表示的是根据总收益曲线和总成本曲线之间的差额所画出的利润曲线 π。从图 6-7 中我们可以看出，厂商如果希望获得最大的利润，那么它必须把产量定在总收益曲线 TR 与短期总成本曲线 STC 距离最大时所确定的产量，并且这个距离必须是正的距离。从几何关系上讲，要想保证某点产量是总收益曲线 TR 与短期总成本曲线 STC 距离最大时的产量，则必须保证在此产量时，总收益曲线 TR 的斜率与短期总成本曲线 STC 的斜率相同。由于总收益曲线 TR 为线性的，它的斜率是固定的，因此只要在总成本曲线 STC 上找到与总收益曲线 TR 斜率相同的点即可。图 6-7（a）中，我们可以分别找到 E_1 和 E_2 两点，在这两点上分别满足总成本曲线 STC 斜率与总收益曲线 TR 斜率相同。通过与图 6-7（b）对比，我们可以知道 E_1 点所确定的产量 Q_1 对应着厂商利润最大，而 E_2 点所确定的产量 Q_2 对应着厂商利润最小。实际上，从上节关于边际成本与总成本，以及边际收益与总收益相互之间关系的论述中可知，总成本曲线 STC 的斜率就是我们上面所说到的短期边际成本 SMC，而总收益曲线 TR 的斜率就是厂商的边际收益 MR。因此，从总成本曲线和总收益曲线所得到的关于利润最大化的条件，本质上也是边际成本等于边际产量，即 MR=SMC。

至此，我们论证了完全竞争厂商短期利润最大化的条件，即短期边际成本等于边际收益。虽然我们运用的是厂商的短期边际成本来推导利润最大化的条件，但是我们的证明原理与过程也同样适用于长期时厂商利润最大化条件的证明，证明过程及其结论是一样的，即长期中完全竞争厂商利润最大化的条件是长期边际成本等于边际收益 LMC=MR。因此我们可以说，完全竞争厂商（短期及长期）利润最大化条件是边际成本等于边际收益，即 MC=MR。

实际上，MC=MR 经常被经济学家认为是厂商利润最大化条件的同时，它也被认为是亏损最小的条件。图 6-8（a）中显示了一个比较特殊的情况，即短期总成本曲线在任意产量水平时都要高于总收益曲线，也就是说无论在哪个产量上，企业的利润都是负数。短期中，这种情况是很可能发生的，由于短期内厂商的规模不能改变，厂房、设备等固定成本是影响企业经营的重要因素，因此厂商的短期总成本曲线很可能在每一个产量上都高于收益曲线。如果这种情况发生，对于企业来说最好的办法是尽可能减少损失。如图 6-8 所示，我们不难找到企业损失最小的产量水平 Q_1，而这个 Q_1 仍是根据总收益曲线与总成本曲线斜率相等，即 MC=MR 来确定的。因此我们可以说，边际成本等于边际收益，即 MC=MR 是厂商利润最大化或者亏损最小化的条件。

由此分析，不论是增产还是减产，厂商都是在寻找一个最优产量点。只有实现了最优产量，厂商才能从产量调整的过程中尽可能地增加利，又尽可能地避免损失，这个最优产量只能是 MR=MC 的产量，所以 MR=MC 成为厂商实现最大化利润的均衡条件。此外，需要指出的是，对于完全竞争厂商来说，任何产量上都有 MR=P，所以完全竞争厂商实现利润最大化的条件也可以写成 P=MC。这里需要提醒，最大利润并不一定是正利润。在经济学家的分析中，正利润其实是超额利润，对于很多完全竞争市场中的厂商，即长期中获得正利润几乎是不可能的。我们应该这样理解厂商获得最大利润的含义，在 MR=MC 的均衡点，厂商既可能盈利，也可能亏损。但是，如果厂商处于盈利状态，那么 MR=MC 的产量能让厂商获得最大的利润；如果厂商处于亏损状态，那么 MR=MC 的产量能让厂商将损失控制在最小限度上。总之，当厂商实现 MR=MC 的均衡条件时，不管是盈利还是亏损，厂商都得到了由既定的收益曲线和成本曲线所能产生的最好的结果。这正是我们说 MR=MC 是利润最大化或亏损最小化的均衡条件的原因。

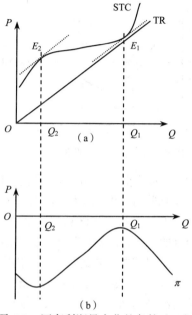

图 6-8 厂商利润最大化的条件（三）

6.4 完全竞争厂商的短期均衡

前面我们已经介绍过，短期是指厂商只能调整变动成本而不能调整固定成本的时期。短期内，厂商只能通过调整产量来实现 MR=MC 的利润最大化的条件。尽管完全竞争厂商对产品价格无可奈何，但是能对产品的数量做出最有利的决策。厂商遵循利润最大化原则来确定其应该生产的产量。我们同样也介绍过，厂商实现了短期中的利润最大化并不意味着厂商一定能获取正利润，完全竞争市场上的厂商短期均衡中，厂商极可能赢利，也可能亏损。因此，厂商在短期内的均衡可能出现以下几种情况。

6.4.1 获得超额利润的短期均衡

完全竞争市场条件下，厂商只是给定的市场价格的被动接受者，因此完全竞争厂商的边际收益、平均收益和需求曲线都是出发于市场价格的一条水平直线，即 MR=AR=P。同时，短期中由于生产中的不变要素投入量是固定的，生产规模是不变的，因此厂商的各种成本曲线也是既定的。所以在短期中，完全竞争厂商只能通过边际成本等于边际收益（MC=MR）来确定对于自己最有利的均衡产量。如果厂商根据边际成本等于边际收益（MC=MR）确定了均衡产量，并且平均成本低于市场价格（平均收益），那么完全竞争厂商此时的短期均衡则存在着经济利润，如图 6-9 所示。

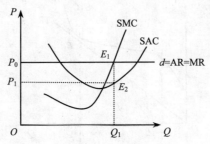

图 6-9　完全竞争厂商的超额利润

图 6-9 中，完全竞争厂商的边际成本曲线 SMC 与厂商的边际收益曲线 MR 相交于 E_1 点。当均衡产量是 Q_1 时，市场价格（平均收益 AR）P_0 大于厂商为生产均衡产量 Q_1 而对每一单位产品所支付的平均成本 SAC，即 P_1，厂商获得了经济利润。此时，每单位产品的经济利润为市场价格与平均成本的差额，即 P_0 到 P_1 的距离，厂商从总产量 Q_1 中得到的经济利润就是 $(P_0 - P_1)Q_1$，在图中体现为矩形面积 $P_0 P_1 E_2 E_1$。这里需要注意的是，短期内完全竞争厂商是可以获得经济利润的，但是这种经济利润存在的时期很短，很快会由于诸如新厂商加入引起的激烈竞争而消失，因此长期内完全竞争厂商不会获得经济利润。

6.4.2　收支平衡的短期均衡

完全竞争厂商获得经济利润是因为边际收益曲线 MR（市场价格）与厂商的短期边际成本曲线 SMC 相交于厂商短期平均成本曲线 SAC 的上方。我们知道，完全竞争厂商无法控制市场价格（边际收益 MR），厂商只能根据边际成本等于边际收益（MC=MR）确定均衡产量。如果市场价格下降，厂商的均衡产量正好对应着短期平均成本 SAC 的最低点，那么完全竞争厂商就不会再有经济利润，如图 6-10 所示。

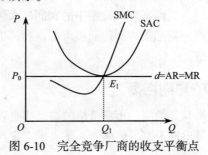

图 6-10　完全竞争厂商的收支平衡点

图 6-10 中，市场价格 P_0 确定的边际收益曲线 MR 与厂商的短期边际成本曲线 SMC 相交于 E_1 点，均衡产量确定为 Q_1。由于 E_1 点也正是厂商短期平均成本的最低点，因此在均衡产量 Q_1 时，厂商的平均收益 AR（市场价格）正好与平均成本 SAC 相等，企业没有经济利润。注意，尽管此时厂商没有获得经济利润，但是厂商仍实现了正常利润，所以该均衡点也被称为厂商的收支相抵点。

6.4.3　短期亏损最小的均衡

如果市场价格（边际收益曲线 MR）继续下降，低于厂商的短期平均成本曲线 SAC，尽管厂商仍会坚持以边际成本等于边际收益（MC=MR）为原则来确定自己的均衡产量，但此时厂商已经无赢利，甚至面临着亏损，如图 6-11 所示。

图 6-11 中，边际收益曲线 MR（市场价格）与厂商的边际成本曲线 SMC 相交于 E_1 点，均衡产量为 Q_1。此时，均衡产量所对应的短期平均成本 SAC 要高于厂商的平均收益 AR（市场价格），因此厂商的亏损在所难免。厂商每一单位产量的平均成本为 P_1，每一单位产量的价格是 P_0，这样每出售一单位产品厂商亏损为 $P_1 - P_0$，生产均衡产量 Q_1 时亏损的总量为 $Q_1(P_1 - P_0)$，在图中体现为矩形 $P_1 P_0 E_1 E_2$ 的面积。尽管此时厂商生产的结果是亏损，但是厂商仍会继续生产，原因在于此时的市场价格虽然低于平均成本，但是仍高于平均可变成本 AVC。这表明，在此市场价格下，厂商进行生产不仅可以收回全部可变成本，而且剩余部分还可以弥补部分固定成本。由于固定成本不会因为厂商的停产而消失，此时厂商继续生产只是损失部分固定成本，而如果停产则将损失全部固定成本。

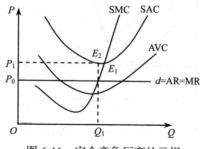

图 6-11　完全竞争厂商的亏损

📖　实　例

1991 年 12 年 4 日，世界著名的泛美国际航空公司倒闭。这家公司自 1927 年投入运营以来，创造了辉煌了历史，其公司的白底蓝字标志是世界上最广为人知的企业标志之一。然而，对于熟悉内情的人来说，这家公司的倒闭是意料之中的事情。奇怪的是，是什么支撑了这个航空业巨子这么多年？因为在整个 20 世纪 80 年代，除了一年以外，这个公司年年都在亏损，亏损总额将近 20 亿美元。1991 年 1 月，该公司正式宣布破产，然而这个日子距离公司关闭的日子又将近一年。究竟是什么力量支持垂死的巨人又多活了一段时间，而且在 1980 年出现首次亏损之后为什么不马上停止业务？又是什么原因使得这家公司得以连续亏损经营 12 年之久？这些是我们所关心的问题。

从前面的分析中我们知道，只要企业能够提出一个高于平均可变成本的价格并被顾客所接受，那么尽管该价格低于平均总成本而使得企业亏损，企业的经营在弥补所有可变成本之余尚可弥补部分不变成本，企业的经营就还是有意义的，企业也会继续维持经营。然而，企业在亏损的状态下维持经营是要付出代价的，它必须通过出售其原有资产来弥补生产中的亏空。泛美国际航空公司在其辉煌时代积累下了巨大的财富，足够它出售很长时间。自 20 世纪 80 年开始之后，泛美国际航空公司先后已经多次变卖家产。1991 年年底，泛美国际航空公司已经准备将自己缩减成以迈阿密为基地的小型航空公司，主要经营拉美地区的航线，而将其余的全部航线出售。换句话说，尽管泛美国际航空公司整个 80 年代仍在坚持运行，但是同时已经开始逐步突出国际航空市场。其实，现实世界中，企业通常会通过逐步缩减规模来退出某一行业。

6.4.4　短期停止营业点

如果市场价格（厂商的边际收益曲线 MR）继续下降，达到了平均可变成本曲线 AVC 的最低点，我们就可以得到完全竞争厂商停止生产的条件，如图 6-12 所示。

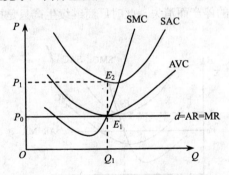

图 6-12　完全竞争厂商的停止营业点

图 6-12 中，边际收益曲线 MR（市场价格）与厂商的短期边际成本曲线 SMC 相交于 E_1 点，均衡产量为 Q_1。此时，边际收益曲线 MR 正好与平均可变成本曲线 AVC 相切于其最低点。在均衡产量 Q_1 上，厂商是亏损的，其亏损为图中矩形 $P_1P_0E_1E_2$ 的面积。此时，厂商的平均收益 AR（市场价格）等于平均可变成本 AVC，厂商可以继续生产，也可以不生产。如果厂商继续生产，那么全部收益只能弥补全部的可变成本，不变成本得不到任何的弥补；而如果厂商不生产，那么厂商损失的也同样只是全部不变成本。因此，这种情况下，厂商生产与不生产的决策是没有区别的。平均可变成本 AVC 的最低点也被叫做厂商的停止生产点。如果市场价格继续下降，低于平均可变成本 AVC 的最低点，那么厂商将停止生产。因为如果继续生产的话，厂商不

仅损失了全部的不变成本，而且连可变成本也难以弥补，厂商生产带来的损失要比停止生产所面对的损失大得多。

值得注意的是，尽管平均可变成本 AVC 的最低点是停止生产点，理论上讲，厂商此时生产与不生产都是一样的，但是从现实经济上看，即便市场价格已经达到了停止生产点，多数厂商一般也不会选择停止生产，而是继续生产。这是因为一方面如果厂商选择了停止生产，那么企业已经占有的市场份额就会丧失，而等生产再次继续时，要恢复以往的市场份额往往难度很大；另一方面，短期市场价格并不能代表着长期的市场价格走向，因此为了保持企业的市场份额及良好的经营信用，厂商往往会继续生产，甚至在市场价格略低于停止生产点时也会选择短期内的谨慎生产。

这里应该区分厂商暂时停止生产和厂商长期退出市场两个概念。停止生产是指在某个特殊时期，由于当时的市场条件而不生产任何产品的短期决策。退出市场是指离开市场的长期决策。长期决策和短期决策不同，是因为大多数厂商在短期内固定成本不可避免，而在长期内可以避开。也就是说，暂时停业生产的厂商仍然必须支付固定成本；而退出的厂商则既可以节省固定成本，又可以节省变动成本。经济学中，将固定成本这一类短期内已经发生而且无法收回的成本称为沉没成本。某种意义上说，沉没成本是机会成本的反面，机会成本是如果选择做一件事情而不做其他事情时必须放弃的东西，而沉没成本不可避免。因此，当人们做出包括经营战略在内的各种社会生产决策时可以不考虑沉没成本。我们对厂商停止营业决策的分析，是沉没成本无关性的一个例子。假设厂商不能通过暂时停产来收回它的固定成本，那么在短期内，厂商的固定成本是沉没成本，而且厂商在决定生产多少时可以不考虑这类成本。

📖 实 例

我们经常会看到一些保龄球球场门庭冷落，但仍然在营业。这时打保龄球的价格相当低，甚至低于成本，他们为什么这样做？对企业短期成本的分析有助于解释这一现象，同时也可以说明短期成本分析对企业短期经营决策的意义。

短期内，保龄球场经营的成本包括固定成本和变动成本。保龄球场的场地、设备、管理人员是短期内无法改变的固定投入，用于场地租金、设备折旧和管理人员工资的支出是固定成本。固定成本已经支出，无法收回，也称为沉没成本。保龄球场营业所支出的各种费用是变动成本，如水电费、电话费、服务员的工资等。如果不营业，这些成本就不存在，营业量增加，这种成本就增加。由于固定成本已经投入，无法收回，所以保龄球场在决定短期是否营业时，考虑的是变动成本。

假设每场保龄球的平均成本是 20 元，其中固定成本是 15 元，变动成本是 5 元。当保龄球价格为 20 元以上时，收益大于平均成本，经营当然有利。当价格等于 20 元时，收益低于成本。乍一看，保龄球场应该停止营业。但是，当我们知道短期成本中有不可回收的固定成本和变动成本时，决策就不同了。

现在假设每场保龄球价格为 10 元，那么是否应该经营呢？变动成本为 5 元，当价格为 10

元，在弥补变动成本 5 元之后，仍可剩下 5 元，这 5 元可用于弥补固定成本。固定成本 15 元是无论经营与否都要支出的，能弥补 5 元，当然比一点也弥补不了了好。因此，仍然应该坚持营业。这考虑的不是利润最大化而是亏损最小化。

当价格下降到 5 元时，经营收益正好弥补变动成本，如果不经营的话，这笔成本就不用支出，保龄球场经营与否就是一样的了，都亏损了全部的固定成本，所以价格等于变动成本之点是停止营业点，意思就是在这一点时，经营与否是一样的。在这一点之上，只要价格高于变动成本就要经营；而在这一点之下，价格低于平均变动成本，无论如何都不能经营。

门庭冷落的保龄球场仍在营业，说明这时价格仍高于平均变动成本。这就是这种保龄球场不停业的原因。

有许多行业固定成本高，而变动成本低，如旅游、饭店、游乐场所等。所以现实中，这些行业的价格可以降得非常低。但这种价格实际上仍然高于平均变动成本，因此经营仍然比不经营有利——至少可以弥补部分固定成本，实现损失最小化。

资料来源：王晓芳. 经济学原理. 北京：北京邮电大学出版社，2006.

由于完全竞争厂商的短期均衡条件为 MR=SMC，而且 AR=MR=P，所以该均衡条件也可以写成 MR=AR=P =SMC。

6.5　完全竞争厂商的短期供给曲线与短期行业供给曲线

在效用论的学习中，我们知道了需求曲线上每一个价格水平的需求量都是能够给消费者带来最大效用的需求量。之后，从生产论开始，经过成本论及本章市场论的学习，我们将从厂商利润最大化的角度来讨论厂商的供给曲线。本节首先讨论的是完全竞争厂商的短期供给曲线与短期行业供给曲线。

6.5.1　完全竞争厂商的短期供给曲线

厂商的供给曲线是指在不同的市场价格水平上，厂商愿意生产和销售的产品变动曲线。前面已经描述了完全竞争厂商的利润最大化原则，随着市场价格的变动，厂商为了使利润最大或亏损最小，必将遵循 MR=MC 的均衡条件，使产品在均衡点对应的产量上边际成本恰好等于市场价格。也就是说，均衡点 E 总在边际成本曲线上变动。如果厂商生产，则它的产量在边际成本等于产品价格决定的水平上，但如果产量在价格小于平均变动成本的水平上，那么厂商将停止生产。

完全竞争厂商短期供给曲线就是短期中在完全竞争市场条件下，在每一个价格水平上完全竞争厂商愿意而且能够提供的产品数量。现在，我们就从定义出发来寻找完全竞争厂商的短期供给曲线，分析过程如图 6-13 所示。

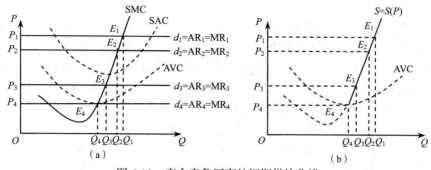

图 6-13　完全竞争厂商的短期供给曲线

短期就是指完全竞争厂商的规模不能变化，因此完全竞争厂商的成本曲线是既定不变的。同时，完全竞争市场条件下，价格是由市场供求决定的，厂商只是被动的价格接受者，只能根据市场价格来做出是否生产及生产多少的决策。图 6-13（a）中，当市场价格（完全竞争厂商的边际收益 MR）为 P_1 时，根据厂商利润最大化的条件边际成本等于边际收益（MC=MR），厂商确定了由均衡点 E_1 决定的均衡产量 Q_1。也就是说，当市场价格是 P_1 时，厂商愿意而且能够提供的产量是 Q_1，因此 E_1 是完全竞争厂商短期供给曲线上的第一个点。为了能够单独突出完全竞争厂商的短期供给曲线，我们在图 6-13（a）的右侧建立了一个完全相同的坐标系，把均衡点 E_1 移动到了图 6-13（b）中相同的位置上，并标明价格 P_1 和均衡产量 Q_1。同样，当市场价格（完全竞争厂商的边际收益 MR）分别为 P_2 和 P_3 时，厂商根据利润最大化的条件边际成本等于边际收益（MC=MR），可以分别确定均衡点 E_2 和 E_3，相应的均衡产量是 Q_2 和 Q_3。也就是说，当市场价格是 P_2 时，厂商愿意而且能够提供的产量是 Q_2；当市场价格是 P_3 时，厂商愿意而且能够提供的产量是 Q_3。E_2 和 E_3 是完全竞争厂商短期供给曲线上另外两个点。我们继续把 E_2 和 E_3 移动到图 6-13（b）中相同的位置上，并标明价格 P_2 和均衡产量 Q_2，以及价格 P_3 和均衡产量 Q_3。以同样的方式，我们可以找到其他所有针对不同市场价格下，完全竞争厂商愿意而且能够提供的产品数量。将所有的这些价格和数量组合点连在一起，我们就得到了完全竞争厂商短期供给曲线，如图 6-13（b）中的 $S(P)$。

对比图 6-13（a）和图 6-13（b），我们可以发现，图 6-13（b）中完全竞争厂商短期供给曲线 $S(P)$ 与图 6-13（a）中完全竞争厂商的短期边际成本曲线 SMC 是同一条曲线。这是因为在完全竞争市场条件下，市场价格就是厂商的边际收益，即 $P=MR$。利润最大化条件 SMC=MR 可以写作 $P=SMC(Q)$。因此，在每一个价格水平下，完全竞争厂商是根据 $P=SMC(Q)$ 选择均衡产量从而确定完全竞争厂商的短期供给关系的，这就导致厂商的短期边际成本曲线 SMC 可以正好准确地表明这种价格和厂商的短期供给之间的关系。值得注意的是，我们在学习完全竞争厂商短期均衡时曾研究过，当市场价格低于完全竞争厂商的短期平均可变成本 AVC 时，厂商是要停止生产的。所以厂商的短期供给曲线并不是完整的短期边际成本曲线 SMC，而是 SMC 曲线上大于或等于短期平均可变成本曲线 AVC 最低点的部分，即在图 6-13（b）中所显示的 $S(P)$

的实线部分。

在完全市场竞争条件下，短期均衡条件为边际收益等于短期边际成本，即 MR=SMC，而且价格等于边际收益，即 P=MR，所以价格等于短期边际成本，即 P=SMC。该式表明，在每一个给定价格水平 P 和由最优产量决定的短期边际成本曲线 SMC 相等时，厂商能实现最大利润或最小亏损。这就意味着价格 P 和最优产量 Q 之间存在一一对应关系。而短期边际成本曲线 SMC 上的每一点，恰好准确地反映了价格和厂商短期供给量之间的关系。

所以，完全竞争厂商的短期供给曲线是短期边际成本曲线 SMC 上大于或等于平均可变成本曲线 AVC 最低点以上的部分，即短期边际成本曲线 SMC 上大于或等于停止营业点以上的部分。

完全竞争厂商的短期供给曲线表明，厂商在每一个价格水平的供给量是能够带来最大利润或最小亏损的最优产量；同时，向右上方倾斜的供给曲线表明产品价格和供给量之间呈同方向变化。

6.5.2　完全竞争行业的短期供给曲线

短期内，市场上厂商的数量是固定的。在任何一个既定的价格下，每个厂商都提供使边际成本等于价格的产量。只要价格高于平均变动成本，每个厂商的边际成本曲线就是其供给曲线。市场供给量等于个别厂商单个供给量之和，因此完全竞争行业的短期供给曲线是所有厂商的短期供给曲线的叠加，即由所有厂商的停止营业点以上部分的 MC 线段在水平方向上相加而成，表示对应于各种价格水平的、行业内所有厂商提供的产量之和。借助图 6-14，我们看看如何通过完全竞争厂商的短期供给曲线来推导完全竞争行业的短期供给曲线。

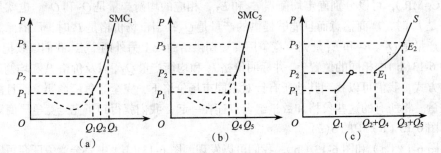

图 6-14　完全竞争行业的短期供给曲线

在图 6-14 中，假设市场中只有两家完全竞争厂商，分别用图 6-14（a）和图 6-14（b）表示它们各自的短期供给曲线。图 6-14（c）则是两家完全竞争厂商所构成的完全竞争行业。当价格是 P_1 时，只有厂商 a 愿意提供数量为 Q_1 的产品，厂商 b 则因市场价格低于它的停止生产点而不提供任何产品，此时图 6-14（c）中整个行业的供给也是 Q_1。只要市场价格低于 P_2，该市场的短期行业供给曲线与厂商 a 的短期供给曲线就是相同的。当市场价格为 P_2 时，除了厂商 a 提供数量为 Q_2 的产品外，厂商 b 也因为市场价格达到了其停止生产点而开始提供数量为 Q_4 的产品，此时整个行业的供给量是两个厂商的供给量之和，体现在图 6-14（c）中就是 E_1 点，行业的供

给数量是 $Q_2 + Q_4$。当市场价格继续上升为 P_3 时，厂商 a 和厂商 b 分别提供数量为 Q_3 和 Q_5 的产品，此时整个行业在市场价格 P_3 时的供给量是 $Q_3 + Q_5$。以此类推，我们可以得到所有市场价格对应着的整个行业的供给量，将所有这些反映价格和数量对应关系的点连在一起，就得到了整个行业的供给曲线。

虽然，我们只是假设有两家完全竞争厂商，但是无论市场中存在多少厂商，我们都可以用同样的方法推导出行业的供给曲线。特殊情况下，如果行业内所有的厂商都是一样的，那么由单个厂商的短期供给曲线推导行业的短期供给曲线就有一个较为特殊的形式。假设市场中有 n 家厂商并且每家厂商的供给曲线都是 $P = c + dQ_i$。为了方便，我们换算成供给函数的形式 $Q_i = -\dfrac{c}{d} + \dfrac{1}{d}P$，所以行业内 n 家厂商的总供给就是 $Q = nQ_i = n(-\dfrac{c}{d} + \dfrac{1}{d}P)$。经过处理，我们可以得到行业内的供给曲线为 $P = c + \dfrac{d}{n}Q$。

当一个行业中所产生的供给量之和等于市场的需求量时，这一行业就达到了短期均衡。如前所述，行业的需求曲线就是市场需求曲线，它是一条向右下方倾斜的曲线。

6.5.3　生产者剩余

我们可以利用已经推导出来的完全竞争厂商的短期供给曲线来进一步介绍生产者剩余。生产者剩余是一个与消费者剩余相对应的概念。经济学家将消费者剩余定义为消费者在购买一定量的某种商品时，实际支付的总价格与愿意支付的最高总价格之间的差额。相应地，生产者剩余是指厂商在提供一定数量的某种产品时实际接受的总支付和它愿意接受的最小总支付之间的差额。它衡量的是厂商在提供利润最大化产量时的经济状况。一家代表性厂商在短期内如果不生产，它损失的就等于固定成本，如果市场价格超过了厂商平均可变成本 AVC 的最小值，厂商就可以根据边际成本等于边际收益（MC=CR）这个原则进行生产，从而使得自己的经济状况得到最大的改善。那么，这种改善的程度是多少呢？换句话说，就是此时的厂商在生产过程中得到了多少生产者剩余呢？下面，我们借助图 6-15 来详细介绍完全竞争厂商生产者剩余的计算过程。

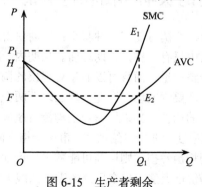

图 6-15　生产者剩余

在生产中，如果厂商不进行生产，厂商将会损失全部的不变成本，因此只要产品的市场价格高于厂商为生产额外一单位产品而付出的边际成本，那么厂商增加这一单位产品的生产就可以使得自己的经济状况得到改善。市场价格与边际成本之间的差额，就是厂商生产这一单位产品时获得的生产者剩余。当厂商根据利润最大（或者亏损最小）原则确定了自己的最优产量时，这些产品各自获得的市场价格与边际成本之差的总额，就构成了生产者剩余的全部。图 6-15 就说明了这一点。图 6-15 中，市场价格 P_1 高于厂商的平均可变成本的最低点，根据 SMC=MR 原则，厂商将 Q_1 确定为均衡产量。此时，短期边际成本曲线 SMC 之上、市场价格线之下的部分就是厂商获得的全部生产者剩余。其中，价格线以下的矩形面积 $P_1OQ_1E_1$ 表示的是厂商实际接受的总支付，短期边际成本曲线 SMC 以下的 HOQ_1E_1 的面积是厂商愿意接受的最小总支付，这两部分之间的差异就是我们所说的生产者剩余。如果设短期边际成本 SMC 的函数为 $P = f(Q)$，则图 6-15 中的生产者剩余为：

$$PS = P_1Q_1 - \int_0^{Q_1} f(Q)\mathrm{d}Q$$

同时，在成本论的分析过程中我们还知道，短期内厂商的不变成本是无法变化的，边际成本的来源只能是可变成本。因此，短期内厂商在生产一定产量的产品时，边际成本的总额必然要等于可变成本的总额。知道了这一点，我们就可以从可变成本的角度来确定厂商的生产者剩余。图 6-15 中，当均衡产量为 Q_1 时，平均可变成本 AVC 在 E_2 点，即平均每一单位产品所消耗的可变成本是 OF，可变成本总额为矩形 FOQ_1E_2 所围成的面积。所以，厂商的生产者剩余是厂商实际得到的总支付矩形面积 $P_1OQ_1E_1$ 与厂商愿意接受的最小总支付矩形 FOQ_1E_2 面积的差额，即矩形 $P_1FE_2E_1$ 所表示的面积。从这个角度看，我们可以清晰地分辨出生产者剩余和厂商的经济利润之间的不同。经济利润 π 是总收益和总成本之差，而总成本减去总可变成本即为固定的不变成本，因此生产者剩余在短期内要大于经济利润，它们之间的差额是固定的不变成本。

生产者剩余和消费者剩余对于我们分析社会福利问题大有帮助。

6.6 完全竞争厂商的长期均衡和行业的长期供给曲线

我们已经分析了厂商的短期均衡可能有三种状态：厂商获得超额利润、厂商蒙受亏损和厂商盈亏平衡。这三种短期均衡中只有一种是长期均衡。长期内，所有要素的投入数量都是可以改变的，厂商不仅可以通过调整产量，而且可以通过对规模的调整来实现利润最大化目标，因为完全竞争厂商在长期内对生产要素的动态调整表现在以下两个方面：一是厂商进入或退出某一行业；二是厂商对生产规模的调整。如果厂商短期均衡有超额利润，则厂商可能扩大生产规模或行业中有新厂商加入，结果使行业中供给增加，市场价格下降，单个厂商的需求无限下移，超额利润减少；如果厂商短期均衡亏损，则厂商可能减少生产规模或行业中有一些厂商退出，结果使行业中供给减少，市场价格上涨，单个厂商的需求曲线上移，直至亏损消失为止。

6.6.1　完全竞争厂商长期中最优规模的调整

完全竞争厂商在长期内可以通过调整生产规模来实现自己的利润最大化目标。假设厂商在初始的短期内拥有一个固定的生产规模，在这个生产规模基础上，企业有相应的短期平均成本曲线SAC_1和短期边际成本曲线 SMC_1，如图 6-17 所示。当市场价格是 P_1 时，短期内厂商无法调整自己的生产规模，在现有的规模下依据厂商的边际成本等于边际收益这个利润最大化原则，厂商确定均衡产量 Q_1，在此产量上厂商实现了最大利润。由于均衡点 E_1 高于厂商的平均成本曲线 SAC_1，因此厂商此时获得了经济利润。显然，完全竞争厂商经获得的经济利润总额为矩形 $P_1P_2E_2E_1$ 的面积。但是，如果完全竞争厂商预期这种市场价格会长期持续时，那么完全竞争厂商可以通过调整自己的生产规模来获得更多的利润。为什么这么说呢？原因在于在长期内，厂商可以有足够的时间来调整自己的生产规模，此时厂商考虑的不再是边际收益等于短期边际成本（MR=SMC），而是开始考虑新的利润最大化条件，即边际收益等于长期边际成本（MR=LMC）。根据这个新的条件，厂商确定了新的均衡点 E_3，均衡产量为 Q_2，以及在这个均衡产量上厂商的长期平均成本 P_3。这里要说明的是，当厂商确定了长期均衡产量，并知道了与该产量相对应的长期平均成本时，厂商在此市场价格下的最优规模也就同时确定了。我们知道，长期平均成本曲线 LAC 是无数条短期平均成本曲线 SAC_i 的包络线，这个包络线（LAC）上的每一个点都代表着一个特定的生产规模。当我们确定了长期平均成本曲线 LAC 上的 E_4 点时，我们就找到了生产均衡产量 Q_2 的最优规模，并且能够确定这个最优规模的短期平均成本曲线 SAC_2。

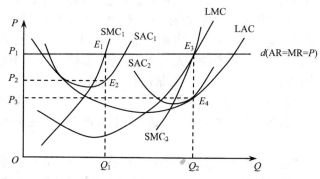

图 6-16　完全竞争厂商长期最优规模

在最优生产规模下，厂商获得了更多的经济利润。经济利润总额在图形中显示为矩形 $P_1P_3E_4E_3$ 的面积。显然，相对于 SAC_1 代表的初始生产规模而言，SAC_2 代表的新的生产规模所能获得的经济利润要多得多。

总结起来，只要存在经济利润，就会吸引新厂商进入；而只要有经济亏损，就会有厂商退出该行业。厂商长期均衡正是厂商为追逐利润、避免亏损而做出进入或退出决策的结果。

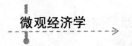

6.6.2 完全竞争厂商的长期均衡

长期内，厂商通过 MR=LMC 确定最优的生产规模可以获得经济利润。但是，如果这种状况预期会持续下去，那么渴望获得经济利润的其他潜在厂商就会大量地进入这个行业，最终完全竞争厂商的经济利润会消失，如图 6-17 所示。

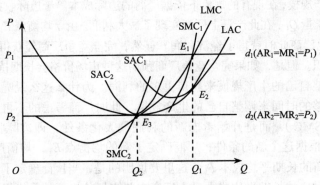

图 6-17 完全竞争厂商的长期均衡

图 6-17 中，SAC_1 代表的是厂商根据市场价格 P_1 确定的最优规模，此时生产厂商可以获得高于正常利润的经济利润。由于经济利润的存在，其他潜在厂商开始不断进入行业，进行生产，追逐经济利润，市场产品的供给开始增加，此时如果市场需求没有变化，那么产品的市场价格将会下降。在新的市场价格下，厂商必须依据新的边际收益等于长期边际成本（MR=LMC），重新确定均衡产量及最优规模，以便获得最大的利润。在最优规模的选择过程中，随着市场价格的下降，最优规模一定是沿着长期平均成本曲线 LAC 从 E_2 向下变动。值得注意的是，只要该行业仍存在着经济利润，新厂商的进入就不会停止。显然，这种调整过程会一直延续到市场价格正好降到厂商长期平均成本曲线 LAC 最低点时方能停止。此时，厂商选择 SAC_2 所代表的最优规模，均衡产量为 Q_2，这时经济利润已经消失，行业内厂商获得的是正常利润，其他潜在厂商由于失去了经济利润的吸引也就失去了进入该行业的动机，完全竞争厂商此时达到了长期均衡。

完全竞争厂商存在经济利润，竞争市场就会调整，直至厂商的经济利润全部消失为止。同样，如果完全竞争厂商初始状况是亏损的话，完全竞争市场也会发生同样的调整，只是方向相反，因为完全竞争市场中的经济损失会持续引致行业内现有厂商的退出，从而通过减少行业供给而导致市场价格上升，直至完全竞争厂商的损失减少至零，最终实现正常利润为止。总而言之，在长期平均成本曲线 LAC 最低点，完全竞争厂商实现了长期均衡。此时，完全竞争厂商只实现了正常利润而没有经济利润，市场价格也正好等于这个最低成本。完全竞争厂商的长期均衡条件可以写为：

$$P = MR = SMC = SAC = LAC = LMC$$

在完全经济市场结构中，各个厂商的长期均衡实现过程是动态性质的。其变动过程如下。

1）当行业存在超额利润时，新厂商大量进入或是现有厂商增加投入→行业规模扩大→供给增加→在需求没有变化的情况下，市场价格下降→$P=AR=MR$ 随之下降→超额利润消失。

2）当行业出现亏损时，部分厂商退出→行业规模减少→供给减少→在需求没有变化的情况下，市场价格上升→$P=AR=MR$ 随之上升→亏损消除。

3）当行业既不存在超额利润又无亏损时，整个行业供求均衡，没有厂商进入或退出行业，各个厂商的产量也不再调整，不扩大也不缩小经济规模，于是就实现了长期均衡。

6.6.3　完全竞争行业的长期供给曲线

完全竞争厂商的短期供给曲线是停止营业点以上那部分边际成本曲线，而行业的短期供给曲线为厂商供给曲线之和，因而是自左向右上方倾斜的曲线。竞争市场中的长期供给曲线可能有向上倾斜、向下倾斜及一条水平线三种形状。这三种形状是由任一完全竞争行业中产量增加时，产品的长期平均成本究竟是上升、下降还是不变决定的。这是因为在完全竞争行业中，各厂商的产品是完全同质的，价格是完全相同的，行业长期均衡时，产品价格都等于长期平均成本，既没有经济利润，也没有亏损。因此，从长期看，如果整个行业产量增加，产品平均成本上升，则产品价格上升；平均成本下降，则产品价格下降；平均成本不变，则产品价格不变。当行业产量随需求增长时，产品平均成本会由于不同的外部经济情况和生产要素价格变动的不同情况而呈现出递增、递减和不变三种情况，因而供给曲线也出现三种不同情况，即成本递增行业的长期供给曲线、成本递减行业的长期供给曲线、成本不变行业的长期供给曲线。

经济人对套利的敏感性促使大量的完全竞争厂商进入和退出一个行业，行业内的完全竞争厂商必须不断地调整其规模及均衡产量，最终在长期内达到均衡。在完全竞争厂商实现长期均衡的这一过程中，我们并没有考虑行业内由于生产厂商数量的变化所可能导致的对生产要素的影响。原因在于，即便行业内厂商的增减对生产要素有影响，从而改变了完全竞争厂商的成本曲线，但是长期均衡的实现条件并不会发生改变，完全竞争厂商仍然是在长期平均成本曲线 LAC 最低点实现长期均衡。然而，当我们开始考虑完全竞争行业供给曲线的时候，行业产量变化所引起的生产要素价格的变化就必须成为我们关注的重点，因为生产要素价格的变化会直接导致厂商成本曲线的变化。

1. 成本不变行业的长期供给曲线

成本不变行业是指当行业生产规模发生变化时，生产要素的价格保持不变，从而行业中厂商的长期成本维持不变的行业。也就是说，如果行业产量扩大对生产要素需求增加并不会引起要素价格上涨，或者要素需求增加引起了要素价格上涨，正好被产量扩大时所取得的规模经济影响所抵消，则产品的平均成本及产品价格不会随产量扩大而增加。图 6-18 描述的是一个成本不变行业的长期供给曲线。现在我们就分析一下成本不变行业的长期供给曲线。首先假设初始状态时，完全竞争市场及市场中的所有厂商都达到了稳态均衡。图 6-18（b）中，在需求曲线 D_1

和短期供给曲线 SS_1 的共同作用下，市场均衡点是 E_1，此时的市场均衡价格为 P_1，均衡供给量为 Q_3；在市场均衡价格 P_1 条件下，图 6-18（a）中的代表性厂商实现了长期均衡，均衡产量是 Q_1，市场价格正好位于厂商长期平均成本曲线 LAC 的最低点。其中，所有厂商的均衡产量之和构成整个行业的均衡产量，如果用 n 表示代表性厂商的数量，则 $Q_3 = \sum_{i=1}^{n} Q_i$。此时，行业内的厂商只获得了正常利润，潜在厂商也没有进入行业的动机。

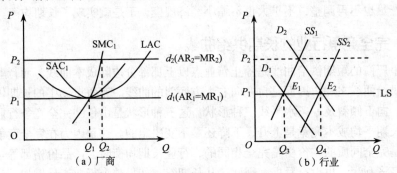

图 6-18　成本不变行业的长期供给曲线

假设由于外在的原因导致市场需求突然增加，需求曲线从 D_1 移动到 D_2 位置，在新的需求曲线和市场供给曲线的共同作用下，市场价格从 P_1 上升至 P_2，行业内厂商的均衡将受到影响。在新的市场价格 P_2 下，短期内完全竞争厂商会根据边际收益等于边际成本（$MR_2 = SMC_1$）来重新确定均衡产量为 Q_2，由于新的市场价格 P_2 在厂商短期平均成本曲线 SAC_1 之上，厂商此时获得经济利润。由于行业内出现经济利润，行业外的其他潜在厂商在经济利润的驱动下开始进入行业，行业内的厂商数量开始增加，行业供给也开始增加，供给曲线表现为向右方移动，在新的供给曲线和需求曲线的作用下，产品的市场价格逐渐下降。尽管产量的提高增加了对生产要素的需求，但是在本行业中，这种变化不会对生产要素的价格产生任何影响，行业内厂商的长期平均成本曲线保持不变。这样，市场价格随着潜在厂商的进入而不断下降时，行业内厂商的经济利润逐渐减少，厂商的均衡产量也开始逐渐减少。我们知道，完全竞争厂商的长期均衡的条件是 $P = SMC = SAC = LAC = LMC$，即市场价格在下降过程中如果达到厂商长期平均成本曲线最低点，市场和厂商就会又一次实现均衡。因此，最终市场价格会回到初始的价格水平 P_1，市场在 E_2 点也会达到新的均衡。此时，行业内厂商的产量也恢复到初始状态 Q_1 水平，厂商的经济利润为零，行业外的潜在厂商也停止进入，厂商又一次回到了初始的长期均衡状态。需要要注意的是，在这次调整过程中，由于新进厂商的原因，整个行业的供给曲线从 SS_1 移动到 SS_2。虽然市场均衡价格仍然为 P_1，但是市场的均衡产量却是 Q_4。Q_4 与先前的市场均衡 Q_3 的差额就是新进厂商带来的产量增加。连接 E_1 和 E_2 这两个行业内的长期均衡点，直线 LS 就是行业的长期供给曲线。成本不变行业的长期供给曲线是一条水平直线。它反映的是成本不变行业可以在一个不变的价格水平上提供任意的产量，市场需求的变化只会引起行业长期均衡产量的变化而不会影响行业的长期均衡价格。

成本不变行业供给曲线表明，长期中，成本不变行业可以根据市场需求变化而调整其产量供给，但市场价格一直保持在原来的长期平均成本曲线最低点的水平。

2．成本递增行业的长期供给曲线

成本递增行业是指当行业生产规模扩大时，生产要素的价格上涨，从而行业中厂商的长期平均成本普遍上升的行业。也就是说，如果投入于某一行业的生产要素的需求量在整个社会对这种要素的需求量中占很大比重，或者这种投入的要素是专用性的，即只有这种要素才可以生产这种产品，没有别的要素可以替代，这些情况下，行业产量扩大，将引起所需生产要素价格的上涨，从而单位产品平均成本将提高。另外，如果行业产量扩大，即使所需投入生产要素价格没有什么变化，但是发生了外部不经济情况，也会使产品成本和价格上升；或者即使发生了外部经济，但其影响不及要素价格上升的影响大，也会引起产品平均成本和价格上升。图6-19描述了一个成本递增行业供给曲线的形成过程。首先假设初始状态时，完全竞争市场及市场中的厂商都达到了稳态均衡。图6-19（b）中，在需求曲线D_1和短期供给曲线SS_1的共同作用下，市场在E_1点处于均衡，均衡价格为P_1，均衡供给量为Q_3；在市场均衡价格P_1条件下，图6-19（a）中的代表性厂商实现了长期均衡，均衡产量是Q_1，市场价格正好位于厂商长期平均成本曲线LAC_1的最低点。其中，所有厂商的均衡产量之和构成整个行业的均衡产量，如果用n表示代表性厂商的数量，则$Q_3 = \sum_{i=1}^{n} Q_i$。此时，行业内的厂商获得了正常利润，潜在厂商没有进入行业的动机。

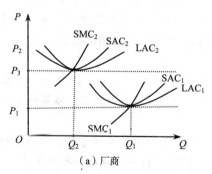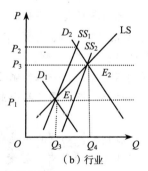

图6-19 成本递增行业的长期供给曲线

假设由于外在的原因导致市场需求突然增加，图6-19（b）中需求曲线从D_1移动到D_2位置，在新的需求曲线和市场供给曲线的共同作用下，市场价格从P_1上升至P_2，行业内厂商的均衡将受到影响。在新的市场价格P_2下，短期内竞争厂商会根据新的边际收益等于边际成本的原则来重新确定均衡产量，由于新的市场价格P_2在厂商短期平均成本曲线SAC_1之上，因此厂商获得经济利润。此时，有两个方面的趋势需要注意：一方面是潜在厂商在追逐经济利润的动机下开始大量涌入行业，并导致行业的短期供给曲线由于供给能力增加而向右方平行移动，市场价格因此出现下降趋势；另一方面是由于行业产量的增加，生产要素的价格也出现了上涨，因此完全竞争厂商的生产成本也同时发生了变化，厂商的长期平均成本曲线开始向上移动。我们知道，完全竞争厂商的长期均衡条件为 $P = SMC = SAC = LAC = LMC$，即市场价格在下降过程中如果达到厂商长期平均成本曲线最低点，市场和厂商就会又一次实现长期均衡。最终，在两种趋势的共同作用下，完全竞争市场在 E_2 点实现了新的均衡。在新的均衡点 E_2 决定的市场价格下，完全竞争厂商的长期平均成本曲线与市场价格相切于长期平均成本曲线的最低点，即 $P_3 = SMC_2 = SAC_2 = LAC_2 = LMC_2$，此时完全竞争厂商也实现了长期均衡状态。由于行业内厂商没有经济利润的存在，因此行业外潜在的其他厂商也停止进入行业，最终市场的均衡产量是 Q_4，并且高于初始的均衡产量。市场均衡产量的增加是由新进厂商的产量带来的。值得注意的是，从图 6-19（a）中我们可以看到，厂商新的均衡数量 Q_2 要比厂商初始的均衡数量 Q_1 小，这是由于生产要素价格的变化所导致的厂商边际成本曲线的上升造成的。之后，我们连接 E_1 和 E_2 这两个行业内的长期均衡点，直线 LS 就是行业的长期供给曲线。成本递增行业的长期供给曲线是一条向右上方倾斜的直线。它表明，长期中，成本递增行业根据市场供求调整其产量水平时，市场价格会随之同方向变动。

📖 实　例

鲜牛奶为何别倒掉

世界奶类的人均占有量为 92.73 千克，而我国三四年前人均年占有量还不到 7 千克。人们据此预测我国乳品市场巨大。高昂的鲜奶和乳制品价格也引起厂商竞相进入，推动了奶业的发展。可是 2001 年之后，兰州、南京、海南、广西、浙江某些地区相继发生了多起倾倒鲜奶事件，这到底是为什么呢？

首先，鲜奶不易储存。一旦乳制品加工企业遇到突发事件或因销售不畅，产量下降，鲜奶就因储藏困难而过剩。而我国乳品企业产品质量不稳定，不能严格遵循市场规则，难以避免突发事件。

其次，除了牧区外，奶制品不是我国传统食品，鲜奶消费不够普及，市场相对狭小。易储藏的发酵奶制品尚未为消费者所接受。据调查，我国城镇居民每人每年用于乳品的支出为 43 元，仅占食品支出的 2%。与日常鲜奶消费相比，冰激凌和含奶饮料等成了相对大宗消费的乳品。因其季节性很强，一些企业进入乳品行业不久，因缺乏经验和协调手段，难免出现淡季过剩。我国居民与西方国家的消费习惯相差甚大，普及牛奶消费需要一个较长的过程。而近几年一些地区小乳品企业大量出现，乳业迅速发展，出现了局部供大于求的情况。

最后，目前我国奶牛饲养业和乳品加工企业的规模小、技术水平低、成本高、乳品价格高，这也阻碍了我国乳品迅速普及成为日常食品。至今很多人仍把乳品看做老弱病者和婴幼儿的营养品。乳品消费集中在人均收入较高、经济较发达的大城市。这说明人们认可乳品的营养价值和对乳品有一定的偏好，不过乳品的需求受到支付能力的约束。由于成本过高，乳品企业难以在消费者愿意接受的价格生产。一旦乳品价格下跌，加工企业难以支撑，便拒收鲜奶。

资料来源：郑凤田. 倒奶：激战前的预警. 经济学信息报，2002-06-21.

3. 成本递减行业的长期供给曲线

成本递减行业是指当行业生产规模扩大时，生产要素价格下跌，从而行业中厂商的长期成本普遍下降的行业。成本递减往往存在于一些新兴的行业，或者是某些朝阳行业。在这些行业中，由于成长的初期阶段行业总产量很小，对生产要素的需求量不高，生产要素市场没有提高效率的外在需求刺激，生产要素的生产过程也就往往不会使用那些具有规模产量的高效设备。而如果行业产量增加，对生产要素有了大量的需求，要素生产厂商就会使用某些高效率的生产设备，使得生产要素的价格下降，进而使产品行业内厂商的成本下降，成本曲线向下移动。我们可以借助图 6-20 来分析成本递减行业的长期供给曲线。图 6-20 中，首先假设初始状态时，完全竞争市场及市场中的厂商都达到了稳态均衡。即图 6-20（b）中，在需求曲线 D_1 和短期供给曲线 SS_1 的共同作用下，市场在 E_1 点处于均衡，均衡价格为 P_1，均衡供给量为 Q_3；在市场均衡价格 P_1 条件下，图 6-20（a）中的代表性厂商也实现了长期均衡，均衡产量是 Q_1，市场价格正好位于厂商长期平均成本曲线 LAC_1 的最低点。此时，行业内的厂商获得了正常利润，潜在厂商没有进入行业的动机。

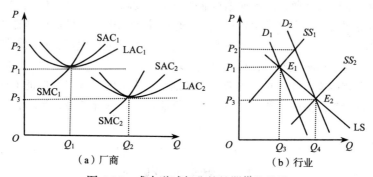

图 6-20 成本递减行业的长期供给曲线

假设由于外在的原因导致市场需求突然增加，图 6-20(b)中需求曲线从 D_1 移动到 D_2 位置，在新的需求曲线和供给曲线的作用下，市场价格从 P_1 上升至 P_2。在新的市场价格 P_2 下，短期内竞争厂商会根据新的边际收益等于边际成本的原则来重新确定均衡产量，由于新的市场价格 P_2 在厂商短期平均成本曲线 SAC_1 之上，厂商获得经济利润。同样，我们此时必须同时注意两个方面的趋势：一方面是潜在厂商在追逐经济利润的动机下开始大量涌入行业，并导致行业的短期供给曲线由于供给能力增加而向右方平行移动，市场价格出现下降的趋势；另一方面是行业产量的增加，行业内生产对于生产要素的需求大量增加，这最终会导致成本递减行业中生产要素价格的下降趋势，表现为 6-20（a）中完全竞争厂商长期平均成本曲线开始向下移动。正像我们知道的那样，完全竞争厂商的长期均衡条件是 $P = \text{SMC} = \text{SAC} = \text{LAC} = \text{LMC}$，即当市场价格下降过程中如果达到厂商长期平均成本曲线最低点，市场和厂商就会又一次实现长期均衡。最终，在两种趋势的共同作用下，完全竞争市场在 E_2 点实现了新的均衡。在新的均衡点 E_2 决定的市场价格下，完全竞争厂商的长期平均成本曲线与市场价格相切于长期平均成本曲线的最低点，即 $P_3 = \text{SMC}_2 = \text{SAC}_2 = \text{LAC}_2 = \text{LMC}_2$，此时完全竞争厂商也实现了长期均衡状态。由于行业内厂商没有经济利润的存在，因此行业外潜在的其他厂商也停止进入行业。在新的均衡点 E_2 上，均衡价格为 P_3，低于初始的均衡价格；均衡产量是 Q_4，高于初始的均衡产量。我们连接 E_1 和 E_2 这两个行业内的长期均衡点，直线 LS 就是行业的长期供给曲线。成本递减行业的长期供给曲线是一条向右下方倾斜的直线。它表明，长期中，成本递减行业根据市场供求调整其产量时，市场价格会随之呈反方向变化。

各个行业的长期供给曲线到底是何种形状，这取决于外部经济和外部不经济的状况。外部经济是指随着整个行业产量的增加，不由一个厂商控制的因素导致其平均总成本下降。外部不经济是指随着整个行业产量的增加，不由一个厂商控制的因素导致其平均总成本上升。如果一个行业中外部经济的因素占了上风，该行业的长期供给曲线就会向右下方倾斜；如果一个行业中外部不经济的因素占了上风，该行业的长期供给曲线就会向右上方倾斜；如果一个行业中外部经济的因素与外部不经济的因素持平，该行业的长期供给曲线就会是一条水平直线。相应地，它们分别被称为成本递减行业、成本递增行业和成本不变行业。

从经济学的角度而言，完全竞争市场是最理想的市场结构，并且被认为是经济效率最高的市场结构。其原因有两个。第一，完全竞争厂商按照 $P=\text{MC}$ 进行生产，从而能够使资源得到最优的配置。当价格高于边际成本时，厂商就应该增加生产，反之就减少生产，均衡代表着最优的产量。第二，完全竞争厂商的长期均衡位于长期平均成本的最低点，保证了整个行业能以成本最低的方式进行生产，保证了留存在完全竞争行业中的厂商都是最有效率的厂商。

实例

大型养鸡场为什么赔钱

前几年，为了实现"市长保证菜篮子"的诺言，许多大城市都由政府投资建了大型养鸡场，结果这些大型养鸡场在市场上反而竞争不过农民养鸡专业户或老太太，往往赔钱者多。为什么大反而不如小呢？

这主要是因为鸡蛋市场是一个完全竞争市场，即没有任何垄断因素的市场。鸡蛋市场有四个显著的特点。第一，市场上买者和卖者都很多，没有一个买者和卖者可以影响市场价格。即使是一个大型养鸡场，在市场上占有的份额也微不足道，难以通过产量来控制市场价格。第二，鸡蛋是无差异产品，企业也不能以产品差别形成垄断力量。大型养鸡场的鸡蛋和老太太的鸡蛋没有什么不同，消费者也不会为大型养鸡场的鸡蛋多付钱。第三，自由进入与退出，任何一个农民都可以自由养鸡或不养鸡。第四，买者与卖者都了解相关信息。这些就是完全竞争市场的特点。

在鸡蛋这样的完全竞争市场上，短期内如果供大于求，整个市场价格低，养鸡可能亏本。如果供小于求，整个市场价格高，养鸡可能赚钱。但在长期内，养鸡企业则要对供求做出反应：决定产量多少，以及进入还是退出。假设鸡蛋的价格下降，这时养鸡企业就要减少产量或退出养鸡业。假设鸡蛋的价格上升，原有养鸡企业就会扩大规模，其他人也会进入该行业。

完全竞争市场上，企业完全受市场支配。由于竞争激烈，成本被压得相当低。生产者要对市场供求变动做出及时的反应。换言之，在企业一点也无法控制的市场上，成本压不下来或调节能力弱，都难以生存下去。大型养鸡场的不利正在于压低成本以适应市场的调节能力远远不如农民养鸡者。在北京鸡蛋市场上，大型养鸡场就斗不过北京郊区和河北的农民，大型养鸡场的成本要高于农民，在短期内，养鸡的成本包括固定成本和变动成本。大型养鸡场的固定成本远远高于农民。甚至农民的变动成本也低。这样，当鸡蛋价格低时，大型养鸡场难以维持或要靠政府财政补贴，而农民养鸡户可以顽强地生存下来，在长期内，大型养鸡场每个鸡蛋的平均成本也高于农民，因为现代化大量养鸡带来的好处并不足以弥补巨额投资和庞大管理队伍的支出。农民则以低成本和低价格占领了市场。

大型养鸡场的市场适应能力也不如农民。当供大于求而价格低时，农民可以迅速退出市场，不会有多大损失，大型养鸡场停产则很困难。现代化养鸡设备闲置下来比不用鸡窝的损失大得多。在供小于求而价格高时，大型养鸡场的产量要受设备能力的限制，但有什么能限制农民多养鸡呢？

鸡蛋市场上需要的是"造小船成本低"和"船小好掉头"的优势。庞然大物的大型养鸡场反而失去了规模经济的好处。而且，即使就是将来农民养鸡业现代化了，也仍然是农民养鸡业的进步，难以有大型企业的地位。这是行业生产技术特点决定的。你听说过美国 500 强企业中有养鸡公司吗？或者说，你听到过什么有名的养鸡场吗？

资料来源：郭万超，辛向阳. 轻松学经济. 北京：对外经济贸易大学出版社，2005.

📐 本章小结

1．依据竞争程度的强弱，经济学把市场分成四种类型：完全竞争市场、垄断内竞争市场、寡头垄断市场和完全垄断市场。

2．完全竞争市场是一种不存在任何垄断因素的、不受任何阻碍干扰的市场结构，是一种高度抽象的市场模式。

3．完全竞争市场条件下，需求曲线呈水平状并且 $MR=AR=D$。厂商短期均衡的条件为 $P=MR=MC$，厂商可能获得超额利润，也可能获得正常利润，也可能亏损。当价格小于平均可变成本时，厂商就退出行业。长期均衡的条件为 $MR=LMC=LAC$，厂商只能获得正常利润。

4．完全竞争厂商的短期供给曲线就是它的短期边际成本曲线高于平均可变成本的部分。

5．在完全竞争的均衡中，价格等于边际成本，因此完全竞争市场是资源配置效率最优的理想的市场结构。

复习思考题

一、选择题

1．下列哪个市场接近完全竞争市场（　　）。

A．糖果　　　　　　B．小麦　　　　　　　　C．邮电　　　　　　　　D．汽车

2．假如某厂商的平均收益曲线从水平线变为向右下方倾斜的曲线，这说明（　　）。

A．既有厂商进入也有厂商退出该行业　　　B．完全竞争被不完全竞争所取代

C．新的厂商进入了该行业　　　　　　　　D．原有厂商退出了该行业

3．在完全竞争市场上，厂商短期均衡的条件是（　　）。

A．P=AVC　　　　B．P=TC　　　　　　C．P=MC　　　　　　D．P=AC

4．假定完全竞争行业内某厂商在目前产量水平上的边际成本=平均成本=平均收益=1美元，则这家厂商（　　）。

A．肯定只得到正常利润　　　　　　　　　B．肯定没得到最大利润

C．是否得到最大利润无法确定　　　　　　D．一定亏损

5．完全竞争企业在长期均衡状态下，在成本不变的行业中，产量的增加量不可能（　　）。

A．完全来自新企业　　　　　　　　　　　B．完全来自原有企业

C．要么来自原有企业，要么来自新企业　　D．部分来自新企业，部分来自原企业

6．在新技术进步引起完全竞争行业新的长期均衡时，下列哪些说法是正确的（　　）。

A．价格将降低　　　　　　　　　　　　　B．行业产量将增加

C．企业利润将增加　　　　　　　　　　　D．行业中所有的企业都采用了新技术

7．一个企业的市场占有率越高，说明（　　）。

A．该行业的垄断程度越高　　　　　　　　B．该行业的垄断程度越低

C．该行业的竞争性越强　　　　　　　　　D．该行业的企业数量众多

8．完全竞争市场上的企业不能控制（　　）。

A．产量　　　　　　B．成本　　　　　　C．价格　　　　　　　　D．生产技术

9．下列哪项不是划分市场结构的标准（　　）。

A．利润的高低　　　　　　　　　　　　　B．行业的市场集中程度

C．行业的进入限制　　　　　　　　　　　D．产品差别

10．平均收益等于边际收益的市场是（　　）。

A．完全竞争市场　　B．垄断市场　　　　C．垄断竞争市场　　　　D．寡头市场

二、判断题

1. 市场集中程度越高，则垄断程度就越高。（　　）
2. 进入限制的自然原因是指资源控制。（　　）
3. 专利是造成进入限制的自然原因。（　　）
4. 产品差别是指不同产品之间的差别。（　　）
5. 在完全竞争市场上，任何一个企业都可以成为价格的决定者。（　　）
6. 在完全竞争市场上，整个行业的需求曲线是一条与横轴平行的线。（　　）
7. 在完全竞争的条件下，个别企业销售量的变动会影响市场价格的变动。（　　）
8. 只有在完全竞争市场上，平均收益才等于边际收益，其他市场上都不存在这种情况。（　　）
9. 短期内，完全竞争市场上的个别企业有可能获得超额利润。（　　）
10. 在完全竞争条件下，不论企业的收益能否弥补可变成本，无论如何都不能再进行生产了。（　　）

三、简答题

1. 简述市场结构的划分标准及类型。
2. 说明完全竞争市场上的短期均衡和长期均衡。
3. 经济学家是如何评价完全竞争市场的？

四、计算题

1. 假设某一市场的年销售额为 450 亿元，其中销售额最大的四家企业的销售额分别为 150 亿元、100 亿元、85 亿元、70 亿元。计算该市场的四家集中率是多少（四家集中率是指一个市场上最大的四家企业价占的市场份额）？

2. 某公司生产汽车，每辆汽车的平均成本为 5 万元，汽车行业的平均利润为 8%，如果根据成本加成法定价，每辆汽车的价格为多少？如果平均成本增加至每辆 6 万元，其价格为多少？

3. 某完全竞争厂商的短期边际成本函数 $SMC = 0.6Q - 10$，总收益函数 $TR = 38Q$，且已知产量 $Q = 20$ 时总成本 $STC = 260$。求该厂商利润最大化时的产量和利润。

4. 已知完全竞争市场上单个厂商的长期成本函数为 $LTC = Q^3 - 20Q^2 + 200Q$，市场的产品价格为 $P = 600$。求：

（1）该厂商实现利润最大化时的产量、平均成本和利润各是多少？

（2）该行业是否处于长期均衡？为什么？

（3）该行业处于长期均衡时每个厂商的产量、平均成本和利润各是多少？

（4）判断（1）中的厂商是处于规模经济阶段，还是处于规模不经济阶段？

5. 设在完全竞争行业中有许多相同的厂商，代表性厂商 LAC 曲线的最低点值为 6 美元，产量为 500 单位；当工厂产量为 550 单位时，各厂商的 SAC 为 7 美元；此外，市场需求函数与供给函数分别是 $Q_d = 80\,000 - 5\,000P$ 和 $Q_s = 35\,000 + 2\,500P$。

（1）求市场均衡价格，并判断该行业是在长期还是在短期处于均衡？为什么？

（2）求在长期均衡时，该行业有多少家厂商？

（3）如果市场需求函数发生变动，变为 $Q_d = 95\,000 - 5\,000P$，试求行业和厂商的新的短期均衡价格及产量，以及厂商在新的均衡点上，盈亏状况如何？

五、图示题

1. 图示完全竞争市场的厂商均衡。

2. 图示完全竞争厂商短期均衡的各种情况。

3. 图示生产者剩余。

第7章

完全垄断市场

知识目标 ① 理解完全垄断市场的特征及三种形成原因；② 掌握完全垄断厂商差别定价的种类、特点及实质；③ 重点掌握垄断厂商的短期均衡与垄断厂商的长期均衡。

能力目标 ① 具备判断垄断价格歧视程度的能力；② 具备将垄断产量在不同市场上分割以获得更大利润的能力；③ 培养分析垄断厂商在短期内经营时获得超额利润、超额利润为零和蒙受亏损三种情况的能力。

 引导案例

机场内商品的价格

在浦东机场，一碗吃不饱肚子的"烧肉拉面"，没有什么特别用料，就卖45元。与此同时，南京路附近一家豪华面馆吃这种面也就20元出头。无独有偶，《华商报》报道，有人在西安咸阳国际机场也亲身体验到餐饮价格贵得没边没谱：一碗牛肉面38元，一碗水饺38元，而这些食品在普通店里只卖几元钱。其实，不只是这两家机场的商品价格特别贵，各地机场的情况大都如此。

在乘坐飞机越来越大众化、机票天天喊打折的今天，机场餐饮收费为何居高不下？目前各大城市的机场多设在郊区——"前不着村后不着店"，因此机场所辖范围内自然形成了一个餐饮业垄断经营的圈子。旅客在机场候机或滞留期间，除非是自备干粮酒水，否则就只能到这些商店消费。换言之，机场餐饮等商店本来就具有"只此一家别无分店"的经营条件。

不过，这种情况从2004年起在某些地方开始改变。广东省广州市新出台的某规定中增加了关于最高限价方面的内容。其中，规定零售商品价格与市区同档次同类商品基本一致；品牌店商品价格不得高于在广州市中心区设立的同一品牌店的价格。记者在候机楼内调查发现，物价确实有所调整。在一家水果店，罐装可乐只卖3元，甚至比市区部分地方的价格还便宜。但是，水果的价格则普遍比市区的要贵一点。据有关人士解释，这是因为水果比较容

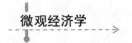

易腐烂，而且运输不方便。

此外，专卖店、首饰店等也明确地向媒体表示，他们实施全市等价措施，有的甚至要在机场分店推出优惠，以吸引旅客在候机的同时进行购物。

资料来源：刘东. 微观经济学教程. 北京：科学出版社，2005.

正如我们所知道的，完全竞争市场和完全垄断市场是两种极端的市场结构，因此完全垄断市场是与完全竞争市场差异最大的一种市场结构。各种经济行为在两种不同的市场结构下会有大相径庭的表现，尽管我们可以运用相同的经济分析工具进行研究。这一章，我们主要从完全垄断市场的形成原因、特征表现及厂商的各种经济行为等几个方面进行研究。

7.1 完全垄断市场的特征及成因

7.1.1 完全垄断市场的特征

完全垄断市场是指市场上只有一家厂商生产和销售某一种商品，并且这种商品不存在任何相近的替代品。在这样的市场结构中，排除了任何的竞争因素，独家垄断厂商控制了整个行业的生产和市场的销售，所以垄断市场上的厂商可以控制和操纵市场价格。此时，单个生产者面对众多消费者。

虽然，我们不能找到可以完全替代某种商品全部用途的替代品，但是总可以找到替代其部分功能的商品。因此，确定一个市场是否为完全垄断的关键，就是确定这个市场中的厂商所生产或销售的产品是否能唯一地能满足消费者某一特定的"需求"。从这个角度上就可以很容易地理解为什么说完全竞争和完全垄断是市场结构中的两个极端，在现实世界中是几乎不会存在的。

完全垄断市场具有以下特征。

1）唯一的生产者，厂商就是行业。完全垄断市场上只有唯一的一家厂商生产和销售某种产品，所以厂商就是行业。垄断厂商所在的行业就是垄断行业。

2）产品不能被替代。市场上没有任何可与之替代的产品存在，新厂商不能进入该市场，因而垄断厂商没有来自其他厂商的任何竞争威胁。

3）独自决定价格。垄断厂商可以控制和操纵市场价格，它可以自行决定自己产品的产量和价格，并由此使自己的利润最大化。

4）实行差别价格。垄断厂商是价格的制定者，因此可以依据获取最大利润的需要，在不同的销售条件下将市场分割，实行不同的价格，即价格歧视。

7.1.2 完全垄断市场形成的原因

垄断竞争市场的假设条件和完全竞争市场一样都是很严格的，在现实的经济生活里，垄断市场也是几乎不存在的。在西方经济学中，完全竞争市场由于极高的经济效率而通常被用来作为判断其他类型市场经济效率高低的标准。很明显，垄断市场模型就是从经济效率最低的角度来提供这一标准的。完全垄断市场的形成原因主要有以下几个。

1. 规模经济

规模报酬递增在厂商的长期平均成本曲线上表现为产量增加，长期平均成本曲线向下倾斜，我们可以借助图 7-1 做进一步分析。

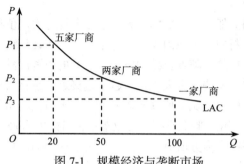

图 7-1　规模经济与垄断市场

图 7-1 中的长期平均成本曲线可以清晰地说明，为生产 100 单位的产品，如果是五家相同的厂商共同生产，则每家厂商生产的数量是 20 个单位，而每一单位产品的成本是 P_1；如果是两家厂商生产，则每家厂商生产的数量是 50 个单位，此时每一单位产品的成本是 P_2；如果是一家厂商生产，则这家厂商在满足同样的产量时，每一单位产品的成本仅是 P_3。显然，由一家厂商生产这 100 单位产品所消耗的成本最低。如果市场容量恰好也是 100，那么仅存在一家厂商是最有效率的，它的成本低于行业内同时有两家或更多家厂商共同生产时的成本。

一家厂商的产量如果能够满足整个市场的需求，而且这时它的平均成本处于下降阶段，价格又有利可图，那么率先经营该行业的厂商就可以通过增加产量、降低平均成本等手段战胜进入者。规模报酬递增的作用使一家大厂商大规模地经营比多家厂商较小规模地经营更为经济。当一家厂商能以低于两家或更多家厂商的成本为整个市场供给一种物品或劳务时，这家厂商所在的行业就是自然垄断。在自然垄断情况下，一家厂商可以以最低的成本生产任何数量的产品。

一些公共事业，诸如电力输送、电话、管道燃气、自来水及铁路、公路等以管线网络经营的行业易于形成自然垄断。因为主干管道一次性投入的成本很高，随着用户和用量的增加，分摊到每一个用户和每一份用量上的平均成本将持续下降。而且一般而言，一套管网即可满足一个地区的全部需求。例如，为了向城镇上的居民供水，铺设一套遍及整个城镇的水管网即可，如果两个或两个以上的厂商来提供这种服务，每个厂商都必须支付铺设水管网的固定成本，而且两套以上的管网也没有必要。因此，只有一家厂商为整个市场提供服务，水的平均总成本才是最低的。

2. 资源垄断

厂商通过控制生产一种产品所需要的重要生产资源就可以阻断潜在厂商的进入，从而形成垄断地位。所以,垄断产生的最简单的方法就是一个厂商拥有某一种关键的资源。例如,从 1893 年到 20 世纪 40 年代,美国铝业公司一直垄断着美国铝业市场。生产铝的主要原料是铝矾土,在相当长的一段时期内,美国的所有铝矾土都被美国铝业公司所控制。借助于垄断生产的重要资源,美国铝业公司就成为了行业的独家垄断厂商。又如南非的德比尔斯联合矿业(DeBeers Union),从 19 世纪 80 年代起,这家公司就通过几乎控制了全世界的钻石矿而垄断了整个世界的钻石市场。

垄断者比完全竞争市场上任何一家厂商都有很强的市场势力。值得注意的是,虽然关键资源的排他性所有权是形成垄断的一个原因,但这并不能永远保证厂商的垄断力量。实际上,源于这种原因的垄断是很少存在的。随着科技的发展,现有的由资源独家控制所形成的垄断有可能很快被打破。比如,科技的发展使得人工钻石越来越接近天然钻石的质地,如果有一天人工钻石和天然钻石可以完全一样,德比尔斯联合矿业就不会再对钻石市场拥有垄断的力量了。如果消费者的消费习惯发生了变化,那么现有的行业垄断也可能因为丧失市场而不再存在。而且,现实经济如此巨大,资源往往由多方所有。实际上,由于许多商品可以在国际上交易,它们的自然市场范围往往很广泛,因此不具有相近替代品的厂商很少。

3. 政府垄断

现实经济生活中很多行业内的垄断,多数都是通过政府的特许经营而形成的,如公用事业、有线电视等。政府特许经营是对某种产品排他性使用的一种授权,任何没有经营许可的厂商是不能进入这个行业的,否则会面临政府的处罚。从这个角度上讲,特许经营是政府进行市场干预的一种手段。所以,多数情况下,垄断的产生是因为政府给予一个人或一个厂商排他性地出售某种产品或劳务的权利。同时,在某些时候,政府也会出于公共利益而赋予某厂商垄断的权利。中国政府对烟草实行国家专营,中国烟草总公司是唯一的一家能够经营烟草专卖、进出口业务的公司。烟草专卖制度的确立,使烟草行业从分散管理走向集中管理,从自由发展变成国家垄断经营,对扭转当时烟草行业盲目发展的混乱局面、促进产供销协调发展、改善和提高卷烟产品结构和提高卷烟质量、满足群众消费需求等方面起到了积极作用,尤其是为国家财政积累做出了重大贡献。

专利和版权法是政府为了公共利益而造成垄断的例子。当某一企业进行技术创新而发明了一种新产品时,它就可以向政府申请专利。如果政府认为其新产品真正是原创性的,则专利申请将获批准,该专利给予该公司在若干年中排他性地生产并销售这种新产品的权利。同样,版权也是一种政府的保证,它保证未经作者允许,任何人都不能印刷并出售这本书。也就是说,版权使某一作家成为他的书的一个销售垄断者。

由于专利法和版权法这样的法律使一个生产者成为垄断者,所以也就使产品价格高于竞争时的价格。通过允许这些垄断生产者收取较高价格并赚取较多利润,鼓励了一些合理的行为。对上面所说的例子而言,鼓励了垄断者进行医药研究,鼓励了作家写出更多更好的书。但是我们也看到了,施行专利和版权的法律既有利益也有成本。专利和版权法的利益增加了对创造性活动的激励，但是在某种程度上这些利益被垄断定价的成本所抵消。

在以上原因中，规模经济是形成垄断的最主要的因素，其余各种因素都存在着一定不足。对重要生产资源的独家控制能力会随着技术的发展及消费者偏好的变化而很快丧失，其只能保证厂商暂时的垄断地位；知识产权的保护本身就是一种时效性的垄断，当保护期限结束时，垄断也就自然不存在了；至于政府的特许经营，很大程度上就是由于存在规模经济，政府为防止过度竞争而采取的一种对市场的干预行为。

📖 实 例

产生于一种关键资源所有权垄断的典型例子是南非的钻石公司德比尔。德比尔控制了世界钻石生产的 80%左右。虽然这家厂商的市场份额并不是 100%，但它也大到足以对世界钻石价格产生重大影响的程度。

德尔比拥有多大的市场势力呢？答案部分取决于有没有这种产品的相近替代品。如果人们认为翡翠、红宝石和蓝宝石都是钻石的良好替代品，那么德尔比的市场势力就较小了。这种情况下，德尔比任何一种想提高钻石价格的势力都会使人们转向其他宝石。但是，如果人们认为其他宝石都与钻石非常不同，那么德尔比就可以在相当大的程度上影响自己产品的价格。

德尔比支付了大量广告费。乍一看，这种决策似乎有点奇怪。如果垄断者是一种产品的唯一卖者，为什么它还需要广告呢？德尔比广告的一个目的是在消费者心目中把钻石与其他宝石区分开来。当德尔比的口号告诉你"钻石恒久远，一颗永流传"时，你马上会想到翡翠、红宝石和蓝宝石并不是这样。如果广告是成功的，消费者就将认为钻石是独特的，不是许多宝石中的一种，而且这种感觉就使德尔比有更大的市场势力。

7.2　完全垄断厂商的均衡

完全垄断厂商和其他任何厂商的目标一样都是为了获取最大的利润。尽管与完全竞争市场不同，完全垄断市场中只有一家厂商，而垄断厂商仍然面临着制约因素。这种制约因素就是垄断厂商的需求曲线。

7.2.1　垄断厂商的需求曲线和收益曲线

完全垄断市场上，由于市场中只有一家厂商，对垄断者产品的需求就是对整个市场产品的需求，所以垄断者所面临的需求曲线就是整个市场的需求曲线。完全垄断的厂商是市场价格的决定者，它可以通过改变销量来决定价格。因此，完全垄断厂商面临的需求曲线是一条向右下方倾斜的需求曲线。

厂商要做出正确的决策，必须了解自己所面对的产品需求状况。市场对某一个厂商的产品需求状况，可以用该厂商面临的需求曲线来表示，因为它反映的是在一定的价格水平下厂商可以销售出的产品数量。垄断厂商的需求曲线，就是在一定的市场价格水平下垄断厂商可以销售出的产品数量。为了更好地了解垄断厂商的需求曲线，我们借助于图7-2来进一步说明。

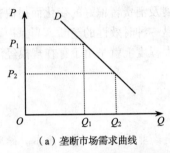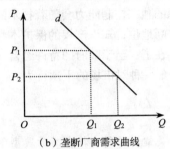

（a）垄断市场需求曲线　　　　　　　　（b）垄断厂商需求曲线

图 7-2　垄断厂商的需求曲线

图 7-2（a）反映的是垄断市场需求曲线，图 7-2（b）反映的垄断厂商的需求曲线。通过消费者行为和效用论的学习，我们知道无论是哪种市场结构，市场需求曲线都是由消费者决定的，市场需求曲线上的每一点都意味着在一定价格水平下所有消费者都获得最大效用时所需要的商品总量，它与市场结构并无多大关系。因此，垄断市场需求曲线的每一点也都表示这样的一个价格和产品数量的组合，即每一个价格水平都对应着消费者对于市场的需求总量。当市场价格是 P_1 时，所有消费者对于市场的总需求是 Q_1；当市场价格是 P_2 时，所有消费者对市场的总需求是 Q_2。以此类推，我们可以得到图 7-2（a）中市场需求曲线上其他所有的价格和数量的组合点。再看图 7-2（b）中垄断厂商的需求曲线。我们知道，在完全垄断市场中，只有垄断厂商一家生产和销售产品，因此垄断厂商的产量就是垄断市场的产量。当市场价格是 P_1 时，所有消费者对于市场的总需求 Q_1 就是所有消费者对于垄断厂商的总需求；当市场价格是 P_2 时，所有消费者对市场的总需求 Q_2 也就是所有消费者对垄断厂商的总需求。总而言之，完全垄断厂商的需求曲线就是市场的需求曲线，它是一条向右下方倾斜的曲线。

完全竞争厂商和完全垄断厂商的主要差异在于其面对的需求曲线的不同。完全竞争厂商是既定价格的接受者，所以其面临的需求曲线是水平的；而完全垄断厂商面临的是市场需求曲线，垄断厂商可以通过减少总产量的方法来提高市场价格，也可以通过增加总产量的方法促使价格下降，所以完全垄断厂商能够在一定程度上选择产品的市场价格。但是，由于产量变动所引起的市场价格的变动是针对市场中所有产品的，厂商的每一单位产品都是在市场价格下出售的，因此厂商的平均收益 AR 总是等于产品的市场价格 P，平均收益曲线 AR 与厂商的需求曲线 d 重叠，如图 7-3 上部分所示。

正如我们所知道的，边际收益是厂商额外销售一单位产品时所获得的收入的增加量。完全垄断厂商面临的是向右下方倾斜的需求曲线，意味着厂商如果额外增加一单位产量，产品的市场价格就会下降，这个下降的价格不仅针对最后这一单位产品，而且针对以前的全部产品。因此，额外增加一单位产品所获得的收入增量要小于这一单位产品生产出来后的市场价格，即垄断厂商的边际收益 MR 小于平均收益 AR，在图 7-3 上图中表现为垄断厂商的边际收益曲线 MR

要在垄断厂商的平均收益曲线 AR 的下方。

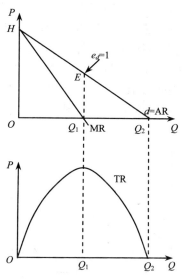

图 7-3　垄断厂商的收益曲线

边际收益等于总收益变化量与产量变化量的比率，即边际收益是总收益的斜率。我们知道了垄断厂商的边际收益曲线 MR，就可以得到如图 7-3 下图所示垄断厂商总收益曲线 MR 的一些基本特征。首先，在垄断厂商产量 O 到 Q_1 之间，垄断厂商的边际收益 MR > 0。因为边际收益 MR 是总收益 TR 的斜率，也是总收益曲线 TR 的一阶导数，所以当 MR > 0 时，TR 曲线必定是递增的，总收益在此产量区间随着产量的增加而递增。同时，在此产量区间内，边际收益是下降的，即边际收益曲线 MR 的一阶导数 MR′ < 0。因为边际收益 MR 是总收益 TR 的一阶导数，即 MR = TR′，所以边际收益的一阶导数就是总收益的二阶导数，即 MR′ = TR″。由上述分析可知，此产量区间内 TR″ < 0，所以总收益曲线 TR 在 O 到 Q_1 产量之间是上凸的递增曲线。同样的道理，在 Q_1 到 Q_2 产量之间，MR < 0，意味着总收益曲线是递减的；而 Q_1 到 Q_2 区间内，边际收益曲线 MR 仍然是递减的，一阶导数 MR′ < 0，即在此产量区间内总收益曲线的二阶导数 TR″ < 0，总收益曲线仍是上凸的，总收益曲线 TR 在 Q_1 点取得最大值。同时，根据我们以前所探讨的平均收益与总收益的关系可知，当平均收益为零时，总收益必然为零，所以总收益曲线在 Q_2 点与横轴相交，总收益取得零值。

7.2.2　垄断厂商的短期均衡

完全垄断市场上，厂商面对的需求曲线就是市场面对的需求曲线，一个厂商就构成了一个市场。因此，这里分析的完全垄断的厂商均衡也就是完全垄断的市场均衡。正是因为如此，在垄断市场中，均衡价格和均衡产量的确定是在一个决策过程中同时确定的，而不是两个分离的过程。一旦垄断厂商决定了其产出水平。那么根据市场需求曲线，市场的价格也就同时确定了。类似地，一旦厂商决定了其价格水平，根据市场需求曲线，厂商所能销售的最大产量也就同时确定了，也就是说，完全垄断厂商虽然是市场价格的决定者，但它仍然要遵循利润最大化原则来确定其最佳产量，然后再根据它所面对的需求曲线来决定价格。

与完全竞争的厂商相同，垄断厂商获得最大利润的条件也是边际成本等于边际收益，即 $MC = MR$。短期内，垄断厂商无法改变其固定要素的投入，因此垄断厂商只能在既定的生产规模下通过对产量或价格的调整来实现利润最大，如图 7-4 所示。

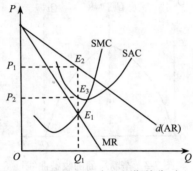

图 7-4　完全垄断厂商的短期均衡（一）

图 7-4 中，短期平均成本曲线 SAC 和短期边际成本曲线 SMC 是垄断厂商在既定生产规模下的成本曲线。垄断厂商面临的需求曲线为 d，它也同样是垄断厂商的平均收益曲线 AR，并且垄断厂商的边际收益曲线 MR 在其下方。到此为止，所有的这些曲线都是垄断厂商无法改变的，垄断厂商在此条件下能够做出的决策就是：生产还是不生产；如果生产，均衡产量又是多少。在边际成本等于边际收益（MC=MR）的原则下，垄断厂商确定均衡产量为 Q_1。当均衡产量确定为 Q_1 后，根据垄断厂商的需求曲线，市场价格自然为 P_1。在这种均衡下，厂商的平均收益 AR（市场价格）为 P_1，垄断厂商的短期平均成本 SAC 为 P_2，垄断厂商获得了经济利润，经济利润总量为矩形 $P_1P_2E_3E_2$ 的面积。

很明显，在图 7-4 所示的情况下，垄断厂商会获得经济利润。但是，正如我们在上面提到的，短期中代表着生产规模的成本曲线及垄断厂商面临的需求曲线都不是垄断厂商所能够控制的，如果需求曲线和各种成本曲线并不在图 7-4 中所示的位置，垄断厂商的经营状态就不一定很乐观。垄断厂商短期均衡时也可能面临这亏损，如图 7-5 所示。图 7-5 中，根据边际成本等于边际收益（MC=MR）原则，垄断厂商的均衡点为 E_1，即均衡产量为 Q_1，市场价格为 P_1。但是，此时的市场价格要低于垄断厂商的平均成本 P_2，垄断厂商处于亏损状态，亏损总量为矩形 $P_2P_1E_3E_2$ 的面积。垄断厂商之所以要继续生产，是因为此时的市场价格（平均收益）仍高于平均可变成本，垄断厂商在实现了全部可变成本之外，仍可以弥补一部分不变成本，否则垄断厂商停产将造成全部不变成本的损失。

尽管垄断厂商可以通过产量来决定产品价格，但是垄断厂商和完全竞争厂商一样，仍然面临着停产的可能，如图 7-6 所示。当垄断厂商根据边际成本等于边际收益原则确定了均衡产量 Q_1，并由垄断厂商的需求曲线确定了市场价格 P_1，此时垄断厂商的平均收益 AR 为 P_1，平均可变成本 AVC 为 P_2。从图 7-6 中我们可以看到，垄断厂商在均衡时平均收益小于平均可变成本，垄断厂商应该停止生产，否则垄断厂商在损失了全部不变成本外，还会额外损失可变成本。这就是垄断厂商停止生产的条件，与完全竞争厂商的停产条件一样，都是通过边际收益等于边际成本先确定均衡产量，然后通过平均收益与可变成本进行比较来确定是否停止生产。除此之外，垄断厂商的停产条件还可以用另外一种方式来描述：无论在哪个产量下，如果垄断厂商的需求曲线 d 总是位于其平均可变成本曲线 AVC 的下方，那么垄断厂商只能选择停止生产。利用这种标准来判断垄断厂商是否应该停产，就没有必要事先通过边际收益等于边际成本来确定均衡产量。在一些较为复杂的情况下，这种判断标准更加简洁易用。因为这种停产条件的表述避开了利用边际收益等于边际成本（MR=MC）来确定厂商的利润最大，因此也就回避了边际收益等于边际成本是厂商利润最大化的必要条件而不是充分必条件的限制。

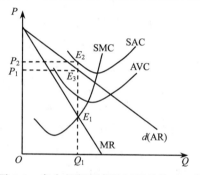
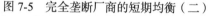
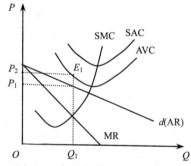

图 7-5　完全垄断厂商的短期均衡（二）　　　图 7-6　完全垄断厂商的停产条件

由以上分析可知，完全垄断厂商短期均衡的条件为边际收益等于短期边际成本，即 MR=SMC。在实现均衡时，厂商大多数情况下能够获得超额利润，但也可能遭受亏损，或者是不盈不亏。

7.2.3　垄断厂商的供给曲线

在分析完全竞争厂商均衡中，我们曾经根据厂商短期边际成本曲线推导出厂商的短期供给曲线。但是在完全垄断条件下，由于价格不是固定的，而是要通过产量和价格调整来实现 MS=SMC 的原则，并且 P>MR，所以随着向右下方倾斜的需求曲线的位移，价格和产量之间不存在那种一一对应关系，因此不存在具有规律性的厂商供给曲线。

在一个完全竞争的市场中，价格与供给数量之间具有明显的稳定关系，这种稳定关系体现在完全竞争厂商的供给曲线及完全竞争行业的供给曲线上。而在完全垄断市场中，并不存在垄断厂商的供给曲线。供给曲线表示的是在每一个价格水平上，厂商愿意而且能够提供的产品数量，它表现的是产量和价格之间的一一对应关系。这对于完全竞争厂商来说是有意义的，因为完全竞争厂商是价格的接受者，它无法决定市场的价格。完全竞争厂商的任何决策及所有的经济行为都是在市场价格被确定的条件下才能够进行的，因此针对每一个价格水平，完全竞争厂商会有不同的经济行为，会根据利润最大（或者亏损最小）的原则来确定自己能够提供的产品数量。不同的价格水平上，完全竞争厂商会有不同的供给数量，这就是完全竞争厂商供给曲线存在的原因。相反，垄断厂商不是价格的接受者，通过自身生产的产量，垄断厂商完全可以控制市场价格。在给定一个市场需求曲线时，垄断厂商要做的决策就是根据这个需求曲线所唯一确定的边际收益曲线来确定自己的均衡产量，而均衡产量一旦确定，由市场需求曲线就可以直接确定市场价格了。从这个角度上说，完全垄断市场中，不是每一个价格水平都针对一个垄断厂商的供给数量。确切地说，一旦市场需求曲线确定了，垄断厂商的供给数量及市场此时的均衡价格就是唯一确定的。因此，供给曲线这个概念并不适合垄断厂商。

垄断厂商的均衡数量和均衡价格组合也并不是永远固定不变的。当市场需求变动时，垄断厂商的均衡数量也会发生变化，进而市场的均衡价格也会发生变化。但是，市场需求曲线变动所导致的垄断厂商的均衡产量和市场均衡价格之间的变动没有规律可言，更不是一一对应的。随着市场需求曲线的变动，一个均衡的市场价格可能对应着两个或更多的垄断厂商的均衡产量，如图 7-7 所示。短期中垄断厂商的边际成本曲线为 SMC。初始状态时，垄断厂商面临的需求曲线（市场需求曲线）为 d_1，相应的边际收益曲线为 MR_1。在此条件下，垄断厂商根据边际收益等于边际成本（MR=MC）确定了均衡产量 Q_1。当均衡产量确定为 Q_1 后，根据垄断厂商的需求曲线 d_1，此时市场价格为 P_1。假设由于市场波动，垄断厂商面临的需求曲线（市场需求曲线）发生了移动，即从 d_1 移动到了 d_2，相应的边际收益曲线为 MR_2。此时，垄断厂商为获得最大利润便开始进行调整。根据边际收益等于边际成本原则，垄断厂商确定了新的均衡产量 Q_2，同时根据需求曲线 d_2，这时的市场均衡价格仍然是 P_1。因此，需求曲线变动可以导致垄断厂商的均衡产量和市场均衡价格变动，但是最终的结果可能会出现一个均衡的市场价格对应着多个垄断厂商的均衡产量。这样的结果进一步说明，供给曲线的概念并不适合垄断厂商。

此外，随着市场需求曲线的变动，一个垄断厂商的均衡产量也可能对应着两个或更多的市场均衡价格，如图 7-8 所示。短期中，垄断厂商的边际成本曲线为 SMC。假设初始状态时，垄断厂商面临的需求曲线（市场需求曲线）为 d_1，相应的边际收益曲线为 MR_1。在此条件下，垄断厂商根据边际收益等于边际成本原则确定了均衡产量 Q_1。当均衡产量确定为 Q_1 后，根据垄断厂商的需求曲线 d_1，此时市场价格为 P_1。假设由于市场波动，垄断厂商面临的需求曲线（市场需求曲线）发生了移动，即从 d_1 移到了 d_2，相应的边际收益曲线为 MR_2。此时，垄断厂商为获得最大利润便开始进行调整，根据新的边际收益等于边际成本原则，垄断厂商的均衡产量恰巧仍然是 Q_2，同时根据需求曲线 d_2，市场均衡价格为 P_2。因此，需求曲线变动可以导致垄断厂商的均衡产量和市场均衡价格变动，但是最终的结果也可能会出现一个垄断厂商的均衡产量对应着多个市场均衡价格的结果。

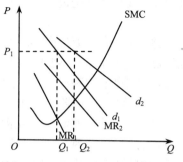

图 7-7　垄断厂商的供给曲线（一）

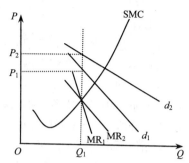

图 7-8　垄断厂商的供给曲线（二）

7.2.4　垄断厂商的长期均衡

长期内，完全垄断厂商可以调整全部生产要素，改变生产要素，从技术、管理等方面取得规模经济，所以厂商总是会使自己获得超额利润，加之完全垄断行业在长期内不可能有其他厂商加入，厂商的超额利润是可以而且能够长期保持的。如果一个完全垄断厂商在长期经营中的总收益不能弥补其经济成本，那么除非政府给予长期补贴，否则它势必退出此行业。因此，完全垄断行业的长期均衡是以拥有超额利润为特征的。

市场的需求和垄断厂商的生产规模是短期内垄断厂商决定均衡产量的两个决定性因素，在短期内这两个因素都不能由垄断厂商所决定。然而在长期中，垄断厂商可以自由地调整所有的要素投入，垄断厂商的生产规模是可变的。为获得更多利润，垄断厂商会根据边际收益等于长期边际成本的原则来确定自己的最优生产规模，进而确定厂商的均衡产量和市场的均衡价格，如图 7-9 所示。

图 7-9 中，垄断厂商的需求曲线为 d，垄断厂商的边际收益曲线是 MR。由于这两条曲线取决于市场消费者，因此对于垄断厂商来说，无论是短期还是长期，这两种曲线并不会发生变化。假设短期内厂商拥有一个初始的固定生产规模，在这个生产规模上，企业有相应的短期平均成本曲线 SAC_1 和短期边际成本曲线 SMC_1。短期内，厂商无法调整自己的生产规模。在现有的规模下，依据厂商的边际收益等于短期边际成本（$MR=SMC_1$）原则，厂商确定均衡产量为 Q_1，并根据垄断厂商的需求曲线，市场价格为 P_1，此时垄断厂商的平均收益（市场价格）为 P_1，垄断厂商的平均成本为 P_2。由于厂商的平均收益 P_1 高于平均成本 P_2，垄断厂商此时获得了经济利润。显然，完全垄断厂商获得的济利润总额为矩形 $P_1P_2E_1E_2$ 的面积。但是，如果垄断厂商预期这种市场需求会长期持续，它可以通过调整自己的生产规模来获得更多的利润。为什么这么说呢？原因在于长期内厂商可以有足够的时间来调整自己的生产规模，此时厂商考虑的不再是边际收益等于短期边际成本，而是开始考虑边际收益等于长期边际成本。根据这个新的条件，厂商确定在长期平均成本 E_3 点处进行生产，生产规模采用短期平均成本曲线 SAC_2 代表的最优规模，平均成本为 P_4，此时均衡产量为 Q_2，并根据垄断厂商的需求曲线，市场价格为 P_3。显然，垄断厂商此时会获得更大的经济利润，利润总量为矩形 $P_3P_4E_3E_4$ 的面积。因此，长期内垄

断厂商通过生产规模调整可以获得更多的利润，而最优规模确定的条件是边际收益等于长期边际成本（MR=LMC）。

我们曾经提到过，垄断厂商短期内有可能面临亏损，并且当垄断厂商均衡时，若平均收益小于平均可变成本，垄断厂商将会停止生产，否则垄断厂商在损失了全部不变成本外，还会额外损失可变成本。同样，并不是所有行业的垄断厂商在长期内都能获得利润。有时，垄断厂商经过生产规模调整后仍然面临着亏损，这取决于垄断厂商长期平均成本曲线 LAC 和需求曲线 d 的位置，如图 7-10 所示。当垄断厂商的长期平均成本曲线 LAC 始终高于垄断厂商需求曲线 d 的时候，无论垄断厂商定为哪个产量，垄断厂商都是面临亏损的。值得注意的是，当垄断厂商短期内的平均收益 AR 大于平均可变成本 AVC 时，垄断厂商会继续生产，因为此时的垄断厂商在实现了全部可变成本之外，仍可以弥补一部分不变成本，否则垄断厂商停产将造成全部不变成本的损失。但是在长期内，即便垄断厂商平均收益 AR 大于平均可变成本 AVC，垄断厂商也会停止生产。因为垄断厂商在追求利润的动机下，是不会在一个行业中忍受长期亏损状态的。

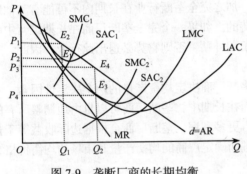
图 7-9　垄断厂商的长期均衡

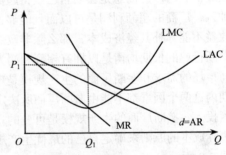
图 7-10　垄断厂商长期的停产条件

最后，由于在完全垄断市场中，垄断厂商所面临的需求曲线就是市场的需求曲线，垄断厂商的供给量就是整个行业的供给量，因此我们现在分析的垄断厂商的长期均衡价格与均衡产量，实际上就是垄断市场的长期均衡价格与均衡产量。这是与完全竞争市场相区别的一个地方。

值得注意的是，完全垄断厂商实现长期均衡时，也未必同时实现了短期均衡，因为长期平均成本曲线是短期平均成本曲线的包络曲线。

综上分析，完全垄断厂商的长期均衡条件是边际收益等于长期边际成本和短期边际成本，可以表示为 MR=LMC=SMC。

7.3　价格歧视

现实生活中，垄断厂商为了获得更大利润，它会对不同的市场和不同的消费者实行差别价格，也就是所谓的价格歧视。价格歧视是企业向不同的消费者出售相同的产品时，收取不同的价格。从严格的经济学意义上说，并非所有的价格差异都可以称为价格歧视。如果价格差异反映了产品质量的差异或生产经营成本的差异，就不属于价格歧视。这里分析的价格歧视，是那种因为企业的市场势力而引起的系统性的价格歧视现象。由于最珍视某种产品的消费者愿意支付比统一价格更高的价格，企业运用价格歧视就有利可图。

现实生活中，你可能会发现商家向不同消费者出售同一种产品时索取了不同的价格。比如，当你走进商场购物时，"买 300 元返 100 元"或"买 500 元返 300 元"的宣传可能会刺激你的购物热情，使我们感觉到买得越多，商品价格就越低；买的越少，商品价格就越高。或者，你在付账时可能会发现，那些拥有商场金卡的顾客可以打八折，而没有优惠卡的你却必须按全价付款。如果你到书店购物，可能也会发现，学生可以凭借学生证以优惠的价格购书，而大多数顾客则必须支付全价；还有。同一种商品在不同等级的市场上售价不同，等等。

7.3.1　价格歧视的必要条件

并非所有的企业都可以实行价格歧视。一般而言，实行价格歧视需要具备以下三个条件。

1．企业必须具有一定的市场势力，垄断厂商必须是价格的制定者

换句话说，厂商面临的是一条向右下方倾斜的需求曲线，厂商可以通过对产量的控制来决定产品的市场价格。在完全竞争市场中，厂商面临的需求曲线是一条水平线，价格是既定的因素，生产者无法改变产品价格，调高和调低都会使自己的收益受损。而在完全垄断市场中，即便垄断厂商提高产品的售价，产品的销售也仅会是减少而已，不会面临零销售的窘境。因此，实施价格歧视的第一个必要条件就是厂商对价格的控制能力。

2．企业必须了解或者能够推测消费者的购买意愿

价格歧视是针对不同消费者从而制定不同的销售价格，所以清晰地界定消费者的需求和偏好是价格歧视的前提。但是在现实生活中，垄断企业不可能完全了解消费者的需求信息。一般来说，如果某厂商试图采取价格歧视，对某些具有特殊偏好的消费者采用较高的产品价格，那么这部分具有特殊偏好的消费者绝不会主动承认自己的偏好，因为没有人会愿意承认自己的特殊偏好从而支付更高的价格，因此厂商必须通过更加间接的方法来识别消费者的偏好。例如，许多公司在报纸和杂志上向公众提供折扣券，买者为了得到下次购买时 0.5 美元的折扣而会剪下折扣券。那么，公司为什么不把产品价格降低 0.5 美元？回答是折扣券使公司可以实行价格歧视。公司知道，并不是所有顾客都愿意花时间剪下折扣券。此外，剪折扣券的意愿与顾客对物品的支付意愿是相关的。富裕而繁忙的经理不大可能花时间从报纸上剪下折扣券，而且他也许愿意为许多物品支付较高价格。一个失业者更可能剪下折扣券并且支付意愿较低。因此，通过只对这些剪下折扣券的顾客收取较低价格，厂商就可以成功地实行价格歧视。同时，垄断厂商在进行歧视定价时要考虑辨别的成本，如果辨别成本很高，接近或超过歧视定价所带来的额外利润，那么垄断厂商也就没有必要再进行歧视定价了。

3．企业必须能够阻止或限制转卖行为

转卖行为是指企业以低价购买再以高价出售给另外的消费者，或者说垄断厂商必须确保消费者不可能进行套利行为。转卖的可能性对于任何类型的价格歧视都是关键性的因素。如果企业实行以价格歧视为手段的营销策略，就会刺激转卖行为，转卖行为可能破坏或至少减少价格歧视的有效性。价格差别越大，对转卖行为的刺激就越强。那么，如何限制转卖就成了企业实行价格歧视能否成功的决定性因素。针对市场经济活动中不同的产品而言，一般有以下几种限制转卖的方法。

1) 提供不可转卖的服务。由于服务领域中的生产和消费都是同时进行的，因此与生产和消费可以分离的实物形态领域相比，价格歧视形式更为普遍。比如，某些商店对于都要发票的顾客收取比不要发票的顾客高的费用，而顾客难以将这种服务转卖给其他消费者。

2) 只对初次购买产品的消费者提供担保。销售商可以宣布，如果产品被转卖，对它的各种担保就自动失效，这样就增加了买方向初次购买者购买的成本。

3) 增加转卖的交易成本。任何经济活动必然都要考虑交易费用或交易成本的问题。在产品转卖过程中，通常需要花费一定的费用，如果这种费用较高，就会阻止或限制转卖。比如，关税和运输成本就是转卖过程中的交易费用。假设企业将同一产品销售到两个国家，并制定不同的价格，此时价格较低国家中的产品就有可能被转卖到价格较高的国家。但在产品从价格较低国家转卖到价格较高国家的过程中，需要运输费用，而且还可能被征收关税，这就会阻止或限制转卖行为。除了关税和运输成本之外，转卖过程中所花费的时间、精力、信息成本等都是阻止和限制转卖行为的交易费用。

4) 合同限制。企业可以在合同中明确写出禁止转卖的条款，并将其作为销售的条件之一。这种行为是否可行，取决于法律的约束力和可操作性。例如，计算机经销商以低于市场价的优惠价格对学生出售计算机，但在购买之前，买方必须签下不得进行转卖的合同。

5) 纵向一体化。企业可以较低的价格向其子公司或分公司出售产品，并通过控制后者而禁止它们将产品转卖给其他企业或者消费者。假设一家经营煤炭的企业出售煤炭时，它想向焦炭生产商索取一个较低的价格，而向火力发电生产商索取一个较高的价格。如果煤炭销售商确实设定了两个不同的价格，那么焦炭生产商就会将煤炭转卖给火力发电生产商。为了制止转卖，煤炭销售商可以选择纵向一体化自行生产焦炭。

6) 政府干预。政府可以通过制定法律，以及允许竞争性产业中的企业通过协议和集体行动来防止转卖。例如，目前我国城市居民住房中的"福利房"或"经济适用房"不可以随意转卖，但是市场价住房即"商品房"可以自由转卖。

很明显，如果企业能够成功地限制转卖，它就可以实行多种类型的价格歧视了。

实 例

民航机票定价中的价格歧视

国外民航业常用的一种定价方法是歧视价格。例如，有的航空公司对两个城市间的往返机票收取两种价格：全价与折扣价，即对周六在所去城市留宿一个晚上的乘客收取折扣价，对周六不在所去城市留宿的乘客收取全价。这种对同一次航班收取两种不同价格的做法就是运用了歧视价格的定价方法。

歧视价格得以实施在于消费者可以分为不同的群体，不同群体的消费者对同一种物品或劳务的需求价格弹性不同。以民航服务而言，消费者大体可以分为两个群体：公务出差者和私人旅游者。前者因为公务有时间性，而且由于公费支付机票，出差者只考虑时间合适与否，很少考虑机票价格的高低，机票价格的变动对这部分人的需求量影响较小，需求缺乏弹性。后者是旅游，时间充裕、自由支配，而机票由私人支出，因此会更多地考虑价格因素，机票价格的变动对这部分人乘飞机的需求量影响很大，需求富有弹性。

如果航空公司不实行打折，私人旅游者的数量难以增加，但是如果对所有乘客全部实行折扣价，本来不打折时需求量也不会减少的公务出差者跟着沾了光，这对航空公司而言是一种损失。于是，航空公司就会对这两类乘客实行差别价格，即价格歧视。

但如果航空公司简单地定出两种价格，恐怕没有一个公务出差者愿意出高价，公司以这两种价格售票时，乘客都会以旅游者的名义购买。所以，实行价格歧视的关键是要能用一种客观标准区分这两类乘客。航空公司用的方法就是乘客周六那晚是否去城市留宿。对公务出差者来说，周日无法办理公务，为省几个钱而在所去的城市多待一天，放弃了周末与家人的团聚，实在不合算，更何况省的又不是自己的钱。对私人旅游者而言，反正是去旅游，待多长时间，什么时候去关系不大，而重要的是买便宜机票以节省自己的钱。这样就可以方便地对两类顾客实现价格歧视。

实行歧视价格增加了航空公司的收益。这就是说，公务出差者仍以原价购买机票，乘客不会减少（需求缺乏弹性），来自这部分乘客的收益不会减少。私人旅游者以折扣价购买机票，由于需求富有弹性，乘客增加的百分比大于机票降价的百分比，来自这部分乘客的收益增加。这样，总收益就会增加。而且，这种方法还使客源在时间分布上趋于合理、稳定：公务出差者在工作日出行者多，而私人旅游者为了省钱会选择休息日外出。这样就不会出现乘客过多或过少的现象，也有利于民航业的正常运行。

资料来源：李锡玲. 经济学原理. 北京：北京邮电大学出版社，2006.

7.3.2　一级价格歧视

一级价格歧视又被称为完全价格歧视，是指垄断企业向每个消费者索取他愿意为每单位商品支付的最高价格。在一级价格歧视下，企业以较低的价格销售产品不会影响原先以较高价格购买产品的消费者的购买行为，即对一个消费者的低价格不会使其他消费者也要求低价格。这种价格歧视下，各个消费者支付的价格是不同的，消费者向企业支付了更多的钱。换句话说，一级价格歧视没有降低效率，但是影响了收入分配。

当然，在现实生活中，垄断企业不可能完全了解所有消费者的需求信息，因此也就难以制定出一种定价政策来攫取所有的消费者剩余，比较有效的方法是进行一对一的交易汇总，监视或者估计买者的最高支付意愿。美国运通公司最初对其所有客户，无论是餐馆、服装店、航空公司、酒店业都实行3%的提成比率，这首先遭到了餐馆行业的强烈反对，他们抱怨提成比率太高。为此，美国运通公司咨询了全球知名的麦肯锡管理公司，其给运通公司的方法就是采取一级价格歧视策略，把餐馆行业的服务提成比率降低到2%，把服装行业的提成比率降低到2.5%，把航空公司和酒店业的服务提成比率提高到3.5%。结果，美国运通公司获得了丰厚的利润。

相对于单一价格策略，执行一级价格歧视的垄断厂商可以获得更多的收益，因此垄断厂商的均衡也会重新进行调整，如图7-11所示。图7-11中，垄断厂商的需求曲线为 d ，边际收益曲线为 MR，边际成本曲线为 LMC。在单一价格策略下，垄断厂商的均衡产量为 Q_1 ，均衡价格为 P_1 ，垄断厂商的经济利润为矩形 P_1GFE_1 的面积。当垄断厂商有能力执行一级价格歧视时，垄断厂商的边际收益曲线就不再是原先的 MR 这条直线了，而是厂商的需求曲线，即 d 是垄断厂商新的边际收益曲线，如图7-12所示。需求曲线 d 成为垄断厂商新的边际收益曲线是因为垄断厂商可以进行一级价格歧视，因此在降低价格售出额外产品的时候，原先售出产品的价格不会发生变化，垄断厂商获得的收益的增加额正好等于新增销售的价格。因此，垄断厂商此时的边际收益曲线就是它的需求曲线。根据边际收益等于边际成本原则，执行一级价格歧视的垄断厂商均衡产量为 Q_2 ，均衡时垄断厂商获得的经济利润为四边形 $HP_2E_3E_2$ 的面积，这远远大于单一价格策略时所获得的经济利润。

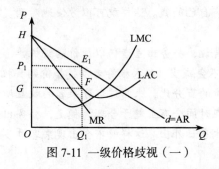
图 7-11 一级价格歧视（一）

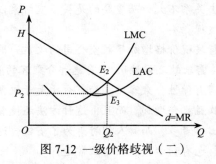
图 7-12 一级价格歧视（二）

执行一级价格歧视的垄断厂商比单一定价时获得了更多的利润，而且对比之后我们还发现，执行一级价格歧视的垄断厂商生产的产量也更多，因为它在无须对先前消费者顾虑更多的情况下，又为那些原本不愿意购买的消费者提供了较低的价格，从而增加了消费者数量。然而，现实中，一级价格歧视这种价格策略是很难实现的，因为试图清晰地分辨出消费者的偏好对于垄断厂商来说是很难的。

7.3.3　二级价格歧视

二级价格歧视是指垄断者对一定数量的产品收取一种价格，对另外一定数量的该种产品收取另一种价格，即垄断厂商对不同的消费数量段规定不同的价格。二级价格歧视中，企业不知道每一个消费者的需求，它所知道的只是人群中的需求分布。我们以电力公司实行的分段定价为例来说明二级价格歧视，如图 7-13 所示。电力公司往往规定，当消费者的耗电量在 Q_1 以内时，每度电的价格为 P_1；当消费者的耗电量超过 Q_1 但不足 Q_2 时，则 Q_1 以内的用电仍按每度 P_1 的价格收取，但超过 Q_1 部分的电费按每度 P_2 的价格收取；当耗电量超过 Q_2 时，超过部分按每度电 P_3 的价格收取。如果垄断电力公司没有执行二级价格歧视而是仍使用单一定价策略，那么电力公司在消费者使用总量为 Q_3 的电量时，每度电售价为 P_3，电力公司总收益为矩形 $P_3OQ_3E_3$ 的面积。而如果执行二级价格歧视，电力公司获得的总收益为三个矩形的面积之和，这三个矩形分别为 $P_1OQ_1E_1$、$E_4Q_1Q_2E_2$、$E_5Q_2Q_3E_3$，新的收益要远远大于没有执行二级价格歧视前的总收益。

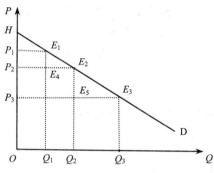

图 7-13　完全垄断厂商的二级价格歧视

一般而言，二级价格歧视有以下两种情形。

1．单一两段收费

单一两段收费是指企业先对消费者收取一笔购买权费，然后再收取每单位商品的使用费。企业采用两段收费，就必须能采用某种手段防止转卖的发生。否则，一位消费者可以先支付一笔固定费用，然后采购所有产品，再转售给他人。这样，企业就只能收到一笔固定费用。比如，假设一家企业先要求每个顾客付出 100 元，然后才能按 1 元的单价购买产品。如果 A、B 两人都打算购买 50 单位的商品，则每人需要支付 150 元，两人共计支付给企业 300 元。但是，如果由 A 代表两人购买，两人则只需要支付给企业 200 元，每人只支付 100 元，这就提高了两人的福利。为了防止这种行为的发生，企业通过提高 A 分销给 B 的费用来阻止两个人之间的转卖。平时我们见到的产品往往都是单一价格的，也就是说购买权费为零。

2．两种两段收费

当企业不知道某一个消费者的确切需求类别时，可以向消费者提供两种不同的收费安排供其选择。每个消费者将选择能给他带来最高效用或利益的两段收费安排。比如，很多大型商场向一次性购买量大的顾客发放金卡，而给一次性购买量小的顾客发放银卡或不发卡。当发生购买时，拥有金卡的顾客就可以在价格上优惠很大的百分点，无卡的顾客就可能优惠很小或者没有优惠。垄断企业通过这种方式可以区分出不同购买量的顾客，并对少量购买的顾客进行歧视，使他们对同样数量的产品或服务比前一类顾客支付更高的价格。另外，很多商场推出的"买300元返100元"、"买500元返200元"的活动也都是二级价格歧视方式。

一般地，两种两段收费可以描述为，如果第二类顾客在一定价格下的需求大于第一类顾客，那么企业的最佳策略是对第二类顾客收取金额为 T_2 的固定费用，对第一类顾客收取金额为 T_1 的固定费用，而且 $T_2>T_1$；同时，对第二类顾客收取的边际价格为 P_2，对第一类顾客收取的边际价格是 P_1，而且 $P_2<P_1$。这样，企业通过向购买量较多的顾客收取较高的固定费用并为其提供低价，从而攫取了较大的消费者剩余。高额的固定费用吓跑了第一类顾客，他们宁愿为其购买的数量较少的产品支付高价。这样，企业就区分出了两组顾客群体。

与一级价格歧视一样，通过二级价格歧视，垄断厂商从消费者那里获得了更多的消费者剩余。但是，二级价格歧视和一级价格歧视仍有所不同。首先，一级价格歧视的前提是垄断厂商能够清晰地确定消费者的偏好，据此方能执行一级价格歧视；而二级价格歧视下，消费者的偏好就不再是前提条件，无论消费者是什么样的偏好，他们面对的都是相同的价格结构，即都是根据不同的消费数量支付不同的单位价格。其次，一级价格歧视中，垄断厂商获得了全部的消费者剩余；二级价格歧视是根据数量段制定价格而不是根据每个产品单独制定价格的，因此二级价格歧视只获得部分消费者剩余。

7.3.4　三级价格歧视

三级价格歧视是指垄断企业对同一产品在不同的市场上收取不同的价格，或者对不同的人收取不同的价格。很明显，实行三级价格歧视需要具备两个条件：一是存在着可以分割的市场，否则市场上的套利行为不可避免；二是被分割的各个市场上的需求价格弹性不同。基于这两点，三级价格歧视经常被应用于国际贸易中，因为国内外市场不仅是分割的，而且源于经济、文化、环境等原因，需求弹性也是不同的。

实际上，无论面对多少个子市场，垄断厂商完全可以将它们看成一个整体的市场。将每一个子市场中的消费者集合在一起，就是垄断厂商面对的所有消费者。从这个角度上说，每一个子市场需求曲线的水平加总，就是垄断厂商所面对的需求曲线。假设垄断厂商面对着两个子市场，即市场 A 和市场 B，如图 7-14（a）和图 7-14（b）所示。其中，d_A 和 d_B 分别是 A 市场和 B 市场中厂商各自面临的需求曲线，MR_A 和 MR_B 分别是 A 市场和 B 市场中厂商各自的边际收益曲线。将市场 A 和市场 B 中厂商面临的需求曲线水平加总，就得到了图 7-14（c）中垄断厂商面临的总需求曲线 d_{A+B}，相应的 MR_{A+B} 就是垄断厂商的总边际收益曲线。图 7-14（c）中，垄断厂商的边际成本曲线为 MC。垄断厂商根据利润最大条件边际收益等于边际成本，确定了均衡产量 Q_A+Q_B。也就是说，垄断厂商在面临市场 A 和市场 B 两个子市场时，如果产量定为 Q_A+Q_B，则可以获得最大利润。

垄断厂商生产出产量 Q_A+Q_B 后，如何在两个市场中进行分配呢？我们很容易得出结论，垄断厂商在两个市场分配的原则是使市场 A 和市场 B 各自的边际收益 MR_A 和 MR_B 都等于垄断厂商均衡时的边际成本 MC=P_1。首先，两个市场中的边际收益必须相等，即 MR_A=MR_B。只要两个市场之间的边际收益不等，那么厂商就会通过在两个市场中进行销量调整而获得更大的收益。比如，当 $MR_A > MR_B$ 时，厂商就会减少市场 B 中的销量而增加市场 A 中的销量，以获得更高的收益。这种调整过程一直持续到 MR_A=MR_B 为止。其次，垄断厂商必须保证其生产的边际成本等于各子市场的边际收益，否则厂商就会通过增加或减少产量来获得更高的收益。所以，垄断厂商在两个市场分配的原则是 MR_A=MR_B=MC=P_1。市场 A 中，根据 MR_A=MC=P_1，市场 A 的销售量应该为 Q_A，根据厂商的收益曲线，此时市场 A 的市场价格为 P_A；同样的道理，市场 B 中的销售量应该为 Q_B，市场价格为 P_B。之所以市场 A 中的价格 P_A 要低于市场 B 中的价格 P_B，是因为市场 A 的需求弹性比市场 B 的需求弹性大。对此，我们可以证明如下。

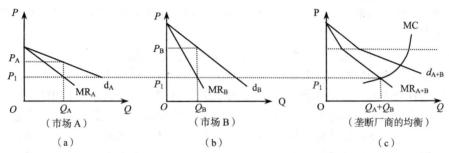

图 7-14　完全垄断厂商的三级价格歧视

市场 A 中有：

$$MR_A = P_A \left(1 - \frac{1}{e_{d_A}}\right)$$

市场 B 中有：

$$MR_B = P_B \left(1 - \frac{1}{e_{d_B}}\right)$$

根据 MR_A=MR_B，则：

$$P_A \left(1 - \frac{1}{e_{d_A}}\right) = P_B \left(1 - \frac{1}{e_{d_B}}\right)$$

整理得：

$$\frac{P_A}{P_B} = \frac{\left(1 - \frac{1}{e_{d_B}}\right)}{\left(1 - \frac{1}{e_{d_A}}\right)}$$

所以，垄断厂商在需求价格弹性小的市场上需要制定较高的产品价格，而在需求价格弹性大的市场上需要制定较低的产品价格。

三级价格歧视是日常生活中普遍存在的一种现象，其实质就是对消费者进行识别，即对需求价格弹性较高的消费者索取低价，而对需求价格弹性较低的消费者索取高价。再如，市场上经常出现的讨价还价现象也都是这样的歧视例子。

综合以上对各种价格歧视的分析，我们获得这样几个认识。

1）在一级价格歧视下，虽然资源配置没有得到扭曲，实现了资源利用最大化，但它却影响了收入分配，垄断者剥夺了消费者的所有剩余，即消费者比在竞争性条件下所获得的收益要小。

2）在二级价格歧视下，垄断企业根据不同的消费量对购买者索取不同的价格，以此来获取部分消费者剩余。与一级价格歧视相比，垄断企业虽然让渡了一部分剩余，却大大降低了定价成本。二级价格歧视的社会福利水平一般要大于单一垄断定价时的社会福利水平。

3）在三级价格歧视下，价格高于边际成本，因此其效率不如完全竞争和一级价格歧视，同时消费者的付出比竞争情形下要多，这可能不利于社会的公平分配。与单一的垄断定价相比，其效率可能更低。

企业通过实施价格歧视可以扩大销售量，增加利润。从直觉上看，企业对不同的消费者或不同的市场索取了不同的价格，消费者受到了不公平的对待，但是不能这样一概而论地认为价格歧视会降低社会福利。在经营者不能实施价格歧视，某些产品或劳务就不可能生产出来的情况下，实行价格歧视无论是对生产者还是对消费者来说都是有利的，最终会增加社会福利；在存在规模经济的情况下，通过价格歧视可以扩大产量，使平均成本和边际成本下降，随着产量的增加和价格的下降，消费者福利会相应增加，社会福利水平得以提高；价格歧视还能够增加低收入者的福利，促进社会公平的实现。

从以上分析中我们可以知道，垄断市场相比于完全竞争市场缺乏效率。完全竞争厂商的价格位于平均成本的最低点，价格等于平均成本，等于边际成本。而垄断厂商确定的价格一般高于平均成本，并且产量低于平均成本最低点的产量，这意味着厂商增加产量会降低平均成本。一方面，垄断厂商没有利用最低成本的生产技术，同时完全垄断厂商由于高价格而获取超额利润，也不利于公平分配；另一方面，垄断厂商的边际成本低于社会给予它最后一单位的评价，即边际成本小于市场价格。这意味着增加产量会增加社会福利。因此，垄断市场相比于完全竞争市场是缺乏效率的。

实例

利用专利来保持垄断——施乐公司

市场策略和专利能够并且一直被公司结合在一起使用，以便在专利过期之后仍然保持主导地位。虽然专利鼓励创新，但是专利的滥用不仅会导致较高的价格，而且在某些情况下会减缓创新的步伐。不过，要确定哪些情况是对专利的滥用有时相当困难。

你可能听人说："我要去施乐复印那份文件。"这个人的意思通常是"我要用复印机复印那份文件"。直到20世纪70年代早期，施乐公司几乎成了复印的代名词。该公司发明了复印机，它拥有超过1 700件与复印过程密切相关的专利，并且在美国出售的复印机中，有大约95%来自施乐公司。

1972 年，联邦贸易委员会起诉施乐公司，理由是它将其众多的专利作为垄断复印机生产的一种手段。联邦贸易委员会认为，在一定时间内，施乐公司不将这些专利用来保护新的发明，而是无限期地将它们作为垄断这一市场的一种策略。

经过几年的调查和辩论，一项"协议"公布了。施乐公司并不承认有什么错误，但它还是同意改变其做法。1975 年 7 月，施乐公司同意其他竞争对手使用该公司的某些专利。另外，协议还要求施乐公司撤回对其他公司侵权的起诉。联邦贸易委员会的一位发言人坚持认为，这些步骤将"清除施乐公司独占复印机行业的主要根源"。

由于不再担心使用施乐公司的专利而被起诉，以日本理光公司为首的进入者开始涌入复印机市场，复印机的价格大幅度下降。到 1980 年，施乐复印机在美国的市场份额只占 46%。而在廉价的复印机中，施乐公司的市场份额只有 31%。并且这种下降的趋势仍在继续。

此后的这些年中，这方面的创新大量出现，不仅使复印机更为便宜，而且出现了像彩色复印机与传真机相连的复印机等新产品。

资料来源：斯蒂格利茨. 经济学. 北京：中国人民大学出版社，2000.

 本章小结

1. 垄断是指一家厂商控制或独占整个行业，不存在任何竞争的市场。垄断厂商是某种商品的唯一卖者。形成垄断主要有两大原因：成本优势和进入壁垒。

2. 垄断厂商的长期、短期均衡条件为 MR=MC。短期内，垄断厂商可以获得超额利润、获得正常利润，也有可能亏损；长期内，一般能获得比短期更多的超额利润。

3. 由于垄断厂商是其市场上唯一的生产者，所以它所面临的需求曲线就是整个市场的需求曲线。厂商的需求曲线向右下方倾斜，平均收益曲线与需求曲线重合，厂商的边际收益曲线也向右下方倾斜，并且低于平均收益曲线，因此垄断的边际收益总是低于其物品的价格。

4. 垄断厂商在需求约束的范围内可以自己制定价格，具有一定的市场力量。与竞争厂商不同，垄断厂商的价格高于它的边际收益，因此它的价格高于边际成本。

5. 垄断厂商可以通过根据买者的支付意愿对同一种物品收取不同的价格来增加利润，通过价格歧视榨取消费者剩余。

6. 垄断厂商并不保证一定能获得超额利润，能否获得超额利润主要取决于社会需求。如果对该产品的需求者能接受垄断厂商制定的大于 AC 的价格，那么该厂商能获得超额利润，否则会发生亏损。出现亏损后厂商既可以继续生产，也可能停止生产。

7. 长期内，垄断厂商可以通过建立最适当的工厂规模来生产最好的长期产量，还可以通过广告、提高服务质量等扩大产品的需求量，使需求曲线向右上方移动，当然这样也会增加产品的成本。经过综合考虑，垄断厂商发现即使采取这些措施仍会亏损，在长期内就会停止生产。

复习思考题

一、选择题

1. 垄断市场一般具有的特征是（　　　）。

A．整个行业的产品只有一个供给者　　　　B．这种物品没有相近的替代品

C．其他企业进入极为困难或不可能　　　　D．以上全对

2. 如果利润最大化的垄断者生产的产量水平在边际成本大于边际收益时，那么它（　　　）。

A．将提高价格并减少产量　　　　　　　　B．将降低价格并增加产量

C．会有经济亏损　　　　　　　　　　　　D．可以实现利润最大化

3. 在下列哪一种条件下，垄断者将不再经营（　　　）。

A．短期内有经济亏损　　　　　　　　　　B．由于政府管制不能使利润最大化

C．价格低于平均可变成本

D．利润最大化的产量水平存在需求富有弹性的区间

4. 垄断的供给曲线（　　　）。

A．是平均总成本以上的边际成本曲线　　　B．是平均可变成本之上的边际成本曲线

C．是边际收益曲线向右上方的倾斜的那一部分　　D．不存在

5. 下列哪些情况对单一价格垄断者是正确的（　　　）。

A．由于只有一个企业，企业的需求就是行业的需求

B．由于没有替代品，需求是富有弹性的

C．平均收益曲线是需求曲线

D．边际收益小于价格

6. 下列哪一个不是垄断竞争的特征（　　　）。

A．企业数量很少　　　　　　　　　　　　B．进出该行业容易

C．存在产品差别　　　　　　　　　　　　D．企业忽略其竞争对手的反应

7. 最需要进行广告宣传的市场是（　　　）。

A．完全竞争市场　　　B．垄断市场　　　　C．垄断竞争市场　　　　D．寡头市场

8. 在垄断市场上，价格（　　　）。

A．可由企业任意决定　　　　　　　　　　B．一旦确定就不能变动

C．受市场需求状况的限制　　　　　　　　D．由消费者决定

二、判断题

1. 垄断市场上，边际收益一定大于平均收益。（　　　）

2. 垄断市场上，整个行业的需求曲线是一条与横轴平行的线。（　　　）

3. 垄断市场上，由于只有一家企业，因此它可以随意定价。（　　　）

4. 垄断市场上，短期均衡的条件是 MR=MC。（　　　）

5．垄断市场上，无论在短期还是长期，企业都可以获得超额利润。（　　）

6．对需求缺乏弹性的产品而言，在实行单一定价时，垄断企业采用高价少销是有利的。（　　）

7．歧视定价的基本原则是对需求富有弹性的消费者收取高价，而对需求缺乏弹性的消费者收取低价。（　　）

8．完全价格歧视就是垄断企业对不同市场的不同消费者实行不同的价格。（　　）

9．电力部门对工业用电与民用电实行不同的价格属于完全价格歧视。（　　）

10．与单一定价相比，歧视定价获得的利润更多，因此垄断者普遍采用歧视定价。（　　）

三、简答题

1．比较完全竞争厂商和垄断厂商的收益曲线。

2．简要说明垄断市场上的短期均衡和长期均衡。

3．简要说明垄断企业的定价策略。

4．经济学家是如何评价垄断市场的？

5．为什么在完全竞争市场上平均收益等于边际收益，而在垄断市场上却是平均收益大于边际收益？

四、计算题

1．完全垄断厂商的成本函数为 $TC = Q^2 - 3Q$，需求函数为 $P = 12 - 4Q$。

（1）求利润最大化时的产量和价格。

（2）若政府限价，使之与完全竞争时的产量水平一样，限价应为多少？

（3）若政府对每单位产品征产品税 3 单位，新的均衡点如何？

2．垄断厂商的短期总成本函数为 $STC = 0.1Q^3 - 6Q^2 + 140Q + 3000$，需求函数为 $P = 150 - 3.25Q$，求该厂商的短期均衡产量和均衡价格？

3．已知某垄断厂商的成本函数为 $TC = 0.6Q^2 + 3Q + 2$，需求函数 $P = 8 - 0.4Q$。

（1）求利润最大化时的产量、价格、收益、利润。

（2）求厂商收益最大化时的产量、价格、收益、利润。

（3）比较（1）和（2）的结果。

4．某垄断厂商的需求函数为 $P = 100 - 2Q + 2\sqrt{A}$，成本函数为 $TC = 3Q^2 + 20Q + A$，A 表示厂商的广告支出。求实现利润最大化时 Q、P、A 的值。

5．假定某垄断厂商可以在两个分割的市场上实行价格歧视。两个分割的市场上，该厂商所面临的需求曲线表示如下：市场 1，$Q_1 = a_1 - b_1 P_1$；市场 2，$Q_2 = a_2 - b_2 P_2$。假定厂商的边际成本为常数 C，请证明：垄断者无论是实行价格歧视（在两个市场上收取不同的价格）还是不实行价格歧视（在两个市场上收取相同的价格），这两种定价策略下的产出水平都是相同的。

五、图示题

1．图示垄断厂商的需求和收益曲线。

2．图示完全垄断市场的厂商均衡。

第8章

垄断竞争市场与寡头垄断市场

知识目标 ① 了解垄断竞争市场和寡头市场的特征；② 掌握垄断竞争市场的均衡特点；③ 了解寡头垄断厂商博弈的不同类型；④ 了解对垄断竞争和寡头垄断市场的评价。

能力目标 ① 了解各种市场的类型；② 具有分析市场类型的能力，具备运用古诺模型、贝朗特模型等分析现实经济现象的能力；③ 具备利用市场垄断特征行为的能力；④ 具备对垄断竞争的分析判断能力。

 引导案例

"谢尔曼法"与微软违反反垄断法案件

《谢尔曼法》是 1890 年美国国会制定的第一部反托拉斯法，也是美国历史上第一个授权联邦政府控制、干预经济的法案。该法规定：凡以托拉斯形式订立契约、实行合并或阴谋限制贸易的行为，均属违法。旨在垄断州际商业和贸易的任何一部分的垄断或试图垄断、联合或共谋犯罪。违反该法的个人或组织，将受到民事的或刑事的制裁。该法奠定了反垄断法的坚实基础，至今仍然是美国反垄断的基本准则。但是，该法对什么是垄断行为、什么是限制贸易活动未做出明确解释，为司法解释留下了广泛的空间，而且这种司法解释要受到经济背景的深刻影响。

2007 年 9 月 17 日，欧洲初审法院裁定，维持欧盟委员会 2004 年对美国微软公司做出的反垄断处罚决定，包括向这家世界上最大的软件制造商开出的 4.97 亿欧元的巨额罚单。欧盟的这个处罚决定是近年来微软第一次在垄断问题上的败诉，也是第一次肯定了微软的垄断行为。

微软公司的行业垄断行为及因此受到的起诉案件诸如微软通过其强大的经济实力对外免费派送其开发的互联网浏览软件 Internet Explorer，同时通过和操作系统捆绑的方式（即购买操作系统便一并获得 Internet Explorer）对外扩张。微软通过这种方式把 Netscape 的市场

蚕食无几。微软通过其在操作系统领域拥有的优势压制这种技术，导致 Java 技术的开发和推广举步维艰。微软的拳头产品 Windows98/NT/2000/Me/XP/Server2003 成功地占有了从 PC 机到商用工作站甚至服务器的广阔市场，为微软公司带来了丰厚的利润；公司在 Internet 软件方面也是后来居上，抢占了大量的市场份额。微软通过种种手段长期霸占操作系统市场的巨大影响已经对软件同行构成了极大的压力，也把自己推上了反垄断法的被告位置。微软被指控的违反反垄断法的罪名主要有：非法竖立壁垒，企图阻止竞争者进入市场；把购买其主宰个人计算机系统的"视窗"跟接受微软其他软件挂钩；强制计算机厂商签署排他性合同；极力制止消费者采用别种浏览器。

　　资料来源：根据互联网资料整理。

　　完全竞争市场和完全垄断市场是理论分析中两种极端的市场类型，现实中常见的是垄断竞争市场和寡头垄断市场。垄断竞争市场与寡头垄断市场是微观经济学重要的市场结构分析框架，两者既不同于完全竞争市场，也不同于完全垄断市场。垄断竞争市场具备了竞争与垄断的双重特质，而寡头垄断市场则是少数垄断厂商市场实现经济利益与矛盾均衡的博弈舞台。

8.1　垄断竞争市场的特征

8.1.1　垄断竞争的条件

1. 垄断竞争市场的含义

　　垄断竞争市场是既存在竞争又存在垄断的市场结构，是现实经济生活中最为常见的一种市场结构。该市场中有很多厂商生产和销售有差别的同种产品。由于产品差别化的存在，垄断竞争中整个行业的概念变得相当模糊。

2. 垄断竞争市场的条件

　　1）市场上有众多的消费者和厂商，每个厂商所占的市场份额较小。

　　2）厂商生产的产品存在着差别，即有很大的替代性。这种差别的存在是垄断竞争形成的基本条件。产品的差别包括产品本身的差别和销售条件等方面的差别。正是由于这种差别，企业对自己的产品实行垄断成为可能，但产品替代性又促使市场上同类产品之间展开激烈竞争。

　　3）从长期来看，厂商进入或退出一个行业是自由的。垄断竞争市场是常见的一种市场结构。例如，肥皂、洗发水、毛巾、服装、布匹等日用品市场，餐馆、旅馆、商店等服务业市场，牛奶、火腿等食品类市场，书籍、药品等市场，这些大都属于此类。

8.1.2　垄断竞争厂商的需求曲线与收益曲线

1. 需求曲线

　　由于垄断竞争厂商生产的是有差别的产品，因而其对该产品都具有一定的垄断能力，和完全竞争的厂商只是被动地接受市场的价格不同，垄断竞争厂商对价格有一定的影响力。比如，厂商如果将它的产品的价格提高一定的数额，则习惯于消费该物品的消费者可能不会放弃该物品的消费，该产品的需求不会大幅度下降。但若厂商大幅度提价的话，由于存在着大量的替代品，消费者就可能舍弃这种偏好，转而购买该商品的替代品。因此，垄断竞争厂商所面临的需求曲线相对于完全竞争厂商而言要更陡一些（即更缺乏弹性），相对于垄断厂商来讲则要更缓一些（即更富有弹性）。

由于在垄断竞争行业中厂商生产的产品都是有差别的替代品，因而市场对某一厂商产品的需求不仅取决于该厂商的价格—产量决策，而且取决于其他厂商对该厂商的价格—产量决策是否采取对应的措施。比如，一个厂商采取降价行动，如果其他厂商不降价，则该厂商的需求量可能上升很多；但如其他厂商也采取降价措施，则该厂商的需求量不会增加很多。这样，在分析垄断竞争厂商的需求曲线时，就要分两种情况进行讨论。

（1）d 需求曲线

d 需求曲线表示在垄断竞争生产集团中的单个厂商改变产品价格，而其他厂商的产品价格保持不变时，该厂商的产品价格与销售量之间的对应关系。因为在市场中有大量的企业存在，因而单个厂商会认为自己的行动不会引起其他厂商的反应，于是它便认为自己可以像垄断厂商那样，独自决定价格。这样，单个厂商在主观上就有一条斜率较小的需求曲线，称为主观需求曲线。

（2）D 需求曲线

D 需求曲线表示在垄断竞争生产集团中的单个厂商改变产品价格，而其他所有厂商也使产品价格发生相同变化时，该厂商的产品价格和销售量之间的关系。现实中，一个垄断竞争厂商降低价格时，其他厂商为了保持自己的市场，势必也会跟着降价，该厂商因而会失去一部分顾客，需求量的上升不会如厂商想象的那么多，因而还存在着另外一条需求曲线，称之为客观需求曲线或比例需求曲线。

在图 8-1 中，如果某垄断厂商将价格由 P_1 下降为 P_2 时，集团内其他所有厂商也都将价格由 P_1 下降为 P_2，于是，该垄断竞争产生的实际销售量是 D 需求曲线上的 Q_3，Q_3 小于它的预期销售量即 d_1 需求曲线上的 Q_2。这是因为集团内其他厂商的买者没有被该厂商吸引过来，每个厂商的销售量增加仅来自整个市场的价格水平的下降。所以，该垄断竞争厂商降价的结果是使自己的销售量沿着 D 需求曲线由 A 点运动到 B 点。同时，d_1 需求曲线也相应地从 A 点沿着 D 需求曲线平移到 B 点，即平移到 d_2 需求曲线的位置。d_2 需求曲线表示当整个生产集团将价格固定在新的价格水平 P_2 以后，该垄断竞争厂商单独变动价格时在各个价格下的预期销售量。

所以，关于 D 需求曲线，还可以说，它是表示垄断竞争生产集团内的单个厂商在每一个市场价格水平的实际销售份额。若生产集团内有 n 个垄断竞争厂商，不管全体 n 个厂商将市场价格调整到何种水平，D 需求曲线总是表示每个厂商的实际销售份额为市场总销售量的 $1/n$。

（3）d 需求曲线与 D 需求曲线的关系

当所有厂商都调整价格时，整个市场价格的变化会使单个垄断竞争市场 d 需求曲线沿着 D

需求曲线上下移动。

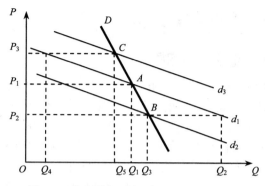

图 8-1　垄断竞争厂商所面临的需求曲线

d 需求曲线表示单个厂商改变价格时预期的产量，而 D 需求曲线表示单个厂商在每一价格水平上实际面临的市场需求量或销售量，所以 d 需求曲线与 D 需求曲线相交，意味着垄断竞争市场的供求平衡状态。

客观 D 需求曲线更缺乏弹性，所以更陡峭一些；主观需求曲线弹性较大，所以较平坦一些。

2. 收益曲线

由于厂商的平均收益 AR 总是等于该销售量上的价格 P，因此平均收益曲线就是厂商的需求曲线。需求曲线向右下方倾斜，则平均收益曲线也是向右下方倾斜的，且两线重合。平均收益递减，则边际收益必定也是递减的，并且小于平均收益。所以与垄断厂商类似，垄断竞争厂商的边际收益曲线 MR 也是位于平均收益曲线 AR 之下且较 AR 曲线更为陡峭，如图 8-2 所示。

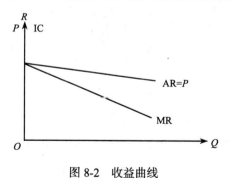

图 8-2　收益曲线

因此，当厂商试图提高产品价格时，其损失掉的需求量（收益）比垄断时要大；相反，当垄断竞争厂商降低价格时，其争取到的需求量（收益）可能更大。

综合两个方面的因素，垄断竞争的厂商面临的是一条向右下方倾斜的需求曲线，但曲线比较平坦。

8.2 垄断竞争厂商的均衡分析

8.2.1 垄断竞争厂商的短期均衡

垄断竞争厂商在短期内会通过调整它的产量和价格来实现它的利润最大化目标。

如图 8-3 所示，SMC 是代表性厂商的边际成本曲线，d_1 是厂商的主观需求曲线，D 是厂商的客观需求曲线。假定厂商一开始处于 A 点，此时产量是 Q_0，价格为 P_0。为了实现利润最大化，厂商会按照 $MR_1=MC$ 的原则来调整其价格和产量，即沿着主观需求曲线调整至 B 点，此时价格是 P_1，产量为 Q_1。由于在行业中的其他厂商也面临着相同的情况，每个厂商都在假定其他厂商不改变产量和价格的条件下根据自己的利润最大化原则降低了价格。于是，当其他厂商都降低了自己产品的价格时，代表性厂商实际的需求量不能增加到 Q_1，而只能是 Q_0 和 Q_1 之间的一点 C，需求量只有 Q_2。厂商的主观需求曲线也要修正到通过 C 点的 d_2，边际收益曲线也相应调整至 MR_2。这样该厂商在 P_1 的价格下无法实现最大利润，必须进一步做出调整。按照厂商利润最大化的条件 $MR_2=MC$，厂商将会把价格进一步降低至 P_2，厂商预期自己的需求量将会增加至 Q_3。但是由于其他厂商采取同样的行动，该厂商的需求量实际只能沿客观需求曲线增加到 Q_4，厂商在 P_2 价格下仍无法实现最大利润。以此类推，厂商的价格还需做出进一步的调整，其主观需求曲线也将沿客观需求曲线不断移动。

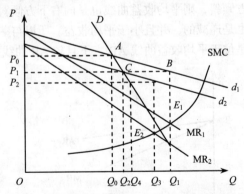

图 8-3　垄断竞争厂商在短期内的生产调整过程

上述调整过程实际是一个"试错"的过程，这一"试错"过程不断进行，一直持续到实现短期均衡状态为止。如图 8-4 所示，厂商实现短期均衡时，必须满足如下条件：① 厂商的产量 Q_E 符合 $MR=MC$ 的原则，厂商实现了利润最大化，因而厂商没有动力改变目前的状态。② 厂商此时的产量和价格决策恰位于主观需求曲线与客观需求曲线的交点 H，亦即厂商按自己能够感觉到的主观需求曲线所做出的价格产量决策恰好和其他厂商做出同样调整的价格产量决策相一致。

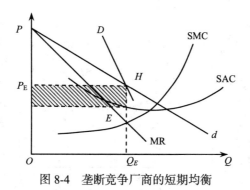

图 8-4　垄断竞争厂商的短期均衡

垄断竞争厂商实现短期均衡时的利润如图 8-4 中阴影部分所示。当然，和垄断厂商、完全竞争厂商一样，垄断竞争厂商也可能获得经济利润，经济利润也可能为零，甚至是亏损，或经济利润为负。这主要取决于厂商所面临的需求曲线与其平均成本曲线的位置。如果厂商的平均成本曲线位于需求曲线之上，即厂商的平均成本太高或者需求太低，则厂商在短期内无论如何调整其价格和产量都无法摆脱亏损的命运。

8.2.2　垄断竞争厂商的长期均衡

长期内，垄断竞争厂商可以通过扩大或缩小其生产规模来与其他企业进行竞争，也可以根据自己能否获得经济利润来选择是进入还是退出一个行业。

假设垄断竞争厂商在短期内能够获得经济利润，在长期内所有的厂商都会扩大生产规模，也会有新的厂商进入该行业进行生产，在市场总的需求没有大的改变的情况下，代表性厂商的市场份额将减少，虽然主观需求曲线不变，但客观需求曲线将向左下方移动，从而厂商的产品的实际需求量低于利润最大化的产量。为了实现长期均衡，厂商必须降低其价格、提高其产量来适应这种变化，从而主观需求曲线和客观需求曲线都会向左下方移动。这一过程会一直持续到行业内没有新的厂商进入，也没有企业愿意扩大生产规模为止，此时厂商的利润为零。

厂商实现长期均衡时所处的状态如图 8-5 所示。长期均衡时，厂商的主观需求曲线 d 与长期平均成本曲线 LAC 相切于 E 点，客观需求曲线也与 d 和 LAC 曲线相交于 E 点，此时厂商的均衡产量 Q_E，满足厂商利润最大化的要求 MR=LMC=SMC。而此时 P=AR=LAC，所以厂商的利润为零。

如果考虑行业内厂商亏损、厂商退出行业或者减少产量的过程，与上述的分析过程类似，只不过两条需求曲线的移动方向相反而已，最终均衡的结果都是主观需求曲线与 LAC 曲线相切，利润为零。

由此可以得出结论，垄断竞争市场上长期均衡的条件为：① MR=LMC=SMC；② AR=LAC=SAC。

从长期均衡的条件看，垄断竞争厂商与完全竞争厂商相同，但实际上两者存在着很大不同。

其差别表现在以下几个方面。

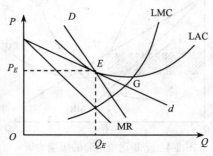

图 8-5　垄断竞争企业的长期均衡

1）完全竞争厂商的 D、AR、MR 曲线三线合一，切为平行线；垄断竞争厂商的 D、AR 重合，且向右下方倾斜，并且 MR<AR。

2）完全竞争下，长期均衡时的产量及平均成本处于最低点；垄断竞争下，长期均衡时的产量及平均成本高于最低点。

3）完全竞争下的长期均衡价格低于垄断竞争下的均衡价格，且 P = MC；垄断竞争下的长期均衡价格较高，P>MC。

4）完全竞争下长期均衡的产量高于垄断竞争时的均衡产量。

8.2.3　垄断竞争厂商非价格竞争

1. 非价格竞争的含义

非价格竞争是在不完全竞争市场上，资源企业通过改变产品品质、营销策略、广告等非价格方式来最大化地实现自己利润的竞争行为。

2. 非价格竞争的特点

（1）单一因素竞争向多因素竞争转变

非价格竞争是一种产品单一因素竞争向多因素竞争的转变。在价格竞争阶段，产品竞争主要是通过产品自身的因素完成的，自由竞争阶段的压低价格和垄断竞争阶段的抬高价格都是如此。其原因在于，一方面生产力的水平不高，产品十分有限，经济竞争只能是数量的竞争，往往通过提高产品的产量、增加产品的市场占有量相应地降低产品的价格的竞争方式就能取得竞争的优势。从经济结构的特点来看，产品主要是技术含量低和附加值低的产品，企业没有必要花大力气树立名牌和企业形象，也不需要完善的服务。另一方面，人们手中的货币十分有限，社会的有效需求相对不足；同时人们了解商品信息的渠道也不够畅通，在没有其他条件可供选择的情况下，价格是唯一的选择目标。随着产品的逐渐丰富，同类产品之间的可选择性在不断增强，进而产品的质量也成了人们选择商品的主要标准。与此同时，商品的外观、形状、包装等可视性因素及延伸性因素（如服务）等都成了人们选择商品的依据。

（2）产品内外因素相结合的竞争

非价格竞争是从注重产品内在因素竞争向产品内外因素相结合竞争的转化。现代社会是信息爆炸的时代，在数以万计的同类商品面前，消费者选择哪些商品，很大程度上就依赖于人们所掌握的信息的情况。现代社会的发展，特别是信息传播技术的大力发展也在客观上为人们多方面、多渠道地选择商品提供了保证。过去，产品的竞争主要靠产品的内在因素，即产品的性能、品质、贵贱等因素来完成，产品的宣传和传播主要靠人际传播来进行。而现在，随着同类商品的不断增多，人们不可能对每种商品都能有很清楚的了解，也不可能把所有的信息都掌握清楚。这种情况下，企业或产品通过广告宣传就可以被广大公众所认知，公众也不像过去那样只认识产品而不认识生产者或只认识此产品而不认识彼产品了，而往往是通过产品来了解企业、通过企业形象而认识其产品或信赖其产品的。这也正是现代名牌战略和企业形象战略不断得到普及和推广的主要原因。

（3）从推销观念向营销观念再向竞争观念转化

非价格竞争也实现了销售方式从推销观念向营销观念再向竞争观念的转化。在早期的商品经济发展阶段，产品销售以推销为主，这种方式是企业为处理掉它所制造出来的产品所做的工作。它是以产品为中心的销售方式。而营销则是注意观察消费者不断变化的需求，调整企业的产品、服务和分销方式，以适应市场新的需求的销售方法。这种方法以顾客为中心，从而实现了产品竞争中销售模式的改变。目前竞争观念又取代了营销观念。一些企业家认为，营销观念片面强调顾客导向而对竞争者的经营战略，特别是对竞争者即将采取的措施及其潜能重视不够，使企业生产的产品和提供的服务不能区别于其竞争对手，从而使相关企业面临的市场相对狭小，彼此之间都无法实现利润极大化，因此必须在考虑顾客需求满足的同时考虑竞争者的经营战略，这样才能在最小风险下实现赢利的持续增加。因而，企业的差别潜能、产品的市场定位、产品开发、信息沟通和营销策略就和价格的制定一起成了生产者实现产品竞争不得不考虑的内容。这种营销方法的改变，也正是非价格竞争的主要表现方式之一。非价格竞争是比价格竞争更高层次的一种竞争方式，因为价格竞争主要是生产成本的竞争，即在尽可能减少生产成本条件下的竞争。而非价格竞争所涉及的方面更为广泛，层次更为深入，对生产者的技术、知识、信息及管理水平方面都提出了更高的要求。随着时代的进步，对市场营销者来说，产品的制造将不是一个最主要的问题。因此，非价格竞争是一种能够适应商品经济不断发展的要求，并代表着市场营销竞争大趋势的竞争方式。

3．非价格竞争策略

1）产品创新策略。社会发展飞速前进，在今天知识经济时代的前提下，消费者对产品的要求越来越高，标准化产品、统一的营销方式和水准已经远远不能满足他们的需要，单一的产品品种无法满足消费者，价格因素对竞争的影响降低，消费者开始关注产品的差异化及其更新换代的速度。

2）产品品牌个性化。每一种产品的不同质量、价格、外观、品位、内涵都会给消费者带来不同的感受和理念，也会给消费者带来不同程度的心理上的满足，这些都是影响消费者购买产品的重要因素。现代生活水平在不断提高，高技术含量和高档次的产品在不断增加，产品的差异化、品牌的个性化倾向越来越显著。除了质量、价格、外观等理性方面，消费者越来越强调产品的文化内涵、个性等感性方面的影响因素，这种情感因素的增加也加宽了消费者对产品及品牌的理解和依赖。

3）产品服务竞争策略。美国著名市场营销学家莱维特曾说过："未来企业竞争的焦点不再是企业能为消费者生产出具有什么使用价值的产品，而是企业能为消费者提供什么样的附加价值——即服务。"因此，企业为了拥有竞争优势，必须实施销售服务竞争策略。服务策略又包括服务到个性化、服务到精细化、服务到互动化、服务到知识化。

4）战略联盟。所谓战略联盟，就是指两家或两家以上公司为了达到某些共同的战略目标而结成的一种网络式联盟，联盟成员各自发挥自己的竞争优势，相互合作，共担风险。在完成共同的战略目标后，这种联盟一般都会解散，其后为了新的战略目标，公司也可能与新的合作者结成新的联盟。战略联盟是一种适应市场环境变化的新型竞争观念，它以一种合作的态度来对待竞争者，形成商业联盟，通过建立双方的信任关系，在合作中竞争，实现优势互补，借助对方来加强各自的竞争力，在合作的基础上展开竞争，从而不断提高竞争的水平，促进社会经济和技术的不断发展。

5）广告策略。随着经济的不断发展，买方市场格局逐渐稳定，广告越来越显示出其不可替代的价值与作用。广告是以促进销售为目的，付出一定的费用，通过特定的媒体传播商品或劳务等有关经济信息的大众传播活动。广告宣传的基本功能在于向消费者传递商品的信息，加强生产者与消费者之间的沟通，以此促进商品销售。而广告之所以能在市场促销过程中起举足轻重的作用，这是由广告的功能所决定的。广告的功能特点是高度普及公开、渗透性强、富于表现力，广告促销既能用于树立企业形象，也能促进快速销售。当前，促销宣传不再是仅以某种优惠或变相优惠来吸引消费者购买，而是以妥善处理公共关系、树立产品和企业的良好形象、增强消费者和社会的信任为其主流的一种商业方式。

通过非价格手段进行竞争，也会引起对方的反应，但这种反应比起价格竞争引起的反应要慢得多。这是因为非价格因素的变化一般不易被对方所发觉，即使对方发觉，到有所反应也需要一个过程。用非价格因素进行竞争，一方面对方反应较慢，另一方面其效果又比较长久。

非价格竞争的效果集中到一点就是改善消费者对本企业产品的看法，使本企业的产品在消费者头脑中与别的企业的产品区别开来。显然，一旦企业在竞争中取得了这种效果，对方要把顾客重新夺回去是很不容易的，因为这需要把顾客对产品的看法再扭转过来。

相关链接

垄断竞争市场的非价格竞争

产品差异化是垄断竞争市场上常见的一种现象，不同企业生产的产品或多或少都存在相互替代的关系，但是它们之间存在差异，并非完全可替代。垄断竞争厂商的产品差异化包括产品本身的差异和人为的差异，后者包括方位的差异、服务的差异、包装的差异、营销手法的差异等。企业往往希望通过产品差异化来刺激产品的需求。

1）产品的原材料——潘婷洗发水宣称其成分中有 70%是用于化妆品的，让人不能不相信其对头发的营养护理功效。舒蕾现下推广的"小麦蛋白"洗发水也是在试图通过原料成分来加强产品的价值感。

2）产品的手感——TCL 电工通过李嘉欣告诉大家"手感真好"，因为手感好也是消费者自己判断开关质量的简单而又重要的标准。

3）产品的颜色——普通的牙膏一般都是白色的，然而当出现一种透明颜色或绿色的牙膏时，大家觉得这牙膏肯定更好。高露洁有一种三重功效的牙膏，膏体由三种颜色构成，给消费者以直观感受：白色的在洁白牙齿，绿色的在清新口气，蓝色的在清除口腔细菌。

4）产品的味道——牙膏一般都是甜味的，可是 LG 牙膏反而是咸味的，大家觉得这牙膏一定好。那么，如果有种苦味的牙膏呢?大家也会觉得好。这就是差异化的威力。

5）产品的造型设计——摩托罗拉的 V70 手机，独特的旋转式翻盖成为其最大的卖点。

6）产品功能组合——组合法是最常用的创意方法，许多发明都是据此而来的。海尔的氧吧空调在创意上就是普通空调与氧吧的组合。白加黑也是一种功能的分离组合，简单的功能概念却造就了市场的奇迹。

7）产品构造——"好电池底部有个环"，南孚电池通过"底部有个环"给消费者一个简单的辨别方法，让消费者看到那个环就联想到了高性能的电池。海尔"转波"微波炉的"盘不转波转"也是在通过强调结构的差异来提高产品的价值感。

8）新类别概念——建立一个新的产品类别概念，最经典的当属"七喜"的非可乐概念，这里不再多言。

9）隐喻的概念——瑞星杀毒软件用狮子来代表品牌，以显示其强大"杀力"；胡姬花通过隐喻概念"钻石般的纯度"来强化其产品价值；白沙烟用鹤来表现飞翔、心旷神怡、自由的品牌感受。

10）事件概念——相信全国人都知道海尔的"砸冰箱"事件，直到多少年后，海尔还在不厌其烦地经常将其拿出来吆喝几声，该事件为海尔的"真诚到永远"立下了汗马功劳，可见事件概念的传播也是威力巨大。事件营销要注意把握时机，如能与社会上的最热话题联系起来，则会起到事半功倍的效果。2003 年的一大热点当然是神五飞天，"蒙牛"及时"对接成功"，有效地提升了品牌形象，是近年来少见的优秀事件营销传播案例。

11）广告传播创意概念——"农夫果园摇一摇"、"乐百氏 27 层净化"、"金龙鱼 1:1:1"都属此类型。

12）专业概念——专业感是信任的主要来源之一，也是建立"定位第一"优势的主要方法。很多品牌在塑造专业感时经常直称专家：方太——厨房专家；华龙——制面专家；中国移动——移动通信专家。

13）建立"老"概念——时间长会给人以信任感，因此诉求时间的概念也是一种有效方法。

而且，时间的概念感觉越老越好，如玉堂酱园——始于康熙 52 年，青岛啤酒——始于 1992 年。

14）产地概念——总有许多产品具有强烈的产地特点，如北京的二锅头、烤鸭，山东的大花生，新疆的葡萄，还有我们常说的川酒云烟等。提炼这些地域特色强烈的产品的地域概念显然是很有效的方法。例如，云峰酒业的"小糊涂仙"、"小糊涂神"、"小酒仙"等都在说"茅台镇传世佳酿"；"鲁花"花生油说"精选山东优质大花生"等。

15）具体数字概念——越是具体的给人的信任感越强，因此挖掘产品或品牌的具体数字也是常用的方法。"乐百氏 27 层净化"、"总督牌香烟，有 20 000 个滤嘴颗粒过滤"等都是该方法的应用。

16）服务概念——同样的服务，一个好的概念则能加强品牌的美好印象。比如，海尔提出的"五星级服务"也为其"真诚到永远"做出了不少的贡献。另外，"24 小时服务"、"钻石服务"等都是不错的服务概念，在加强品牌美誉度方面起到不可忽视的作用

8.3　寡头垄断市场的特征

相互依存是寡头垄断市场的基本特征。由于厂商数目少而且占据市场份额大，不管怎样，一个厂商的行为都会影响对手的行为，影响整个市场。所以，每个寡头在决定自己的策略和政策时，都非常重视对手对自己这一策略和政策的态度和反应。作为厂商的寡头垄断者是独立自主的经营单位，具有独立的特点，但是它们又互相影响、互相依存。这样，寡头厂商可以通过各种方式达成共谋或协作，可以签订协议，也可以暗中默契。

8.3.1　寡头垄断市场的含义

寡头垄断又称寡头、寡占，意指为数不多的销售者。在寡头垄断市场上，只有少数几家厂商供给该行业全部或大部分产品，每个厂家的产量占市场总量的相当份额，对市场价格和产量有举足轻重的影响。

寡头垄断是一种由少数卖方（寡头）主导市场的市场状态。寡头垄断是同时包含垄断因素和竞争因素而更接近于完全垄断的一种市场结构。它的显著特点是少数几家厂商垄断了某一行业的市场，这些厂商的产量在全行业总产量中占很高的比例，从而控制着该行业的产品供给（以市场集中率显示：20%以下为竞争性市场，20%～39%为弱寡头市场，40%～59%为寡头市场，60%以上为强寡头市场）。

寡头和垄断往往密不可分。比如，某一个行业只有一家厂商经营相关业务，消费者或其他上下游产业没有别的选择余地，只能与它进行交易或者接受其商品或服务，这就叫垄断。而这一家公司就叫寡头，二者结合就是寡头垄断。

8.3.2　寡头垄断市场形成的原因

寡头垄断的形成首先是由某些产品的生产与技术特点所决定的，寡头垄断行业往往是生产

高度集中的行业，如钢铁、汽车、石油等行业。其次，寡头厂商为保持自身地位而采取的种种排他性措施，以及政府对某些寡头厂商的扶持政策等，也可促进寡头垄断市场的形成。

具体来说，寡头垄断市场形态的出现主要归因于两点：一是市场竞争的垄断，即企业通过自身的竞争优势所获取的市场垄断，如微软对操作系统软件领域的垄断；二是政府法定的行政垄断，即政府通过法律法规赋予行业中的某个企业以垄断权力，同时对其进行一定的管制，以改善效率。这种市场形态主要出现在一些具有自然垄断属性的行业当中，如供水、管道煤气等。

8.4　寡头垄断市场的模型分析

8.4.1　古诺模型

古诺模型是由法国经济学家奥古斯丁·古诺于 1838 年最早提出的，它研究的是一个双寡头垄断市场。古诺以"拥有两个零边际成本的矿泉水市场"为例，提出如下假定：两个寡头厂商 A 和 B 生产同一种产品；厂商产量为独立变量，二者产量总和影响市场价格；每个寡头均以实现利润最大化为目的，以对方产量维持前一时期水平为前提，来决定自己每一时期的产量；两家厂商面临相同的需求曲线。

假设 A 厂商和 B 厂商所生产的产量分别为 Q_A 和 Q_B，则市场需求函数为：

$$P=90-Q$$

由于市场供给量是 Q_A+Q_B，所以需求函数也可以写成：

$$P = 90-Q_A-Q_B$$

由于成本为零，厂商 A 的利润可以写成：

$$\pi A = P·Q_A=\left(90-Q_A-Q_B\right)Q_A =90Q_A-Q_AQ_B-Q_A^2$$

假定厂商 B 的产量不变，则厂商 A 要实现利润最大化必须满足一些条件：

$$\partial\pi/\partial Q_A=90-Q_B-2Q_A=0$$

可以求出：

$$Q_A=45-0.5Q_B$$

该式称为厂商 A 的反应函数。它表示在厂商 B 的各种产量水平上，厂商 A 在最大利润原则下所要生产的产量组合。也可以说，对于厂商 B 的每一个产量 Q_B，厂商 A 都会做出最优反应，确定自己能够带来最大利润的产量 Q_A。

同样的方法，可以求得厂商 B 的反应函数为：

$$Q_B=45-0.5Q_A$$

可以看出，只要一个厂商变动产量，另一个厂商也必须跟着变动自己的产量。所以，市场实现均衡时就意味着两家厂商的产量引起对方的反应是相容的，这时两个厂商都没有变动产量的意愿，因此所以上述两个反应函数必须同时成立。将两个反应函数联立，可得厂商的均衡解为：

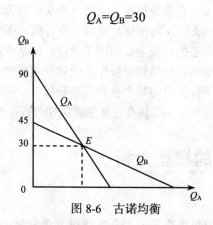

$Q_A = Q_B = 30$

图 8-6　古诺均衡

由于市场总容量是 90，即两个厂商均衡的产量都是市场容量的 1/3，两个寡头厂商的总产量实际只有市场总容量的 2/3。剩余 1/3 的市场容量是寡头垄断的市场所无法满足的，因而可以看做是寡头垄断给社会所造成的损失。

由此可以得出，寡头厂商提供的产量 = 市场容量×1/（厂商数目+1）。

8.4.2　贝特朗模型

在贝特朗模型里，企业以价格为决策变量，它们的产品是完全替代品。贝特朗模型关于企业行为的假设是，当某企业制定其价格时，认为其他企业的价格不会因它的决策而改变。

以双头市场为例。甲、乙两家商店的价格分别记为 P_1 和 P_2，因为两家商店的产品完全相同，顾客自然去价格较低的商店。所以，只要 P_2 比 P_1 低一点，商店乙就可以吸引整个市场，而商店甲的需求为零。同样，当 P_1 低于 P_2 时，所有的人都光顾商店甲。当两个商店的价格一样时，顾客会任意地进入其中一个商店。我们假设两家商店平分需求，每一家商店面临的需求函数如下：

$$D_i(P_i, P_j) = \begin{cases} D(P_i), & P_i < P_j \\ \dfrac{1}{2}D(P_i), & P_i = P_j \\ 0 & P_i > P_j \end{cases}$$

谁的价格高，谁就一个顾客也得不到。于是，两个商店会竞相削价，那么什么时候这个价格战才能停止呢？

如果甲乙两个商店的边际成本相等，均为 C，那么 $P_1=P_2=C$ 便是均衡状态，我们称之为贝特朗均衡。在这一状态，商店甲不想提高价格，因为一旦 P_1 大于 P_2，商店甲就将无人问津。当然它也不想让价格低于边际成本。当价格低于边际成本时，每生产出售一个单位产品，就损失一点，需求大又有什么好处呢？同理，商店乙也不会再改变价格。所以，$P_1=P_2=C$ 就是一个均衡。

8.4.3　斯塔克尔伯格模型

斯塔克尔伯格模型是德国经济学家斯塔克尔伯格在 20 世纪 30 年代提出的。在古诺模型和贝特朗模型里，竞争厂商在市场上的地位是平等的，因而它们的行为是相似的，而且它们的决策是同时的。当企业甲在做决策时，它并不知道企业乙的决策。但事实上，在有些市场，竞争厂商之间的地位并不是对称的，市场地位的不对称引起了决策次序的不对称。通常，小企业先观察到大企业的行为，再决定自己的对策。德国经济学家斯塔克尔伯格建立的模型就反映了这种不对称的竞争。

该模型的假定是，主导企业知道跟随企业一定会对它的产量做出反应，因而当它在确定产量时，把跟随企业的反应也考虑进去了。因此，这个模型也被称为"主导企业模型"。

斯塔克尔伯格模型的假设条件：假设厂商 A 先决定它的产量，然后厂商 B 知道厂商 A 的产量后再做出自己的产量决策。因此，在确定自己的产量时，厂商 A 必须考虑厂商 B 将如何做出反应。其他假设与古诺模型相同。

斯塔克尔伯格模型分析：斯塔克尔伯格模型是一个价格领导模型，厂商之间存在着行动次序的区别。产量的决定依据以下次序：领导性厂商决定一个产量，跟随厂商可以观察到这个产量，然后根据领导性厂商的产量来决定自己的产量。需要注意的是，领导性厂商在决定自己的产量的时候，充分了解了跟随厂商会如何行动——这意味着领导性厂商可以知道跟随厂商的反应函数。因此，领导性厂商自然会预期到自己决定的产量对跟随厂商的影响。正是在考虑到这种影响的情况下，领导性厂商所决定的产量将是一个以跟随厂商的反应函数为约束的利润最大化产量。在斯塔克尔伯格模型中，领导性厂商的决策不再需要自己的反应函数。

8.5　对各种市场的综合评价

不同的市场类型的效率是不同的。通过对不同市场均衡分析可知：市场的竞争程度越高，经济效率越高；市场的垄断程度越高，经济效率越低。完全竞争市场的经济效率最高，常被作为判断其他类型市场经济效率高低的标准；垄断竞争市场的经济效率较高，寡头市场较低，完全垄断市场最低。我们可以从各种市场的主要特质及相互比较中对市场结构进行综合评价。

1．垄断竞争市场

1）垄断竞争市场物质与其他市场的特质比较。垄断竞争是一种介于完全竞争和完全垄断之间的市场组织形式，这种市场中既存在着激烈的竞争，又具有垄断的因素。垄断竞争市场是指一种既有垄断又有竞争，既不是完全竞争又不是完全垄断的市场，是处于完全竞争和完全垄断之间的一种市场。这是既有竞争又有垄断的市场类型，其经济效率仅次于完全竞争市场。由于产品存在差别，厂商从价格战转向非价格战，丰富了市场，给消费者带来利益，但成本增加。

2）垄断竞争厂商均衡与其他市场均衡的比较。在经济效率、资源配置和经济福利、消费者剩余方面，垄断竞争厂商均衡优于完全垄断厂商均衡，但不及完全竞争厂商均衡。与完全竞争相比，垄断竞争厂商均衡下，价格较高而产量较低，消费者将丧失部分经济福利，即消费者剩余减少；由于产量低，不能实现成本最低，造成经济效率损失，即资源配置低效率。但垄断竞争较之于完全竞争条件下的产品单调性，其产品的多样化则能更好地满足不同消费者的不同偏好，同时垄断竞争厂商的实力积累还有利于技术进步。完全竞争市场条件下，所有厂商的产品是完全相同的，无法满足消费者的各种偏好。垄断竞争市场条件下，众多厂商之间的产品是有差别的，多样化产品使消费者有更多的选择自由，可满足不同的需要，但产品虚假的差别会给消费者带来损失。

2. 寡头垄断市场

1）寡头垄断市场与其他市场的特质比较。寡头垄断市场的典型特征是厂商之间的行为相互影响，以至于厂商的决策要考虑竞争对手的反应。寡头市场中的价格不完全是由市场的供求关系决定的。寡头市场中，任何厂商在采取行动前都必须认真研究对手，并考虑到对手可能做出的反应。寡头决策时也要考虑边际收益和边际成本的问题，但是边际收益情况往往难以确定，原因在于企业间存在具有直接针对性的竞争。

寡头市场是与完全垄断市场比较接近的市场类型。长期均衡时，寡头厂商的产品均衡价格比较高，产品的均衡数量比较低，给消费者和社会带来损失，其效率仅比完全垄断市场高一些，也有开发创新能力。寡头厂商之间的行为是相互影响的。古诺模型分析寡头市场上每一个寡头都以自己的行为来适应其他竞争对手行为的均衡，以及寡头厂商间反应函数的相互作用及结果。

博弈论是分析寡头市场的重要方法。博弈基本均衡有最优策略均衡和纳什均衡。"囚徒困境"解释寡头合作的不稳定性；重复博弈"以牙还牙"的策略，使寡头厂商维持合作协议、摆脱困境，并使个体理性与团体理性一致；"市场进入"博弈说明了寡头厂商所采取的威胁策略的可信度的重要性。

2）寡头垄断市场与其他市场均衡的比较。完全竞争厂商均衡提供了资源有效配置的标准，寡头垄断厂商均衡显然不符合资源配置最优化的原则，价格较高、产量较低，引起经济效率和经济福利的丧失，但介于完全垄断与垄断竞争之间。完全垄断厂商一方面缺乏技术创新的动力，甚至阻碍技术进步；另一方面由于有雄厚经济实力而利于技术进步和创新。寡头垄断厂商一定程度上同样如此。寡头垄断市场和完全垄断市场具有规模经济的好处。

本章小结

1.垄断竞争市场是指众多厂商销售差异化产品的一种市场结构。垄断竞争厂商的短期均衡条件是 MR=SMC，其长期均衡条件是 MR=LMC，P=LAC。

2.寡头垄断市场是指少数几个厂商控制整个市场产品生产和销售的市场结构。经典寡头模型包括古诺模型、贝特朗模型、斯塔克尔伯格模型等。

✎ 复习思考题

一、选择题

1．以下最不可能成为垄断者的是（　　　）。

A．一个小镇上唯一的一名医生　　　　B．可口可乐公司

C．某地区的电力公司　　　　　　　　D．某地区的自来水公司

2．长期中，一个垄断竞争企业生产的产量要使价格等于（　　　）。

A．边际成本　　　B．边际收益　　　C．平均可变成本　　　D．平均总成本

3．垄断厂商拥有控制市场的权利，这意味着（　　　）。

A．垄断厂商面对一条向下倾斜的需求曲线

B．如果其产品增加一个单位，则全部产品的销售价格必须降低

C．垄断厂商的边际收益曲线低于其需求曲线

D．以上都对

4．垄断竞争厂商所面对的需求曲线（　　　）。

A．是平行于横轴的直线　　　　　　　B．是垂直于横轴的直线

C．是向右下方倾斜的　　　　　　　　D．以上结论都正确

5．当成本相同时，垄断厂商和竞争性厂商一致的是（　　　）。

A．利润最大化目标　　　　　　　　　B．产出水平

C．长期中的经济利润　　　　　　　　D．生产有效率

6．一个垄断厂商在长期中一直获得经济利润，那么（　　　）。

A．该厂商的生产比竞争性市场的厂商更有效率

B．其他厂商无法进入该行业与其竞争

C．政府和垄断厂商之间必定串谋来维持一个高价格

D．垄断厂商的需求曲线缺乏弹性，从而使得其获得更多的收益

7．当垄断竞争厂商处在长期均衡点时，长期平均成本曲线处于（　　　）。

A．上升阶段　　　B．下降阶段　　　C．水平阶段　　　　D．以上三种情况都可能

8．垄断竞争市场上厂商的短期均衡发生于（　　　）。

A．边际成本等于实际需求曲线产生的边际收益时

B．平均成本下降时

C．主观需求曲线与实际需求曲线相交，并有边际成本等于主观需求曲线产生的边际收益时

D．主观需求曲线与平均成本曲线相切时

9．根据古诺模型，在双头垄断条件下，厂商的总产量是市场容量的（　　　）。

A．1/3 倍 　　　　B．2/3 倍 　　　　C．1 倍 　　　　　　　　D．不能确定

10．在古诺假定下，如果厂商的数量增加，则（　　　　）。

A．每一厂商的产量将增加 　　　　B．行业产量增加，价格降到竞争时的水平

C．市场价格接近勾结时的价格 　　　　D．垄断者的行为更倾向于勾结

二、判断题

1．垄断竞争行业的供给曲线与完全竞争行业的供给曲线相类似。（　　　）

2．长期中，由于新厂商的进入，使得垄断竞争市场的价格等于厂商的 LAC 曲线的最低点。（　　　）

3．如果一个厂商在长期中获得经济利润，那么这时的价格必不在其 LAC 曲线的最低点。（　　　）

4．弯折的需求曲线解释了寡头垄断情况下其市场价格在成本可变情况下是如何被决定的。（　　　）

5．在垄断竞争行业中，每个企业都面临着向右下方倾斜的需求曲线。（　　　）

6．垄断与垄断竞争的关键差别是后一种情况下存在自由进入。（　　　）

7．垄断竞争与竞争的关键差别是前一种情况下存在产品差别。（　　　）

8．在长期均衡时，垄断竞争行业的企业的产量大于与其平均总成本曲线上最低点相关的水平。（　　　）

9．如果博弈中两个参与者都面临着同样可能的选择，就不存在占优势策略均衡。（　　　）

10．如果双头同意勾结，它们就可以共同获得与一个垄断者同样多的利润。（　　　）

三、简答题

1．试述垄断竞争厂商的两条需求曲线的含义及相互关系。

2．垄断竞争的市场特征是什么？在这样的一个市场中，如果一个厂商推出一种新型的、改进的产品，对均衡价格和产量会产生什么影响？

3．假设一个垄断竞争行业中的所有厂商都被并入一个大企业，这个企业会仍然生产那么多品牌还是只会生产一种品牌？为什么？

4．垄断竞争行业的基本特征是什么？

5．一家垄断竞争企业决定通过广告宣传来增加利润，如果这家企业在短期中获得了利润，那么长期中会有什么结果？

6．为什么垄断竞争企业在长期均衡时总处于生产能力过剩的状态？

四、计算题

1．一个有两个厂商的行业，其边际成本都为零，行业面临的需求曲线为 $P(Y)=100-Y$。这里 $Y=y_1+y_2$，为总产量。

（1）该行业产量的竞争性均衡水平是什么？

（2）如果每个厂商都是古诺竞争者，已知厂商 2 的产量选择，那么厂商 1 的最优选择是

什么？

（3）计算每个厂商的古诺均衡产量。

（4）如果厂商 1 为追随者，厂商 2 为领导者，计算每个厂商的斯塔克尔伯格均衡产量。

2．某垄断竞争市场中一厂商长期总成本函数为 $LTC=0.001Q^3-0.425Q^2+85Q$。假设该市场中不存在进入障碍，产量由该市场的整个产品集团调整。如果产品集团中所有厂商按同样比例调整它们的价格，出售产品的实际需求曲线为 $Q=300-2.5P$。

（1）计算厂商长期均衡的产量和价格。

（2）计算厂商主观需求曲线上长期均衡点的弹性。

3．在垄断竞争市场中，一厂商的短期成本函数为 $STC=0.001Q^3-0.036Q^2+35.5Q+100$，厂商主观认为每降低产品价格 1 元，可以增加 500 个单位的销售量。而实际上厂商的需求曲线为 $Q=4000-100P$。

（1）厂商的短期均衡产量和产品的均衡价格是多少？

（2）厂商的获利情况怎样？

4．某公司面对以下两段需求曲线：$P=25-0.25Q$（产量为 0～20 时）；$P=35-0.75Q$（产量超过 20 时）。公司总成本函数为 $TC_1=200+5Q+0.25Q^2$。

（1）说明该公司所属行业的市场结构是什么类型？

（2）公司的最优价格和产量是多少？此时利润（亏损）多大？

（3）如果成本函数改为 $TC_2=200+8Q+0.25Q^2$，则最优价格和产量是多少？

第 9 章

生产要素的需求与供给

知识目标 ① 了解产品市场与要素市场的联系；② 了解要素市场的供求关系；③ 了解工资、地租和利息理论；④ 掌握生产要素的边际成本和边际收益的求法；⑤ 熟练运用不同竞争环境下厂商使用生产要素的原则分析和解决实际问题。

能力目标 ① 具备判断厂商何种状况下获得最大利益的能力；② 运用本章公式，掌握如何计算要素的边际产品价值 VMP 的办法；③ 利用厂商使用生产要素的边际成本和边际收益之间的动态关系帮助厂商找到最佳的要素使用量，促进企业科学、健康地发展。

 引导案例

大商场平时为什么不延长营业时间

　　节假日期间，大型商场通常都延长营业时间，那么为什么平时不延长呢？一位资深经理人为我们做出如下解释。

　　大型商场延长 1 个小时的营业时间，就要支付 1 个小时所消耗的成本。通常，商场越大则成本越大，它包括直接的物耗（如水、电等），也包括由于延长时间而需要的售货员的加班费用。假如延长 1 个小时增加的上述成本是 1 万元，而在延长的这 1 个小时里商场由于格外卖出商品而增加的收益大于 1 万元，作为一位精明的企业家，该商场的老板应该将营业时间在此基础上再延长，因为这时他还有一部分该赚的钱没有赚到手。相反，如果延长的 1 个小时的成本是 1 万元而增加的收益不足 1 万元，那么在没有其他因素的影响下它就应该取消延长时间的决定。

　　节假日期间，人们有更多时间去旅游购物，使商场的业务量增加；而在平时，紧张的工作使人们没有更多的时间和精力去购物，商场就算是延长营业时间也不能吸引足够的人来光顾，其增加的销售额不足以抵偿延时所增加的成本。

　　资料来源：节选于新浪博客 http://blog.sina.com.cn/s/blog_4aca849f010009da.html

微观经济学要说明价格机制如何实现资源配置，因此价格决定理论便成为微观经济学的中心问题。市场经济中，无论是商品、劳务还是生产要素，其价格都是由供给与需求决定的。因此，要探讨微观经济学问题，就必须首先研究供给与需求。

9.1 生产要素市场与生产要素价格

9.1.1 生产要素和要素市场

1. 生产要素

我们知道，厂商进行生产活动需要投入各种经济资源，这些为进行生产和服务活动而投入的各种经济资源被称为生产要素。我们通常将生产要素分为两大类：中间生产要素和原始生产要素。

中间生产要素是指厂商生产出来的用于投入到其他生产过程中的产品。这类要素的所有者是厂商，厂商提供中间生产要素的目的是实现利润最大化；对某一个企业来说是产品的东西，对另一个企业来说可能就是中间产品。比如，皮革对于皮革厂来讲是产品，但它对于家具厂来讲只是中间产品。中间产品作为某种产品，它的供求及价格的决定问题在本书的前面各章中已经有所阐述，本章主要研究原始生产要素的供求问题，而对中间产品的问题不再赘述。如不特别指明，我们所说的生产要素指的都是原始生产要素。

原始生产要素的所有者是消费者，消费者提供要素的目的是为了实现效用最大化。经济学中，原始生产要素包括以下四种。

1）劳动（Labor）。劳动者在生产活动中所付出的体力或智力的活动，是所有生产要素中最能动的因素。劳动者是劳动这一生产要素的基本所有者。

2）资本（Capital）。资本指人类生产出来又用于生产的经济货物，包括机器、厂房、工具等生产资料。从企业的角度看，资本既包括有形资产，也包括无形资产，如商标、信誉和专利权等。通常，货币资本并不计入生产要素中。

3）土地（Land）。这里的土地并不单单指土地，还包括河流、森林、矿藏、野生生物等一切的自然资源。它们得自于大自然的恩赐，是最稀缺的经济资源。

4）企业家才能（Entrepreneurship）。企业家才能是指综合运用其他生产要素进行生产、革新、从事企业组织和经营管理的能力，以及创新和冒险精神。

2. 要素市场

生产要素市场就是厂商与消费者从事生产要素交易的场所，可简称为要素市场。要素市场包括劳动市场、资本市场和自然资源市场等，它们的价格分别称为工资、利息和地租等。要素市场分别决定劳动、土地、资本和企业家才能这四种要素的价格——劳动的工资率、资本的利率、土地的地租率和企业家的正常利润。在考察生产要素市场的时候，由于企业家才能难以量化，所以我们通常重点研究前三种要素。

同样为"市场"，要素市场与产品市场有许多相似之处。二者之间最大的相同点是均衡点都是由供给曲线和需求曲线决定的。但是，二者的最大不同在于，在这两类市场上，参与者的角色正好相反。在产品市场，需求来自消费者，供给出自厂商；而在生产要素市场，需求来自厂商，供给出自消费者。这是产品需求与生产要素需求的重要区别。作为产品市场买方的消费者在要素市场上是卖方，出让劳动、资本、土地等生产要素；而作为产品市场上卖方的生产者在要素市场上则是买方，它们购买上述各种要素进行生产。图 9-1 显示了产品市场和要素市场之间的关系。

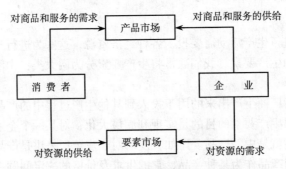

图 9-1　产品市场与要素市场的关系

在产品市场，企业根据市场需求来决定每种产品的供给数量，并依据使这些产品成本最小化的原则来决定它们要使用多少数量的各种投入。为了提供产品和服务，企业需要投入各种经济资源——劳动、资本、土地和自然资源，以及企业家才能。

在产品市场，产品的供求决定产品的均衡价格和均衡产量。类似地，在要素市场，要素的供求也决定要素的均衡价格和均衡供给量。在研究要素市场的时候，只需把各种供给要素视同产品市场中的产品即可。

9.1.2　要素市场的供给和需求

一般而言，消费者是生产要素的供给者，这一点对劳动要素来说是没有疑问的。对于资本要素，需要明确的是我们所指的主要是货币形式的资本，它可以用来购置各种固定资本。因此，资本的供给者也是民众——消费者。即使厂商的运作资本是从银行借贷的，或者是在证券市场发行股票或债券而筹集来的，其最终的供给者还是消费者。对于自然资源，由于私人拥有自然资源，它的供给者也是消费者。

理论上，正如产品市场上的产品供给者一样，要素市场上的要素供给者追逐收益最大化的目标。一般来讲，生产要素的供给曲线同其他产品的供给曲线一样具有正的斜率，但是在不同的生产要素之间，生产要素的供给在性质上也有很大差异。例如，劳动的供给情况与土地的供给情况并不一样，而土地的供给情况与资本的供给情况又有差别。我们从市场的竞争性质来区分不同要素的供给。

1. 完全竞争市场中生产要素的供给

当产品市场和要素市场都是完全竞争时，个别要素需求者面临的是一条具有无限弹性的要素供给曲线。因为在这种情况下，每个要素需求者购买的数量只占到整个市场需求量的微不足道的份额，不会对要素的需求量产生太大影响，进而不会影响到要素的市场价格。对于整个市场来说，它的供给曲线不再具有无限弹性。很多情况下，整个市场的供给量在要素价格上升时增加，如劳动要素市场就会在工资水平提高的情况下增加供给量；有些情况下，市场供给是完全没有弹性的，不论价格上升多少，供给量几乎不变，如短期内的土地要素市场。

2. 非完全竞争市场中生产要素的供给

在要素市场中，如果对于某种要素或者资源只有一个购买者，那就叫做买方垄断。要素市场的买方垄断是一个比较常见并且富有代表性的情况。

我们以要素市场买方垄断为例来分析要素市场的供给。因为一个垄断者代表了整个市场的买方，所以买方垄断者所面临的生产要素供给曲线就是市场供给曲线。一般来讲，市场的供给曲线大多向右上方倾斜。垄断买主若要增加要素的使用量，它就必须支付更高的价格。单位要素价格为平均的要素成本，反映了要素价格与要素供给数量之间关系，所以要素的供给曲线就是平均要素成本曲线。

我们已经知道，产品市场的需求来自消费者；而在要素市场上，要素的需求则来自厂商。厂商购买生产要素并不是为了满足自己的消费，而是把生产要素投入到生产过程中，最终生产出产品并把产品销售给消费者，满足消费者对产品的需求。因此，消费者对产品的需求导致了厂商对生产要素的需求，故我们称厂商对生产要素的需求是派生需求或引致需求。例如，罐头厂购买山楂用以制作山楂罐头是要满足消费者对这种水果罐头的需求，这就是派生需求。

同时，生产要素往往是联合起来在生产中发挥作用的，生产要素之间要形成一定的比例结构才能变成生产力，转化成产品。因此，厂商对生产要素的需求也是一种联合需求。这个特点是由于技术上的原因导致的，即生产要素往往不是单独发生作用的。一个人赤手空拳不能生产任何东西，同样仅凭机器本身也无法创造产品，只有人与机器（及原材料等）相互结合起来才能达到生产的目的。厂商对生产要素需求的这种联合性特点带来一个重要结果，即对某种生产要素的需求不仅取决于该生产要素的价格，而且取决于其他生产要素的价格。各种生产要素之间可能存在替代关系或互补关系，为了实现最大利润，厂商要根据各种生产要素之间相对价格变动幅度和相互影响的程度进行合理的生产要素组合。

9.1.3 要素市场的价格和均衡数量

由于生产要素价格直接影响消费者的收入，所以生产要素的价格决定问题属于国民收入的分配问题。西方经济学分配论的理论基础是美国经济学家克拉克的边际生产力理论和马歇尔的均衡价格理论。克拉克认为，在其他条件不变和边际生产力递减的前提下，一种生产要素的价格取决于其边际生产力。后来的经济学家对克拉克的理论做了进一步改进。他们认为，边际生产力只是决定生产要素的需求的一个方面，厂商在决定生产要素需求时，还要考虑到要素的边际成本；只有当使用要素的边际成本和边际收益相等时，厂商才能达到利润的最大化目的。马歇尔认为，边际生产力原理只能说明生产要素的需求方面，而生产要素的供给则取决于它的边际成本；各个生产要素在国民收入中所占份额的大小，取决于它们各自的均衡价格。

产品市场的供求原理亦适用于要素市场，我们只需把各种要素视同于产品市场上的产品即可。这里我们通过完全竞争要素市场来分析要素市场如何决定要素的价格和数量。图 9-2 中，横轴表示要素的使用数量 Q，纵轴表示要素的价格 P，曲线 D 表示一种要素的需求曲线。一种要素的需求量取决于其价格 P。在其他条件不变的情况下，生产要素的价格越低，需求量越大，所以要素的需求曲线可以用一条向右下方倾斜的线来表示。

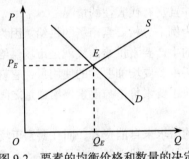

图 9-2　要素的均衡价格和数量的决定

一种要素的供给量也取决于其价格。在其他条件不变的情况下，一种资源的价格越高，该资源的供给量越大。图 9-2 中的曲线 S 表示一种生产要素的供给曲线，要素的供给曲线向右上方倾斜。

均衡的要素价格决定于需求与供给曲线的交点 E。由图 9-2 可知，这种要素的均衡价格是 P_E，使用的数量是 Q_E。

要素所获得的收入是其价格乘以所用数量的积。图 9-2 中，要素的收入就等于矩形 $P_E O Q_E E$ 的面积。这种收入是要素得到的总收入，即提供要素的每个人得到的要素价格乘以个人提供的要素数量的积。需求与供给的变动会改变均衡价格和数量，收入也会因此而改变。需求增加时需求曲线向右移动，并提高了价格，增加了数量和收入；供给增加则使供给曲线向右移动，并降低了价格。

9.2　完全竞争厂商使用生产要素的原则

9.2.1　生产要素的边际收益与边际成本

在研究完全竞争厂商使用要素的原则之前，我们首先需要明确厂商使用生产要素的"边际收益"与"边际成本"的含义。

1．生产要素的边际收益

生产要素的边际收益是边际生产力概念中的"边际产品价值 VMP"，是指厂商每增加一单位生产要素投入所增加的产品产值。

边际生产力（或边际生产率）的含义是，在其他条件不变的情况下，追加一单位某种生产要素所增加的产量或收益。根据边际报酬递减规律，如果使用多种生产要素生产某一产品，在其他生产要素数量不变的情况下，随着这一可变要素的不断增加，其边际生产力最初上升，超过某一点后，每一单位追加的生产要素的边际生产力将会递减。

边际生产力有两种表示方法：如果以实物来表示某生产要素的边际生产力，则可称为该要素的边际物质产品（即生产理论中的边际产量 MP）；如果以收益来表示生产要素的边际生产力，则可以称为该要素的边际产品价值 VMP。

在完全竞争的产品市场上，由于单个厂商无论使用多少生产要素，生产出多少产品，都不会改变产品市场的供求关系，产品价格都不会因此而改变。所以，边际产品价值等于生产要素的边际物质产品（边际产量 MP）与不变的产品价格（P）的乘积，即：

$$VMP = MP \cdot P$$

在其他生产要素投入不变的条件下，不断增加可变生产要素的投入量，该生产要素的边际物质产品是递减的，边际产品价值也是递减的。

需要注意的是，这里的生产要素的边际收益，即边际产品价值不同于厂商理论中所讨论的产品的边际收益（MR）。产品的边际收益（MR）是产量的函数，一般记为 MP（Q），Q 是产品产量。产品的边际收益（MR）随着产量的变化而变化。生产要素的边际产品价值（VMP）是生产要素使用量的函数，如果可变的生产要素是劳动（L），边际产品价值函数可以记作 VMP（L）。边际产品价值随着生产要素使用量的变化而变化。由于收益是产量的函数，产量又是生产要素使用量的函数，因而收益就是生产要素使用量的复合函数。基于以上关系，于是有：

$$VMP(L) = MP(L) \cdot P$$

表 9-1 是一张完全竞争厂商的边际产量和边际产品价值表。表中给出了厂商使用不同的生产要素的数量与其各自的边际产量和边际产品价值的数量关系。

表 9-1　边际产量和边际产品价值

要素需求数量 L	边际产量 MP	产品价格 P	边际产品价值 VMP=MP·P	要素价格 W
1	10	3	30	10
2	9	3	27	10
3	8	3	24	10
4	7	3	21	10
5	6	3	18	10

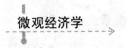

续表

要素需求数量 L	边际产量 MP	产品价格 P	边际产品价值 VMP=MP·P	要素价格 W
6	5	3	15	10
7	4	3	12	10
8	3	3	9	10
9	2	3	6	10
10	1	3	3	10

图 9-3 是根据表 9-1 的数据而绘制的。图中横轴表示劳动要素的数量 L，纵轴表示边际产量 MP 和边际产品价值 VMP。由图 9-3 可见，由于边际收益递减规律，边际产量曲线与边际产品价值曲线均向右下方倾斜，但二者的位置不同。一般来说，边际产品价值曲线的位置高低取决于两个因素，即要素的边际产量函数 MP（L）和产品价格 P。随着价格水平的上升或要素的边际产品函数的上升，边际产品价值曲线将向右上方移动，反之则相反。边际产品价值函数与边际产量函数的相对位置关系则取决于产品价格是大于 1、小于 1 还是等于 1。如果产品价格大于 1（如 P=3），则对于给定的某个要素数量，边际产品价值大于边际产量，因而整个边际产品价值曲线高于边际产量曲线。如果产品价格小于 1，则边际产品价值曲线将位于边际产量曲线的下方。特别是产品价格恰好等于 1 时，边际产品价值的数量与边际产量的数量相等，两条曲线完全重合。

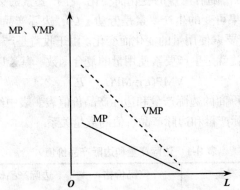

图 9-3　厂商的边际产量曲线与边际产品价值曲线

2．生产要素的边际成本

本书的成本理论中曾讨论过厂商的成本函数。不过，那里的成本函数表示厂商的成本与产量水平之间的各种关系，或者说成本被看成产量的函数，即：

$$C = C (Q)$$

但是，由于产量本身又取决于所使用的生产要素的数量，所以成本也可以表示成为生产要素的函数。这一函数即是生产理论中所提到的成本方程。根据成本方程便可以得到要素使用的成本概念。若设所使用的劳动要素的价格即工资为 W，则使用要素的成本就可表示为：

$$C = W \cdot L$$

也就是说，使用要素的成本等于要素价格和要素使用数量的乘积。其中，要素价格 W 是既定不变的常数。这是因为在完全竞争条件下，要素买卖双方数量很多且要素毫无区别，任何一家厂商单独增加或减少其要素购买量都不会影响要素价格。换句话说，要素价格与单个厂商的要素使用量没有关系。由于要素价格为既定常数，使用要素的边际成本即增加使用一单位生产要素所增加的成本恰好就等于要素价格。例如，设劳动价格为固定的每小时 10 元，则厂商每增加使用一小时劳动就需要增加 10 元的成本，于是它所使用的要素的边际成本为 10 元，恰好等于不变的生产要素价格。

图 9-4 中，以横轴表示生产要素（劳动）的使用数量，以纵轴表示成本 W，边际成本曲线就是一条平行于横轴的直线。其与横轴的截距就是单位劳动的价格，即工资率（W_0）。它表示在完全竞争的生产要素市场上，单个厂商每增加使用一单位生产要素所增加的成本，即边际成本是一成不变的。

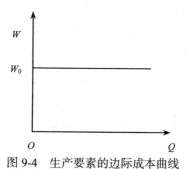

图 9-4　生产要素的边际成本曲线

9.2.2　完全竞争厂商使用要素的原则

完全竞争厂商使用要素的原则仍遵循利润最大化这个一般原则。它可以简单地表述为使用要素的边际成本和相应的边际收益相等。根据上面的讨论，在完全竞争条件下，厂商使用要素的边际成本等于要素价格（W），而使用要素的边际收益是边际产品价值，因此完全竞争厂商使用要素的原则可以表示为：

$$VMP = W$$

或

$$MP \cdot P = W$$

当上述条件被满足时，完全竞争厂商实现了利润最大化，此时使用的要素数量为最优要素数量。

图 9-5 中，向右下方倾斜的边际产品价值曲线 VMP 与要素价格曲线 W_0 相交于 A 点，A 点

所表示的要素使用量 L_0 就是利润最大化的要素使用量。厂商使用多于或少于 L_0 的要素都不能实现最大利润。

为了更好地理解这个原则，不妨先来考察 VMP$\neq W_0$ 时的情况。图 9-5 中，如果劳动使用量少于 L_0，则 VMP$>W_0$，这时增加使用一单位劳动所增加的收益（边际产品价值）会大于所增加的成本（要素价格 W_0）。显然，厂商增加劳动使用量可以增加利润。随着劳动使用量的增加，劳动的价格 W_0 不变，而劳动的边际产量递减，从而劳动的边际产品价值将递减，最终使 VMP$=W_0$，厂商增加劳动使用不再能增加利润，厂商实现了要素使用上的利润最大化。反之，如果劳动使用量多于 L_0，则 VMP$<W_0$，减少使用一单位劳动所减少的收益（边际产品价值）会小于所节省的成本（要素价格 W_0），因而厂商应该减少劳动的使用以增加利润。随着劳动使用量的减少，劳动的边际产量递增，从而边际产品价值将上升，最终也将达到 VMP$=W_0$，实现利润最大化。总而言之，只要 VMP 和 W_0 不相等，厂商不能达到利润最大化，其劳动使用量都不是最优数量，厂商都将调整劳动使用量。只有当 VMP$=W_0$，即边际产品价值恰好等于要素价格时，厂商的劳动使用量才使利润达到最大。

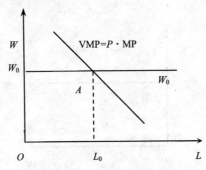

图 9-5　完全竞争厂商的要素需求

我们也可以使用数学方法来推导上述要素使用原则。

假设 π 代表完全竞争厂商的利润，它是要素（L）使用量的函数，则由利润的定义（总收益减总成本）有：

$$\pi(L) = PQ(L) - WL$$

为了实现利润最大化，应该使：

$$\frac{\mathrm{d}\pi(L)}{\mathrm{d}L} = P \cdot \frac{\mathrm{d}Q(L)}{\mathrm{d}L} - W = 0$$

即

$$P \cdot \frac{\mathrm{d}Q(L)}{\mathrm{d}L} = W$$

可以推导出

$$P \cdot \mathrm{MP} = W$$

$$VMP=W$$

完全竞争厂商使用生产要素的利润最大化原则还可以通过表 9-1 来加以说明。根据表 9-1，当要素价格 W 为 10 时，利润最大的要素投入量为 8 个单位，因为只有这时 VMP 与 W 最接近；如果要素投入量小于 8 个单位，则厂商还有潜在的利润没有得到；如果要素投入量大于 8 个单位，则厂商会有利润损失。如果生产要素的市场价格发生变化，则厂商的要素投入量也应相应调整。例如，要素价格上涨到 12，则最佳投入量应该减少到 7 个单位。

9.2.3 完全竞争厂商的生产要素需求曲线

生产要素需求曲线表示，在其他条件不变的情况下，厂商根据生产要素的价格变化所决定的对生产要素的需求量的变化。它反映了生产要素的价格与需求量之间的对应关系。

在不考虑行业内其他厂商的情况下，完全竞争厂商对一种生产要素的需求曲线与该要素的边际产品价值曲线恰好重合。或者说，要素的边际产品价值曲线就是完全竞争厂商的要素需求曲线。这个关系可以用要素需求表来说明，如表 9-2 所示。

表 9-2 与表 9-1 相比，除了最右边一栏"要素价格 W"以外，其他完全相同。表 9-2 中的"要素价格 W"是一组变动的量，我们要考察在不同的"要素价格 W"条件下，厂商的"要素需求数量 L"会有什么样的调整。

表 9-2 完全竞争厂商的要素需求表

要素需求数量 L	边际产量 MP	产品价格 P	边际产品价值 VMP=MP·P	要素价格 W
1	10	3	30	30
2	9	3	27	27
3	8	3	24	24
4	7	3	21	21
5	6	3	18	18
6	5	3	15	15
7	4	3	12	12
8	3	3	9	9
9	2	3	6	6
10	1	3	3	3

根据表 9-2，如果市场上的要素价格（W）为 30，厂商会根据边际产品价值等于要素价格决定要素需求量（L）为 1，以实现最大利润。要素价格 30 与要素需求量 1 的组合点一定在边际产品价值曲线 VMP 上。如果要素价格 W 降低到 27，厂商还会根据 VMP=W 来确定利润最大化的要素需求量为 2，要素价格与要素需求量的组合点仍然在边际产品价值曲线 VMP 上。依此

类推，随着要素价格 W 的不断变化，厂商总是要根据 VMP=W 来调整要素需求量，以获得最大利润。因此，要素价格 W 与要素需求量 L 的组合点会一直在边际产品价值曲线 VMP 上。根据以上分析，我们可以得出结论：在完全竞争市场上，生产厂商对一种生产要素的需求曲线就是该要素的边际产品价值曲线 VMP（见图 9-5 中的 VMP 线）。

请注意，尽管要素的需求曲线与其边际产品价值曲线重合为一条线，但这同一条线在这两个场合的含义却是截然不同的。首先，它包含的变量的含义不同。作为边际产品价值曲线，它的 L 表示要素使用量；而作为要素需求曲线，这个 L 表示最优要素使用量或要素需求量。其次，它反映的函数关系不同。在边际产品价值曲线场合，自变量为要素使用量 L，边际产品价值是要素使用量的函数；而在要素需求曲线场合，自变量却是要素价格 W，要素需求量 L 是要素价格的函数。

另外，要素需求曲线等于边际产品价值曲线的结论实际上要依赖于两个潜在假定。第一，要素的边际产量曲线 MP 不受要素价格变化的影响；第二，产品价格不受要素价格变化的影响。如果局限于讨论只有一种生产要素的情况（如上文所假定的那样），则第一个假定自然满足；如果局限于讨论只有一个厂商进行生产要素调整，而并不考虑其他厂商调整的情况，则第二个假定自然满足。但是，讨论一旦扩大到考虑使用多种生产要素或者多个厂商的调整行为，则上述假定就不再存在，从而不能再用边际产品价值曲线代表要素需求曲线。换句话说，在考虑多要素共同使用及多个厂商共同调整时，完全竞争厂商对要素 L 的需求曲线一般就不再等于该要素的边际产品价值曲线。

由于本章假定只使用一种生产要素，下面只讨论多个厂商共同调整生产要素时对要素需求所造成的影响。

9.2.4　完全竞争市场的要素需求曲线

在完全竞争市场当中，如果不考虑其他厂商的调整，而只有一个厂商根据要素市场价格的变化调整要素需求量，则要素价格的变化就不会影响产品的价格，从而不会改变要素的边际产品价值曲线。这是由于当要素价格发生变化时，该厂商会因此增加或减少要素的使用量，所生产的产品数量也随之而变，但其他厂商并不因此而调整要素的需求量，也不会因此而改变产量，加之产品市场是竞争性的，这一个厂商的产量变化不会改变整个市场的产品供求关系，所以该厂商产品产量的变化并不会影响到产品的价格。

不过，如果其他厂商也进行调整，则情况会完全不同。要素价格的变化会导致所有厂商的一致行动。所有厂商的要素使用量和产量的变化会影响到产品价格，产品价格的变化反过来又使每一个厂商的边际产品价值发生改变，进而单个厂商的要素需求曲线也不再与其边际产品价值曲线完全重合，这是一个动态均衡的过程。

图 9-6 中，设给定的初始要素价格为 W_0，相应的产品价格为 P_0，边际产品价值曲线为 $P_0 \cdot \text{MP}$，从而要素需求量为 L_0，于是点 H 为需求曲线上一点。如果这时没有其他厂商的调整，

则 $P_0 \cdot$ MP 曲线就是要素需求曲线。假定要素价格降为 W_1，则要素需求量会增加到 L_2。但现在由于要素价格下降，其他厂商也会因此而增加要素使用量，增加产量，产品市场供给增加，产品价格下降，于是该厂商的边际产品价值曲线将向左下方移动到 $P_1 \cdot$ MP 的位置。这样，在要素价格为 W_1 时，L 的值不再是 L_2，而是稍少一些的 L_1，于是又得到需求曲线上的一点 I。重复上述过程，可以得到需求曲线的其他各点。将这些点连接起来，就得到了厂商在其他厂商也调整时的要素需求曲线 d_m。d_m 表示经过多个厂商相互作用的调整，即经过行业调整之后得到的这个厂商的要素需求曲线，因此称为行业调整曲线。一般说来，行业调整曲线仍向右下方倾斜，但比边际产品价值曲线要陡峭一些、缺乏弹性一些。

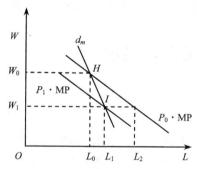

图 9-6　多个厂商调整时单个厂商的要素需求曲线

　　到目前为止，讨论的内容仍然是完全竞争市场上单个厂商的要素需求曲线。紧接着的一个工作就是把要素的需求理论从单个厂商推广到整个市场。如果已经求得了在行业调整情况下的每个单个厂商的行业调整曲线 d_m，则整个市场的要素需求曲线就是所有单个厂商的行业调整曲线的水平相加。

　　例如，假定完全竞争要素市场中包含 n 个厂商，其中每个厂商经过行业调整后的要素需求曲线分别为 d_1，d_2，$\cdots$，d_n。整个市场的要素需求曲线 D 可以看成所有这些厂商的要素需求曲线的水平相加，即：

$$D = \sum_{m=1}^{n} d_m$$

特别是，如果这些厂商的情况都一样，则要素市场的需求曲线就是：

$$D = \sum_{m=1}^{n} d_m = n \cdot d_m$$

其中，d_m 可以是任何一个厂商的要素需求曲线。

　　图 9-7（a）是某单个厂商的要素需求曲线，图 9-7（b）是 n 个单个厂商的要素需求曲线水平相加的市场的要素需求曲线。需要特别强调的是，被水平相加的单个厂商的要素需求曲线是考虑了全体厂商共同行动所引起的行业调整下的单个厂商的要素需求曲线，而不是不考虑其他厂商调整的单个厂商的要素需求曲线，即不是边际产品价值曲线 VMP。

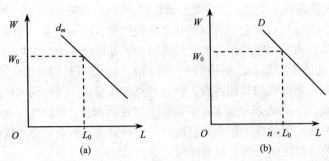

图 9-7　由单个厂商的要素需求曲线到整个市场的要素需求曲线

9.3　劳动的供给和工资率的决定

9.3.1　劳动的供给

1．劳动供给的一般原则

消费者向市场提供劳动这种生产要素，其目的是为了获得收入。设所有消费者在任何时候所提供的劳动为同质的，则消费者通过提供劳动所获得的收入是劳动时间的函数。工作的时间越长，收入就越多；反之则越少。这种情况下，消费者是否会以每日提供 24 小时的劳动来获取尽可能多的收入呢？一般来说不大可能。因为消费者除了工作之外最起码还要睡眠和休息，否则会影响劳动的边际生产力，更不用说还要吃饭、娱乐和社交了。也就是说，消费者会把自己既定的时间资源分为两个部分：工作时间和闲暇时间。劳动给消费者带来收入，从而带来间接效用；闲暇给消费者带来直接效用。劳动的代价是减少了娱乐和休闲，闲暇的代价是减少收入，劳动收入是闲暇的机会成本。消费者将在收入和闲暇之间做出选择。

消费者一天拥有的时间是固定的 24 小时。在这个固定的时间内，有一部分是消费者必须用于睡眠的，这个时间一般为 8 小时。因此，除了这 8 个小时，消费者可以自由支配的时间资源为 16 小时。消费者可能的劳动供给只能来自 16 小时，但是劳动者还必须留有一定的闲暇时间来处理日常生活问题，假设 H 表示闲暇，则 16–H 就代表消费者的劳动供给量。消费者选择一部分时间作为闲暇来享受，其余时间则作为劳动供给时间。前者增加了效用，后者则可以带来收入，而收入则可用于消费从而再增加消费者的效用。为了使消费者供给劳动，厂商就需要提供足够高的工资率。为了使消费者愿意供给劳动，企业提供的工资率至少要等于消费者对用于非市场活动的最后 1 小时的评价。这种工资率，即消费者愿意向市场提供劳动的最低工资率，被称为保留工资。工资率低于保留工资，消费者不会供给劳动；一旦工资率达到了保留工资，消费者就开始供给劳动；当工资率高于保留工资时，消费者也会改变其供给的劳动量。

2．劳动供给的无差异曲线

闲暇和货币收入均可以向人们提供一定程度的效用，而且两者存在某种替代关系。如果人们认为闲暇时间能提供更大的效用，在保证效用水平不变的前提下，人们就倾向于缩短工作时间，从而使货币收入水平有所降低，就是以闲暇代替货币收入。反之，则增加工作时间，提高货币收入水平，以工作或货币收入替代闲暇。因为闲暇和收入之间可以相互替代，所以可以用无差异曲线来分析闲暇和劳动的分配，即在一个既定的效用水平上，人们可以选择不同的闲暇—收入组合方式。这种无差异曲线如图 9-8 所示。

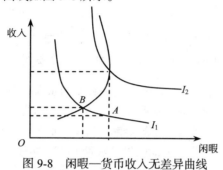

图 9-8　闲暇—货币收入无差异曲线

图 9-8 中，纵轴代表货币收入，横轴代表每日的闲暇时间，某人可支配的时间总量体现在横轴上，每天是 16 小时。假设作为拥有闲暇时间的消费者，某人每日乐于赋闲 8 小时，工作 8 小时，按每小时工资 5 元计算，所得到的货币收入是 40 元。我们将这种情况下的效用水平定义为 I_1，得到图中的 A 点。当工作时间为 10 小时，货币收入为 50 元时，某人为达到原来的效用水平而情愿将闲暇时间缩短 2 个小时，从而得到了图中的 B 点。依此类推，在保证效用水平不变的前提下，可以得到很多闲暇—货币收入的组合点。将这些点连接起来，就形成了一条对应既定效用水平的闲暇—货币收入无差异曲线 I_1。

当闲暇时间保持不变但货币收入水平相对提高（如每小时工资提高至 10 元），或货币收入水平不变但闲暇时间有所增加时，人们的效用水平或满足程度将会提高，如图中的 I_2。确定效用水平为 I_2 时的无差异曲线，其方法与确定无差异曲线 I_1 完全相同。

上面无差异曲线上的点反映了消费者主观上对于劳动和闲暇的偏好关系，当这种主观上的偏好关系正好与客观上的两者之间的替代关系相等时，就能够达到实际上的效用最大化。客观上，劳动和闲暇的替代关系是通过市场上的工资来确定的，这要通过消费者时间的预算约束线来表现。以横轴 Q 代表提供劳动的数量，纵轴 W 代表工资率。当工资上升时，消费者就倾向于减少闲暇时间用于工作，这使预算线向右上方偏离。不断地提高工资，就得到一系列的均衡点，把这些均衡点连接起来就得到劳动的供给曲线（见图 9-9）。当工资达到一定的高度时，劳动供给曲线 S 就会发生向后的弯曲。其弯曲的原因将在后文做解释。

9.3.2　完全竞争市场上的工资率决定

1. 完全竞争市场的劳动供给曲线

完全竞争的劳动市场是指无论是劳动的买方——厂商，还是劳动的卖方——劳动者，都不

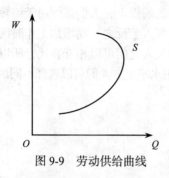

图 9-9　劳动供给曲线

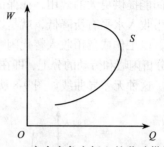

图 9-10　完全竞争市场上的劳动供给曲线

存在对劳动的垄断，劳动的价格——工资率完全由劳动的供求关系决定。

在完全竞争劳动市场上，劳动的需求曲线就是劳动的边际收益产品的向下倾斜部分。而经济学家认为劳动的供给曲线是一条具有正的斜率然后又向后弯曲的曲线。如图 9-10 所示，图中纵坐标代表工资率（W），横坐标代表劳动的供给数量（Q），曲线 S 为劳动的供给曲线。该曲线表明在工资率比较低的时候，随着工资率的上升，劳动的供给量增加；但是当工资率高到一定程度以后，随着工资率的进一步提高，劳动的供给量不升反降。

为什么会有这种现象呢？我们先来考察影响劳动要素供给的因素。影响劳动供给的因素可以分为两个方面：一是能够工作的总人数，这涉及人口的数量，人口中参加劳动的年龄、性别和教育程度等方面的因素；二是劳动报酬率的高低，包括不同职业、行业和工种的不同工资率，以及不同等级的劳动的不同工资率。经济学家认为，人们会根据劳动报酬的高低来调整劳动的供给。

人们会根据工资的高低选择其工作的时数，这实际上表示人们正在劳动与闲暇之间进行选择。劳动的收入代表一定效用的商品和服务，但劳动就牺牲了闲暇，闲暇则必须放弃从事劳动会取得的收入。所以，人们在劳动与闲暇之间的选择实际上包含着两种效应，即替代效应和收入效应。替代效应表示，当工资率上升时，闲暇会造成的牺牲相对提高，因而人们愿意用劳动代替闲暇，从而增加劳动的时数。收入效应的作用则与替代效应相反。因此，工资率提高到底是刺激人们增加劳动时数还是促使人们减少劳动时数，取决于由此产生的替代效应和收入效应的共同作用。当工资比较低下时，供给曲线的斜率是正的，但是当工资提高到一定水平时，利用闲暇时间从事体育锻炼娱乐、旅游所提供的效用可能超过再增加的收入所提供的效用，这时劳动的供给曲线就很可能向后弯曲，曲线的斜率由正数变成负数。

2．完全竞争市场上的工资率决定。

1）同一等级的劳动工资率的决定。根据劳动都是同质的假定，劳动都是同一等级的劳动。它的均衡工作水平和均衡劳动交换量由劳动的需求曲线和劳动的供给曲线的交点决定。如图 9-11 所示，劳动需求曲线 D 和劳动供给曲线 S 的交点 E 所对应的工资率 W_1 和劳动数量 Q_1，就是同质的单一等级的劳动价格与劳动的均衡量。

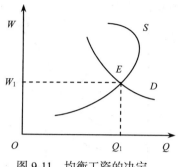

图 9-11 均衡工资的决定

2）完全竞争条件下工资率的差别。实际上，即便在完全竞争的劳动市场条件下，也存在不同行业、不同职务、不同工种的劳动工资率之间的差别。一般认为这主要是由以下两个方面原因造成的。首先，劳动质量的差别。这主要表现为劳动的熟练程度和技术水平上的差别，而这些差别又是由于劳动的训练时间和所需费用不同引起的。因而，高质量的劳动比低质量的劳动的需求曲线和供给曲线处于更高的位置上，因而其均衡点也处于更高的位置，由该均衡点决定的工资率也就处于更高的水平。其次，补偿性的差别。所谓补偿性的差别，是指单纯用来补偿不同职业之间的非金钱的差异而形成的工资差别。各职业之间的非金钱的差异包括行业的危险程度不同、就业的稳定程度不同、人们的厌恶程度不同、失败的风险程度不同等。因而，对于人们不愿从事的那些劳动，就有必要提高工资补偿，以吸引人们从事该劳动。

9.3.3 不完全竞争市场上的工资率决定

现实生活中，劳动市场存在不完全竞争，主要表现如下。

1）自由进入某一职业劳动市场的条件受到限制。例如，接受训练的能力有限、工会的反对或其他的障碍，因而能够进入该市场的人总比希望进入该市场的人少。

2）雇主的市场力量。当某一劳动市场的雇主只是少数几个厂商时，就会形成买方垄断。这些雇主可以通过协议或单方面行动，把工资压低到低于竞争性市场通常的水平。

3）工会的力量。通过组织工会，工人能够对抗雇主的买方垄断，使工资接近甚至高于竞争性的工资水平。

4）工资法律的限制。例如，政府实行的最低工资标准就属于这一方面的限制。

5）习惯的限制。例如，种族、性别等方面的歧视就属于这一方面的限制。

在西方国家，工会的力量非常强大。工会的目的主要是增加工会工人的福利，具体目标可能表现为提高工会工人的工资率水平、工会的就业量最大化或使工会的总收入最大。在工会追求的各种目标中，最重要的仍是增加工资。工会可以通过以下几种方式来影响工资水平。

1）限制劳动的供给。工会通过支持移民限制、缩短每周工时、延长休假期、限制雇用童工和女工、降低劳动强度等办法可以限制劳动供给量，从而使劳动供给曲线沿劳动需求曲线上升，以提高工资水平。这种情况如图9-12所示。

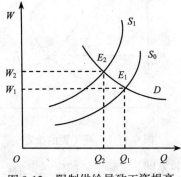

图 9-12　限制供给导致工资提高

由于工会对劳动供给的限制，使劳动供给曲线由 S_0 移到 S_1，从而使工资率由原来的 W_1 上升到 W_2。

工会限制劳动供给的办法有以下几种。其一，限制劳动力供给的法案。工会极力劝导国会通过限制移民的法案，禁止使用童工的法案和劝导国会采取强制性退休的政策。其二，严格的会员准入限制。某些行业的工人通过工会采取了旨在限制其会员数量的机制。这些工会几乎完全控制了市场中的劳动力供给时，往往就会要求雇员雇用工会会员。然后，通过严格的会员准入政策（如长期学徒制、极高的入门费等）人为地限制劳动力的供给。其三，执业许可。执业许可的初衷是为了保护消费者，防止无能的执业人员危害消费者的利益，但这有时也能变成一种限制劳动力供给的手段。处于某一职业的一群工人给地方政府施压，要求通过特定的法律规范，只有在新进入者满足特定的要求，后才能执业（如理发师、医生、美容师、资产评估师等），这些要求可能包括受教育程度、工作年限、通过专业考试等。执业许可管理人员通常由该行业成员主宰，结果这些规定往往成为限制职业进入者的政策。

2）增加劳动需求量。工会可以通过提高劳动生产率和帮助厂商改善管理来降低商品价格，要求政府提高进口税限制进口、扩大出口等办法，使劳动需求曲线向上移动，从而提高工资水平。如图9-13所示，由于劳动需求曲线由 D_1 向上移动到 D_2，使工资率由 W_1 上升到 W_2。

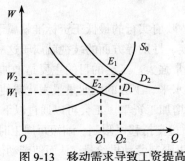

图 9-13　移动需求导致工资提高

工会提高劳动需求的途径主要有以下几个。其一，提高产品需求。工会可以通过广告、政治游说来提高对其所生产的产品的需求，从而提高对他们自身劳动服务的引致需求。历史上，国际成衣工会曾与其雇主一起共同资助广告运动，以增强对其产品的需求；美国通信工人协会曾出资 200 万美元开展"使用或购买工会所提供的长途电话服务"的广告活动，说服电话用户选择 AT&T 和西部联合公司的长途电话服务和通信设备，这两家公司为美国通信工人协会提供着大约 100 000 个就业机会。其二，提高劳动生产率。工会可以通过培训等形式提高工人的劳动生产率。提高劳动的边际生产率会使劳动的边际收益产品曲线向右移动，也就使劳动的需求曲线向右移动。其三，改变其他生产要素的价格。工会可以通过提高替代资源的价格来增加对劳动的需求。例如，工会极力支持提高工资标准，其动机之一就是提高非工会劳动者的劳动价格，这将阻止雇主用非工会劳动者代替工会工人，从而增强了对工会工人的需求。

3）直接提高工资率。很多工会并不限制会员的数量而是努力扩大工会会员的数量，因为限制会员可能损害自己，可能会把就业机会拱手让给非工会工人。如果行业工会的会员包括几乎所有该行业的工人，企业将会在承受很大的压力的情况下接受工会的要求，因为一旦工会工人举行罢工，企业全部的劳动供给将被割断。强大的工会可以直接与资方谈判并迫使资方同意提高工资率的要求，通常工会要求资方将工资率提高到均衡工资率以上。

实 例

美国棒球队员的境遇

在美国，棒球联合总会不受反托拉斯法的制约，这是不把反托拉斯法应用于劳动市场的最高法院决定和国会政策的结果。这一反托拉斯法豁免使棒球队所有者（在 1975 年前）能操纵一个垄断买主卡特尔。像其他所有卡特尔一样，这个卡特尔依靠的也是所有者之间的协议。它包括队员的年度挑选及一个保留条款。该条款有效地使队员一生限制在一个球队，从而消除了大多数球队间对球员的竞争。在这一保留条款下，一旦一个球员被一个球队挑中，他就不能为另一个球队打球，除非权利转卖给那个球队。结果，棒球所有者在与他们队员谈判新合同时具有垄断势力——球员不签协议的唯一选择就是放弃比赛，或者到美国之外去打球。

20 世纪 60 年代和 70 年代初期，棒球队员的工资大大低于他们边际产出的市场价值（这一价值部分地由较好的安打或投手带来的注意力增加所决定）。例如，1969 年，球员得到的工资大约是 42 000 美元，但是如果市场完全竞争的话，他们会得到 300 000 美元的工资。

对球员来说幸运而对所有者来说不幸的是，1972 年，在一位球员（圣·路易斯卡狄纳斯队的柯特·富莱德）诉讼之后发生了罢工，并有了一项仲裁的劳动管理协议。这一进程最终在 1975 年导致达成一项协议，它使棒球队员在为一个球队打满 6 年之后能够成为自由代理人。保留条款不再有效，一个高度买方垄断的劳动市场变得更有竞争性了。

这一结果是劳动市场经济学的有趣试验。在 1975—1980 年之间，棒球队员市场调整到了一个新的后保留条款均衡状态。1975 年以前，队员合同上的支出占了所有球队大约 25%的支出；

到了 1980 年，这些支出增加到 40%，而且队员的平均实际工资增加了一倍；到 1992 年，棒球队员平均收入为 1 014 942 美元，这与 60 年代后期买方垄断的工资相比是令人不可置信的增长。

　　注：卡特尔是指生产同类商品的大企业，通过签订关于产品价格、销售市场、生产规模等协定而建立的垄断组织。比较流行的卡特尔有三种：①划分销售市场的卡特尔；②规定统一价格的卡特尔；③规定生产规模的卡特尔。

　　资料来源：http://www.360doc.com/content/07/1013/10/43414_807279.shtml.

9.4　土地的供给和地租的决定

9.4.1　土地的概念与性质

　　西方经济学所讲的土地是一个广义的概念，不仅包括土地，还包括江河、山川、海洋、矿藏等，其特点被描述为"原始的和不可毁灭的"。"土地"这一生产要素是大自然所赋予的。西方经济学家把可以人为地进行再生产的物质称为资本，而把那些非人为因素的自然赋予称为土地。

　　马歇尔指出，土地有两点基本性质。

　　1）土地的地理位置是固定的，是不能移动的。这样就形成了土地在分布、天然肥沃程度等方面的各种不同的自然差别。土地的不流动性影响到人们生产活动的方便程度，进而影响到土地的收益。

　　2）土地的数量即供给量是固定的，与市场对土地的需求无关。由于土地是大自然所赋予的，因此它没有生产成本。

　　土地的肥沃程度可以分为两种特性：一种是自然所赋予的原有基本特性，这是指由于地理位置、阳光、空气、土质、降雨量等自然因素对生产物的影响；另一种是人们在土地上从事生产活动的人为追加特性，这是指由于人们在土地上进行改良土质活动而对生产物的影响。因此，土地的总收益也相应地分为两个部分，而前者所获得的收入是主要部分，是地租的真正来源。

9.4.2　土地的供给

　　依照西方现代经济学的解释，地租率是对土地提供的"劳务"的报酬，即人们使用土地所要支付的价格。

　　土地的自然供给即自然赋予的土地数量是固定不变的，它不会随着土地价格即地租的变化而变化。现在要考虑土地的市场供给情况，它是否也与土地价格没有关系呢？为了回答这个问题，我们从分析单个土地所有者的行为开始。

　　假定土地所有者是消费者，其行为的目的是效用最大化。他所拥有的土地数量在一定时期内也是既定的和有限的。与前一节分析的劳动者一样，土地所有者现在要解决的问题是，如何将既定数量的土地资源在保留自用和供给市场这两种用途上进行分配以获得最大的效用。

　　与供给劳动的情况类似，供给土地本身不直接增加效用。土地所有者供给土地的目的是为了获得土地收入，而土地收入可以用于各种消费目的，从而增加效用。因此，土地所有者实际上是在土地供给所可能带来的收入与自用土地之间进行选择。于是，土地所有者的效用函数可以写为：

$$U = U(Y, q)$$

式中，Y 为土地收入；q 为自用土地数量。

　　现在的问题是，自用土地是如何增加土地所有者效用的呢？显然，如果不用来供给市场的话，则土地可以用来建造花园或高尔夫球场等。土地的这些消费性使用当然增加土地所有者的效用，就像劳动者的闲暇的作用一样。不过一般来说，土地的消费性使用只占土地的一个很微小的部分，不像时间的消费性使用占去全部时间的一个较大的部分。如果假定不考虑土地消费性使用这个微小部分，即不考虑土地所有者自用土地的效用，则自用土地的边际效用等于零，从而效用函数可简化为：

$$U = U(Y)$$

　　换句话说，效用只取决于土地收入而与自用土地数量大小无关。这种情况下，为了获得最大效用，就必须使土地收入达到最大（因为效用总是收入的递增函数）；而为了使土地收入最大，又要求尽可能多地供给土地。由于土地所有者拥有的土地为既定的，在图 9-14 中表现为 $\overline{Q}$，故它将供给 $\overline{Q}$ 数量的土地——无论土地数量 R 是多少。因此，土地供给曲线将在 $\overline{Q}$ 的位置上垂直于横轴。

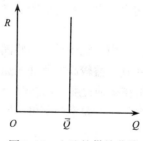

图 9-14　土地的供给曲线

　　在上面的讨论中，之所以得到土地供给曲线与代表土地量的横轴垂直的结论，并不是因为自然赋予的土地数量是固定不变的，而是因为我们假定了土地只有一种用途即生产性用途，而没有自身用途，即没有自用价值。如果土地只存在生产性用途，则它对该用途的供给曲线当然是垂直的。

　　由此可见，土地数量本身的固定不变并不能说明土地供给曲线是垂直的。要使土地供给曲线是垂直的，必须假定土地没有自身用途，没有自用价值，假定土地在生产性使用上的机会成本等于零。这个假定显然并不完全符合实际，因为土地对土地所有者确实有某些消费性用处，尽管这些用处相对于其拥有的全部土地使用量来说也许很小。如果将土地的自身价值也考虑进来的话，则土地的供给曲线就可能不再是那么垂直，而是略微向右上方倾斜。

将所有单个土地所有者的土地供给曲线水平相加，即得到整个市场的土地供给曲线。再将向右下方倾斜的土地的市场需求曲线与土地供给曲线结合起来，即可决定使用土地的均衡价格，如图 9-15（a）所示。图中土地需求曲线 D 与土地供给曲线 S 的交点是土地市场的均衡点。该均衡点决定了土地服务的均衡价格 R_0。特别地，如果假定土地没有自用价值，则单个土地所有者的土地供给曲线为垂直线，故市场的土地供给曲线亦为垂直线。

9.4.3 租金、准租金和经济租金

1．租金

地租是当土地供给固定时的土地服务价格，因而地租只与固定不变的土地有关。很多情况下，不仅土地可以看成固定不变的，而且许多其他资源在某些情况下也可以看成固定不变的。

例如，某些人的天赋才能就像土地一样，其供给是固定不变的。这些固定不变的资源也有相应的服务价格。这种服务价格显然与土地的地租非常相似。为与特殊的地租相区别，可以把这种固定不变的一般资源的服务价格叫做"租金"。换句话说，地租是当所考虑的资源为土地时的租金，而租金则是一般化的地租。

2．准租金

租金及特殊的地租均与资源供给固定不变相联系。这里的固定不变显然对（经济学意义上的）短期和长期都适用。但是，现实生活中，有些生产要素尽管在长期中可变，但在短期中却是固定的。

例如，由于厂商的生产规模在短期内不能变动，某些固定生产要素对厂商来说就是固定供给；它不能从现有的用途中退出而转到收益较高的其他用途中去，也不能从其他相似的生产要素中得到补充。这些要素的服务价格在某种程度上也类似于租金，通常被称为"准租金"。所谓准租金，就是对供给量暂时固定不变的生产要素的支付，即固定生产要素的收益。

3．经济租金

与租金和准租金相关的另一个概念是经济租金。固定供给意味着要素价格的下降不会减少该要素的供给量。或者说，要素收入的减少不会减少该要素的供给量。据此，也可以将租金看成这样一种要素收入：其数量的减少不会引起要素供给量的减少。许多要素的收入尽管从整体上看不同于租金，但其收入的一部分却可能类似于租金，即如果从该要素的全部收入中减去这一部分并不会影响该要素的供给。我们将这一部分要素收入称为"经济租金"。经济租金的几何解释类似于所谓的生产者剩余，其大小显然取决于要素供给曲线的形状。供给曲线越陡峭，经济租金部分就越大。特别是当供给曲线垂直时，全部要素收入均变为经济租金，它恰好等于租金或地租。由此可见，租金实际上是经济租金的一种特例，即要素供给曲线垂直时的经济租金；

而经济租金则是更为一般的概念，它不仅适用于供给曲线垂直的特殊情况，也适用于不垂直的一般情况。

9.5　资本的供给和利息的决定

9.5.1　资本和利息

1．资本

资本是那些被生产出来作为投入要素以便生产更多商品和劳务的物品。例如、机器、厂房、卡车、计算机等都是资本的表现形态。除了上述的物质资本以外，社会上还存在着银行贷款、股票、债券等金融资本形态。现代经济学中又衍生出了人力资本的概念，但它不属于本节讨论的范畴。

作为与劳动和土地并列的一种生产要素，资本具有如下特点。

1）资本的数量是可以改变的，它可以被人们的经济活动创造出来。土地资源和劳动资源都是"自然"给定的，不能被人们的经济活动生产出来。

2）资本是一种生产投入品，它不同于普通的消费品。

3）资本用于生产，可以创造出更多的商品与劳务，即资本具有增值的可能。

2．利息

在讨论利息之前，首先应区分资本和资本服务这两个概念。资本是资本服务的源泉，资本本身具有一个市场价格，即资本价值。例如，一间厂房、一台机器在市场上可以按一定的价格出售，资本也可以像劳动、土地一样在市场上被出租出去，并获得相应的报酬。因此，作为一种生产服务，资本也有一个提供生产服务的价格，这就是利息率。可以说，利息是资本服务的报酬，利息率是资本服务的价格。

9.5.2　资本的供给

资本供给是指任各种可能的利率条件下，人们愿意提供的资本数量。资本供给来自人们为获得利息而进行的储蓄。一般来说，利息率越高，人们越愿意进行储蓄；反之，人们愿意进行现期消费。

为什么人们储蓄一定要有利息呢？西方经济学认为，人们具有一种时间偏好，即在现期消费和未来消费的选择中，人们是偏好现期消费的。换句话说，对于同一单位货币，现期消费所带来的效用大于未来消费所带来的效用。原因在于储蓄会使资金使用不便，需要放弃有可能出现的投机机会，而且未来消费还有很多不可预期的因素等。为了鼓励人们进行储蓄，满足社会的资本需求，就必须对储蓄支付利息。因此，我们也可以把利息看成人们"节欲"的报酬。于是，资本供给问题可以归结为资本所有者如何将既定收入在现期消费和未来消费之间进行选择，也就是如何在消费与储蓄之间进行选择。经济学把这个问题称为消费者的长期消费决策问题。

如图 9-15 所示，横轴 Q 代表资本的供给量，纵轴 r 代表利率，S 是资本的供给曲线，D 是资本的需求曲线。资本的供给曲线 S 在正常阶段是向右上方倾斜的，它表示利息率和资本供给量同方向变动。资本的供给曲线和资本的需求曲线的交点 E 所决定的利息率是市场均衡利息率 r_1。

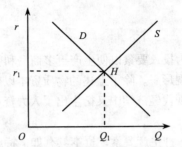

图 9-15　资本供给曲线与资本需求曲线

9.5.3　资本需求及利息率的决定

1．资本需求

资本需求是指在各种可能的利率条件下，厂商对资本的需求量。厂商投资的目的是实现利润最大化，厂商实际获得的经济利润是利润率与利息率之间的差额。在利润率既定的情况下，利息率越高，经济利润就越少，厂商对资本的需求就越少；反之，利息率越低，经济利润越多，厂商对资本的需求就越多。因此，资本的需求曲线和一般商品的需求曲线一样，也向右下方倾斜，如图 9-15 中的资本需求曲线 D。

2．利息率的决定

均衡的利息率是由对资本的供给和对资本的需求共同决定的。图 9-15 中，资本的供给曲线 S 与资本的需求曲线 D 的交点 H 所表示的利率水平 r_1，就是供求均衡的利率水平。如果市场利率低于均衡利率，则对资本的供给会小于对资本的需求；反之亦然。

需要注意的是，上述由资本供求关系所决定的均衡利率一般被称为"纯粹利率"，它反映了资本的净生产力。但资本市场上的实际利率还要受其他因素的影响。例如，利息中还要包括贷款时的风险因素，如债务人不偿还贷款的风险、通货膨胀使货币贬值的风险等。

3．利率差异

现实经济生活中，我们可以看到许多不同的利率。利率产生差异的原因包括以下几个。

1）贷款期限。一般而言，期限越长的贷款其利率越高，原因在于其风险越大；反之，短期贷款的利率较低。

2）债务人的信誉或者投资项目的风险。债务人的信誉越高，或者投资项目的风险越小，则利率会越低；反之则越高。

3）金融资产的流动性或者变现能力。流动性越强，变现越方便的金融资产的利率越低，反之则越高。流动性和变现能力与金融资产的风险大小有关。

4）管理成本。不同的贷款和投资需要不同的管理成本，金融机构当然要把管理成本转移到利息之中。相对于小额贷款，大额贷款的平均管理成本较低，其利率就可以较低，而小额贷款的利率较高。

4．名义利率与实际利率

上面提到的利率都是名义利率，即以资本的货币单位直接计算的利率。但是，如果存在通货膨胀，则名义利率不能真实反映资本的收益，这时需要考察实际利率的情况。实际利率是名义利率减去通货膨胀率的差。例如，名义利率为 5%，通货膨胀率为 3%，则实际利率为 2%。只有实际利率才能反映资本的真实收益。

本章小结

1．生产要素包括劳动、资本、土地和企业家才能四种。其中，土地并不单单指土地，还包括河流、森林、矿藏、野生生物等一切的自然资源，它们得自于大自然的恩赐，是最稀缺的经济资源。

2．要素市场与产品市场的关系：二者之间最大的相同点是均衡点都是由供给曲线和需求曲线决定的；二者的最大不同在于，在这两类市场上，参与者的角色正好相反。

3．完全竞争厂商使用要素的原则：使用要素的价格 W 等于要素的边际收益，即边际产品价值 VMP，即 VMP=W。

4．工资是因劳动者在生产中提供了劳动而支付给他的报酬。工资率指的是企业为得到单位时间的劳动服务而支付的价格。均衡工资水平是由劳动市场上对劳动的供求所决定的。在工会追求的各种目标中，最重要的仍是增加工资率。工会可以通过以下几种方式来实现这一目标：增加劳动需求、减少劳动供给和直接提高工资率。

5．地租是使用土地而支付的价格，它是由土地的供给和需求决定。对于土地拥有者而言，土地除了供人使用获得收益外没有其他用途，拥有土地的人除了供给土地以外别无选择。所以，土地的供给量是固定的。把这种供给数量同样固定不变的一般资源的服务价格叫做"租金"。地租是当所考虑的资源为土地时的租金，租金是一般化的地租。准租金就是对供给数量暂时固定不变的生产要素的支付，即固定生产要素的收益。准租金等于厂商的总收益减去总可变成本。有许多其他的要素收入类似于租金，从其中拿去一部分，要素的供给量也不会发生变化，我们将这一部分要素收入称为"经济租金"。要素所有者的经济租金实际上等于要素收入减去将要素用于当前用途的机会成本。

复习思考题

一、选择题

1．厂商对生产要素的需求是一种（　　）。

A．派生需求　　　　　B．联合需求　　　　C．引致需求　　　　　D．以上都对

2．分配理论中的完全竞争厂商是指（　　）。

A．在产品市场上完全竞争　　　　　　　B．在要素市场上完全竞争

C．在两个市场上都完全竞争　　　　　　D．以上都不对

3．买方垄断厂商（　　）。

A．在产品市场上竞争，在要素市场上垄断　B．在产品市场上竞争，在要素市场上也竞争

C．在产品市场上垄断，在要素市场上竞争　D．在产品市场上垄断，在要素市场上也垄断

4．最简化的卖方垄断厂商的要素使用原则是（　　）。

A．VMP＝W　　　　　B．MRP＝W　　　　C．VMP＝MFC　　　D．MRP＝MFC

5．完全竞争厂商的要素需求曲线是（　　）。

A．MFC　　　　　　　B．MRP　　　　　　　C．VMP　　　　　　　D．不存在

6．不考虑其他厂商调整的完全竞争厂商的要素需求曲线比行业调整曲线（　　）。

A．更陡峭　　　　　　B．重合　　　　　　　C．更平坦　　　　　　D．以上答案都不对

7．哪种厂商所面临的要素价格线与边际成本线不是同一条线？（　　）。

A．完全竞争厂商　　　B．卖方垄断厂商　　　C．买方垄断厂商　　　D．都有可能

8．劳动的供给曲线（　　）。

A．向右下方倾斜　　　B．向右上方倾斜　　　C．向后弯曲　　　　　D．是一条水平线

9．经济学家认为，工会的存在是（　　）。

A．对劳动供给的垄断　　　　　　　　　　B．对劳动需求的垄断

C．对劳动供求双方的垄断　　　　　　　　D．与劳动的供求无关的

10．以下几种情况属于创新的是（　　）。

A．把牡丹牌彩电打入美国市场　　　　　　B．建立了一个生产牡丹牌彩电的新工厂

C．在广告中宣传牡丹牌彩电　　　　　　　D．继续生产牡丹牌彩电

二、判断题

1．如果某完全竞争厂商使用劳动要素达一定量时的 VMP＝500 元，而 W＝450 元，该厂商应减少劳动的使用量。（　　）

2．厂商对生产要素的需求是一种引致的、共同的需求。（　　）

3．完全竞争厂商的要素需求曲线和 MP 曲线重合。（　　）

4．由消费者对产品的直接需求派生出来的厂商对生产要素的需求叫引致需求。（　　）

5．只要厂商购买要素的数量使得 VMP=W，那么资源配置就是有效率的。（　　）

6．生产要素的需求是一种派生的需求和联合的需求。（　　）

7．企业对生产要素的需求取决于生产要素的边际生产力。（　　）

8．正常利润是对承担风险的报酬。（　　）

9．企业家的创新是超额利润的源泉之一。（　　）

10．用先进的机器代替工人的劳动，会使劳动的需求曲线向右移动。（　　）

三、简答题

1．简述生产要素的供给原则。

2．劳动的供给曲线为什么向后弯曲？

3．简述工会影响工资率的办法。

4．土地的供给曲线为什么是垂直的？

四、计算题

某完全竞争厂商在其他生产条件不变的情况下，雇用劳动（单位为小时）与相应的产量如下表：

雇用劳动量（小时）	3	4	5	6	7	8	9
产　　量	6	11	15	18	20	21	20

如果劳动的工资为每小时 20 元，产品价格为每单位 10 元。

（1）该厂商应该雇用多少小时劳动才能实现最大利润？

（2）试用经济学原理解释为何当雇用劳动量为 9 小时时，厂商产量反比劳动量为 8 小时的时候下降？

第 10 章

一般均衡与经济效率

知识目标 ① 掌握局部均衡和一般均衡的区别；② 了解一般均衡的基本思想与模型；③ 准确理解判断经济效率的帕累托最优标准；④ 掌握论证完全竞争市场经济能够达到帕累托最优效率的原因；⑤ 了解福利经济学的两个基本理论。

能力目标 ① 具备分析和区别局部均衡与一般均衡的能力；② 具备运用一般均衡模型分析问题的能力；③ 具备利用帕累托最优标准解释经济现象的能力；④ 具备对福利经济学基本理论的理解能力。

 引导案例

瑞典的社会福利制度

多年来，瑞典的社会福利国家制度引起了人们的广泛关注。原因在于瑞典的社会福利国家制度把相对高效率的生产部门与比较平等的收入分配和公平的机会结合起来。实行"收入均等化，就业充分化，福利普遍化，福利设施体系化"，包括"从摇篮到坟墓"的各种生活需要在内的社会福利制度，按照统一标准支付，基金主要由国家税收解决。它的理论基础是英国经济学家凯恩斯和威廉·贝费里奇的"收入均等化"论。

瑞典社会福利体制是北欧模式的典型代表，其显著特点有六个。① 覆盖面宽、内容广、水平高。瑞典的社会福利面涵盖了在瑞典工作的所有人，不论其是否具有瑞典国籍；福利内容非常广泛，主要集中在养老金、医疗和福利方面；支付的福利费用项目繁多，而且福利水平很高。② 公平优先、兼顾效率的福利原则。瑞典福利模式大致可以分为两个层次：所有人的基本福利与收入相联系的福利。后者涉及内容较少。总体上说，瑞典的社会福利在一定程度上体现了效率原则，大体上体现了公平优先。③ 以福利水平为基本保障。在瑞典，由社会保险机构提供给人们的福利主要是同整个社会收入或覆盖的增长相关，个人贡献的大小同所得到的福利没有多大关系。受保人情况相同，得到的福利也大体相同。雇员工作岗位

发生变化，更换雇主，福利水平不会受到影响。在瑞典，不同条件的受保人会对应地得到不同的福利待遇。④ 现收现付制。瑞典对于基本保险等由政府支出的补充项目基本上都采取了现收现付制度，以收定支，一般不留积累（只补充少量养老金进入积累）。⑤ 雇主是社会保障的主体。瑞典社会福利项目与补充福利项目的费用支出，雇主是主体。企业雇主承担的养老和医疗等多种法定保险费率在 1995 年达到了 32.9%，雇员基本上不缴纳。⑥ 政府是社会福利的支配主体。瑞典成立了统一的社会福利委员会，管理全国的社会福利。在统一的社会福利委员会之下，形成了国家、州市各级政府机构与服务处所构成的社会福利网络。

资料来源：中国城乡金融报，2010.5.21

10.1　一般均衡理论

10.1.1　局部均衡与一般均衡

1．局部均衡及局部均衡分析

局部均衡是指有 N 种商品，N 个市场，第 i 个市场上供求相等。局部均衡分析是指假定其他市场的情况不变，单独分析某一市场（或经济单位）的价格和供求变动的一种分析方法。

在局部均衡分析中，一种商品的价格变动仅仅受该商品的需求和供给的影响，它的价格的决定是由市场的供求分析决定的，不考虑其他市场对此的影响。因此，假定其他条件不变，而供给和需求仅是其价格的函数时，供给和需求相互作用，使市场逐渐趋于均衡，形成一个均衡价格。在这个价格下，供给量等于需求量。

局部均衡方法主要应用于下面两个问题：① 孤立地分析一个特定的行业或经济部门。例如，某个工厂的罢工，我们只考虑到它会影响到这个工厂产出和这里的工人。② 只判断某个事件或政策的第一次或初始的效应。

但是，整个经济是一个整体，其各个组成部分之间总是相互联系在一起的，任何局部的变化总会波及其他各个方面。这就往往使人们对局部均衡理论产生这样的疑问：当某一局部市场达到均衡，其他市场未均衡的时候，这一局部市场的均衡能否稳定？这一均衡是否会在其他市场达到均衡的过程中被破坏？要对此做出回答，就必须搞清所有市场之间的关系和相互影响。将所有产品市场和要素市场联系在一起来分析所有商品价格相互影响、共同达到均衡的过程及其条件，这就是一般均衡分析的方法。

2．一般均衡及一般均衡分析

一般均衡是指有 N 种商品，N 个市场，在所有 i 个市场上同时实现供求相等。一般均衡分析是经济中所有经济单位及其市场同时处于均衡的一种状态的分析方法。

一般均衡分析中，不仅要分析影响该商品价格变动的供求关系，还要分析影响该商品生产的生产要素市场、消费者收入等多种因素的影响，即把经济中的所有经济单位和所有市场联系起来加以考虑和分析。根据这一方法建立的理论就是一般均衡理论。比如，从局部均衡分析来

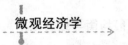

看，工资效率降低的第一次效应是增加就业；但从一般均衡来看，工资效率普遍降低意味着收入的普遍下降，这就会造成对商品需求的下降，引起商品价格下降、生产下降、增加失业等一系列效果。因此，局部均衡分析所得到的第一次效应——增加就业，很可能被一般均衡分析所得到的第二次效应——增加失业所抵消。

10.1.2　一般均衡理论基本思想及模型

1．一般均衡理论的基本思想

一般均衡理论是由在瑞士洛桑学院任教的法国经济学家里昂·瓦尔拉斯于 19 世纪 70 年代创立的。瓦尔拉斯认为，经济社会是由相互联系的各个局部组成的体系，当消费者偏好、要素供给和生产函数已知时，就能从数学上论证所有商品市场和要素市场可以同时达到均衡状态，即整个经济可以处于一般均衡状态。这种状态下，所有商品与要素的价格和数量都有确定的量值，均衡条件是消费者的效用极大化和生产者的利润极大化，所有市场的供需总量相等。

简单的瓦尔拉斯一般均衡模型由四个方程组来表示：商品需求方程组、要素需求方程组（要素供求相等方程）、厂商供给方程组（商品价格与生产成本相等方程）和要素供给方程组。由于模型假设要素收入等于产品价值，故此四个方程组中必定有一个方程不是独立的。通过令任一商品为货币商品并以此货币商品定义其他商品和要素的价格，便可使模型的未知数数目与相互独立的方程式数目相等，从而满足方程组（即模型）有解的必要条件。

2．一般均衡理论模型

（1）模型的一般假定

模型的假定包括：假定市场是完全竞争的，在完全竞争的经济中，对居民和厂商来说，它们都是价格的被动接受者；每个居民既是产品的需求者，又是要素的供给者，他们都会把所提供要素的全部收入用于消费，没有储蓄或负储蓄；在既定的技术水平下，厂商根据市场给定的产品价格和要素价格来决定其利润最大化的产品供给量和要素需求量。因此，从需求来看，每个消费者对商品的需求量不仅取决于该商品的价格，而且取决于其他商品的价格，并且与消费者的收入有关。另一方面，消费者的收入又取决于消费者提供的生产要素的数量和价格。因此，在生产要素既定的情况下，每个消费者对商品的需求，取决于整个商品市场需求对所有产品和生产要素的价格。从供给来看，每个生产者对商品的供给量不仅取决于该商品的价格，而且取决于其他商品的价格，并且与其他商品的价格和生产成本相关。但厂商的生产成本又取决于生产要素的数量和价格。因此，在生产要素既定的情况下，厂商对产品的供给取决于整个产品市场供给对所有产品和生产要素的价格。从生产要素的需求来看，厂商使用生产要素的数量取决于产品和各种生产要素的价格。从生产要素的供给来看，生产要素的供给来源于要素的供给者（消费者），因此要素的供给量和价格取决于要素供给者的消费商品的价格和数量。

（2）理论模型

无论是在产品市场上还是在要素市场上，每种产品或者要素的需求量和供给量最终都取决于所有商品和要素的价格。假定经济系统中共有 n 种产品和生产要素，它们的市场价格分别为 $P_1,P_2,\cdots,P_n$。则某一种商品或要素的市场需求可以表示为：

$$Q_i^D = D_i(P_1,\cdots,P_n), i=1,\cdots,n$$

同样地，每种商品或者要素的市场供给可以表示为：

$$Q_i^S = S_i(P_1,\cdots,P_n), i=1,\cdots,n$$

如果所有的商品和要素市场同时处于均衡，那么经济处于一般均衡。此时，每个市场的供求处于均衡，即：

$$Q_i^D = Q_i^S, i=1,\cdots,n$$

满足条件上式的价格 $P_1,P_2,\cdots,P_n$ 使得经济处于一般均衡，而这一系列价格相应地被称为一般均衡价格。

（3）瓦尔拉斯定律的含义及公式

当把所有的市场联系起来加以考虑时，无论商品的价格是多少，经济中所有的支出总和一定等于所有的收入总和。这被称为瓦尔拉斯定律，用公式表示为：

$$\sum_{i=1}^{n} P_i Q_i^D = \sum_{i=1}^{n} P_i Q_i^S$$

通过瓦尔拉斯定律，上式的 n 个方程不可能相互独立，也就是说不可能直接求出 n 种商品的价格，但可以通过假定一种商品价格为 1 来进行求解。在完全竞争条件下，市场上存在着 n 个价格，它们恰好使得经济中的每个市场同时处于均衡，即一般均衡价格是存在的。

10.1.3　一般均衡理论的发展和评价

1．一般均衡理论的发展

（1）瓦尔拉斯的一般均衡理论

一般均衡理论是 1874 年法国经济学家瓦尔拉斯在《纯粹经济学要义》一书中首先提出的，后经希克斯、萨缪尔森等人延伸和完善。瓦尔拉斯认为，整个经济处于均衡状态时，所有消费品和生产要素的价格将有一个确定的均衡值，它们的产出和供给将有一个确定的均衡量。瓦尔拉斯是边际效用学派奠基人之一，他的价格理论以边际效用价值论为基础，认为价格或价值达成均衡的过程是一致的，因此价格决定和价值决定是一回事。他用"稀少性"说明价格决定的最终原因，认为各种商品和劳务的供求数量和价格是相互联系的，一种商品价格和数量的变化可引起其他商品的数量和价格的变化，所以不能仅研究一种商品、一个市场上的供求变化，必须同时研究全部商品、全部市场供求的变化，只有当一切市场都处于均衡状态，个别市场才能处于均衡状态。

（2）希克斯的短期均衡分析

希克斯将均衡定义为："当经济中的所有个体从多种可供选择的方案中挑选出他们所偏爱的生产和消费的数量时，静态经济（在其中需求不变，资源也不变）就处于一种均衡状态。这些可供选择的（方案）中部分决定于外在约束，更多的决定于其他个体的选择。"希克斯认为，他的静态均衡概念有两个特点：一是一定存在着向均衡方向变动的趋势；二是收敛于均衡的速度是极快的。希克斯是在一个很短的时期中处理均衡问题的，他借助了马歇尔的方法，并且通过扩大马歇尔假定的范围进一步缩小经济主体的选择空间，这削弱了模型的解释力。

（3）德布鲁的一般均衡理论

德布鲁用数学模型证明了的一般均衡。德布鲁对一般均衡理论存在性的证明主要依存于两个假设：消费与生产集合都是凸集；每个经济主体都拥有一些由其他经济主体计值的资源。因此，这种均衡的整体稳定性取决于某些动态过程，这些过程保证每个经济主体都具有总需求水平知识，并且没有一项最终交易实际上是按非均衡价格进行的。这当中的某些假定也许可以放松，以适应少数行业中的规模报酬递增、甚至所有行业卖方垄断竞争的度量。但是，寡头垄断的存在否决了所有一般均衡解（就像它否决竞争均衡的所有其他概念一样），更不用说消费和生产中的外在性的存在了。

德布鲁的一般均衡理论主要是为了研究竞争的市场均衡。它的一个主要假设，也是新古典经济学的一个基本假设，即将市场制度安排作为外在给定。一般均衡理论经过德布鲁和哈恩等人运用数学形式加以修饰，已经变得更加完善。

在瓦尔拉斯、德布鲁的一般均衡理论中，货币的存在仅仅是为了便利生产和交换的进行。实际上，货币是可有可无的。由瓦尔拉斯创立，由德布鲁进一步完善，并被希克斯、萨缪尔森等人加以运用的一般均衡模型要保持逻辑上的一致性，必须是一个只能分析实物经济的静态模型。这个静态模型是无法转而用来分析动态的货币经济的，这是由模型的内在逻辑结构或者其均衡的概念所决定的。新古典一般均衡的框架中很难处理时间问题。

根据新古典一般均衡的概念，当经济主体在给定偏好、技术和商品所有权的情况下，实现最优时，"不存在使价格发生变动的机制"。新古典的框架要求在其他条件给定的情况下，经济主体只对价格的变动做出反应，既然价格不变，也就不存在均衡的变动。

（4）格朗蒙的短期一般均衡理论

20世纪70年代和80年代，法国经济学家格朗蒙（Grandmont）发表了一系列论文，试图将德布鲁模型动态化，并发展了短期一般均衡理论，致力于寻找宏观经济学的微观基础。虽然意识到了德布鲁一般均衡模型表面上的动态特征，遗憾的是，格朗蒙预期函数仍然建立在严格的概率统计基础上，他的努力实际上没有超越德布鲁框架，一定程度上可以认为过去50年里经济学没有发生多少变化，许多最新的经济理论创新不过是将静态的最大化工具用于分析动态问题，虽然时间在纯粹静态条件下得以考虑，但是却错误地认为能够将特定时间进行分配以从事特定活动。

（5）巴廷金的一般均衡理论

1956年，巴廷金发表了其著名的代表作《货币、利息与价格》（*Money, Interest and Prices*）。他根据凯恩斯的收入支出理论，采用宏观分析的方法，以表示财富存量对消费支出影响的实际余额效应（Real Balance Effect）为核心，对货币在所谓静态一般均衡与动态一般均衡中的作用问题进行了系统的分析；通过融合传统的货币理论与价值理论，以及凯恩斯效应和皮古效应，建立了一个所谓反映"货币经济"的宏观动态一般均衡学说。

巴廷金的一般均衡理论在西方经济学界具有重要的影响。20 世纪 60 年代前后，围绕着巴廷金的一般均衡学说，西方经济学界曾展开过著名的"巴廷金论战"（Patinkin Controversy），争论新古典的两分法是否具有内在的矛盾和巴廷金关于货币中性分析的条件问题。以阿契贝尔德（G. C. Archibald）和李普赛（R. G. Lipsey）等人为代表的一些西方经济学家认为，在不使用瓦尔拉斯定律的情况下，新古典的静态模型是相容的。而以哈恩（F. H. Hahn）和鲍莫尔（W. J. Baumol）等人为代表的另一些西方经济学者则提出了相反的看法。此外，葛莱（J. G. Gurley）和肖（E. S. Shaw）等人根据内在货币（Inside Money）与外在货币（Outside Money）的划分，认为巴廷金关于货币中性的分析实际上是局限于仅存在外在货币的经济体系中的。尽管对巴廷金一般均衡学说存在着上述批评，西方经济学家大都认为，巴廷金的一般均衡学说"对货币理论做出了重大贡献"。温特罗勃甚至提出，20 世纪 50 年代宏观一般均衡理论的研究是"在巴廷金的《货币、利息与价格》中达到了顶点"。因此，从西方一般均衡理论和货币理论发展的角度看，从新古典经济学解释绝对价格水平确定的货币理论与微观静态一般均衡价值论的两分法，到凯恩斯图说明货币对收入、产量、就业和利率影响的小于充分就业均衡的比较静态的宏观分析，又进一步发展为以实际余额效应为核心的宏观动态一般均衡理论。巴廷金的一般均衡学说在资产阶级经济理论的发展中确实占有重要的地位。

（6）一般均衡引申出的"市场效率损失"理论

政府介入经济活动的主要理论基础，就是一般均衡理论及由此派生的"市场失败"理论。新古典框架思路以理想均衡状态作为判断现实经济运行是否有效的参照标准，通过比较复杂、不完善现实与完全竞争的理想状态，一旦发现现实情况与理想标准出现差异，就断定出现"市场失败"，真实世界必然是无效或低效率的，由此想当然地推导出政府在微观经济领域的角色和作用，要求政府积极介入甚至干预微观经济运行，通过微观经济规制和实际干预控制经济运行。

完全竞争模型是一个理想经济模型，如果实际经济运行偏离了这些假设，就会出现各种不同类型的"市场失败"，现实市场被认为只会产生次优、非理性、沮丧或混乱，政府介入就成为理所当然的选择。完全竞争范式显然不能成为主张市场体系的有力基础，基于"市场失败"理论范式的政策设计在方法论上存在致命错误。与其说一般均衡理论用以说明市场体系的效率，不如说更适合于作为政府介入和干预经济活动的理论基础，是政府实施微观规制的理论依据。一般均衡理论并非对市场真实运行的真实解释，其政策含义只能导致政府对微观经济领域的过多介入和广泛干预，只能导致政府对微观经济活动的广泛和深入规制，最终抑制和扭曲市场过程的展开。这样，主流微观经济理论的整个架构由于建立在非现实的一般均衡理论基础上，无意中变得与中央计划者的观点极为接近。斯蒂格利茨也认为，如果新古典模型是正确的，那么市场社会主义也会取得成功。同样，如果经济中的新古典模型是正确的，那么中央计划经济遇到的问题比实际情况会少得多。市场社会主义失败的部分原因在于没有能够理解市场经济运转的真正动力。瓦尔拉斯模型的功用之一在于清晰展示了实际经济与理论模式间的差异，说明了非市场制度存在的价值，尤其是在不完备现实市场上。

2．一般均衡理论的评价

瓦尔拉斯的一般均衡理论尽管是基础性的，但其结果并没有说服力，甚至是错误的。事实上，未知量的个数等于方程个数的条件，既不是一组方程有解的必要条件，也不是充分条件。即使是一个方程组有解，也不能断定这些解一定是正数值。因此，现代西方经济学的一般均衡论首先要解决的问题是存在性问题。

大约在 20 世纪 40 年代，证明一般均衡存在性的数学理论有了长足的进步，其中的不动点更是证明所需要的基础。于是，后来的希克斯、德布鲁等人应用这些数学结论给出了一般均衡存在性的精确论述。这些论述已经超出了本课程的要求，但有必要了解其基本思想。

在纯交换经济中，一般均衡存在性证明的基本思想是通过对消费者行为的限定，证明需求的存在性，进而按照需求大于供给时价格提高的调整过程，寻求使得供给等于需求的价格。同样地，在包含生产的一般均衡存在性证明中，只需要把生产加入产品的供给之中，即用纯交换经济的结论来加以证明即可。

此外，一般均衡论的扩展把存在性证明所要求的条件进一步降低，如把定性引入到一般均衡分析框架中、引入时间因素等。最后需要说明的是，一般均衡论与福利经济学是密不可分的。如果说一般均衡只是与均衡价格存在性有关，那么福利经济学要说明一般均衡状态的福利特征。因此，宽泛地说，一般均衡包含这一部分。

总之，对一般均衡理论的理解应注意以下几个方面：① 一般均衡理论是描述整个市场经济运行的总体概括，它是整个微观经济学论证"看不见的手"原理的一个必要环节；② 一般均衡论是建立在一系列更加严谨的假设条件之上的，这些假设条件在现实经济生活中往往并不存在；③ 一般均衡理论以完全竞争市场为假设前提，认为均衡是经济的常态，而把失衡看成对均衡的一种暂时的偏离，从而也就不可能完全揭示经济中的矛盾。

实 例

房屋价格上涨引起国务院的关注

房地产业是我国国民经济的重要支柱产业。住房价格一直是社会普遍关注的问题，住房价格上涨过快直接影响城镇居民家庭住房条件的改善，影响金融安全和社会稳定，甚至影响整个国民经济的健康运行。目前，住房价格上涨过快虽然是局部性和结构性问题，但如不及时加以控制和处理不当，有可能演变为全局性的问题。国务院对房地产价格上涨问题高度重视。

经济学家的分析：

为什么政府要大动干戈呢？让我们将房地产市场放进整个经济体系中进行一般均衡分析。

房地产的关联产业数量巨大，上游关联到钢铁、电力、煤炭、运输、能源、金融等一系列产业，下游关联到建材、装修、物业，甚至生活的方方面面。当房地产价格持续上升时，一方面会引致关联产业增加生产力（如增加钢铁厂、发电厂、水泥厂等）这些产业还会影响到它们的关联产业增加生产力；另一方面，在中国老百姓的观念中，房子就是家，都希望居者有其屋。在房价高居不下时，普通消费者必须倾其所有，或者背负数十年甚至更长时间的巨额按揭贷款才能购得房屋。

如果房地产价格不是由真实需求而是由投机需求所决定，当房价达到一定高位、投机无利可图时，投机商就会大量抛售房屋，使房价狂跌。

房价狂跌的代价有两个。第一，房价下跌将引起相关产业减产，甚至企业倒闭。房地产关联企业往往规模巨大（如钢铁厂、电厂等），如果倒闭，将有大量工人失业。失业工人不仅无力偿还银行贷款，而且还会生活拮据。结果造成银行呆坏账增加，消费能力下降，社会需求不足，整个经济衰退。第二，房价下跌将使房地产商亏损。我国房地产资金有60%以上直接或间接来自银行，如果房地产商亏损，它将无力偿还巨额的银行贷款，使银行的呆坏账增加，甚至有可能使银行倒闭，这就增加了金融系统的风险。现代经济中，金融系统是一国经济的血脉，如果金融系统出现问题，有可能导致整个经济的崩溃。

亚洲的日本、泰国、马来西亚等一些国家和地区都不同程度地出现过由于房地产价格过高，导致经济的泡沫化，最后导致经济的持续衰退，或者引发金融危机的现象。

由此可以理解，政府大动干戈就不是小题大做了。这也提醒我们，在对经济现象进行分析时，局部均衡分析重要，一般均衡分析亦重要。

10.2　帕累托最优条件

意大利经济学家帕累托（V. Pareto）认为：如果两人中至少有一人认为 A 优于（或劣于）B，而没有人认为 A 劣（或优）于 B，则从社会的观点看有 A 优（或劣）于 B。如果两人都认为 A 与 B 无差异，则从社会的观点看也有 A 与 B 无差异。

由此推论：如果至少有一人认为 A 优于 B，而没有人认为 A 劣于 B，则从社会的观点看 A 优于 B。这就是帕累托最优状态标准，简称帕累托标准。

按照帕累托标准所做的改进叫帕累托改进。

对于某种既定的资源状态，如果所有的帕累托改进都不存在，则称这种资源状态为帕累托最优状态。满足帕累托最优状态就是具有经济效率的，否则就是缺乏经济效率的。

10.2.1　交换的帕累托最优

如果两个人之间进行交换，结果两个人的福利水平都有所提高，社会的总产量也提高，这是一种帕累托改进。下面我们以两个消费者的交换为例，来看交换的帕累托最优问题。

为了研究问题方便，假定一个经济社会只有两个消费者 A 和 B，消费者 A 拥有较多的产品

Y 和较少的产品 X，消费者 B 拥有较多的产品 X 和较少的产品 Y，两个消费者的无差异曲线分别见图 10-1（a）和（b）。在图中消费者 A 拥有的产品 X 的量是 X_1，拥有的 Y 的量是 Y_1，因而其 X 和 Y 组合点位于 F 点；消费者 B 拥有的产品 X 的量是 X_2，拥有的 Y 的量是 Y_2，因而其 X 与 Y 的组合点位于 H 点。

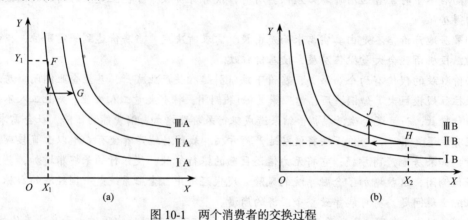

图 10-1　两个消费者的交换过程

现在两个消费者开始交换其产品。消费者 A 以一定量的 Y 去交换消费者 B 一定量的 X，交换的结果：消费者 A 所拥有的 Y 将下降，X 将上升，其产品组合点将从 F 点运动到 G 点；消费者 B 所拥有的 X 将下降，X 将上升，其产品组合点将从 H 点运动到 J 点。可以看出，在交换之前，消费者 A 的效用水平以无差异曲线 I A 为代表，交换以后他的效用水平以无差异曲线 II A 为代表，效用水平提高；在交换之前，消费者 B 的效用水平以无差异曲线 II B 为代表，交换以后他的效用水平以无差异曲线 III B 为代表，效用水平也提高。可以看出，两个人的效用都提高，这是一种帕累托改进。

只要通过交换能够使两个消费者的效用都提高，或者一个消费者的效用提高而另一个消费者的效用不变，消费者就有动力将交换不断进行下去。下面的问题是：什么时候两个消费者的交换达到均衡，就是说，什么情况下不能再实现帕累托改进了，也就是实现帕累托最优了？

为了研究上述问题，我们把图 10-1(b)逆时针旋转 180°，再与图 10-1(a)组合而成一个矩形盒子。该矩形的长为 $\overline{X} = X_1 + X_2$，宽为 $\overline{Y} = Y_1 + Y_2$，这样矩形的长宽实际就是产品 X 和 Y 的总量。因而在图中的每一点的坐标均满足：

$$X_A + X_B = \overline{X} \qquad Y_A + Y_B = \overline{Y}$$

这个矩形盒子，我们称之为埃奇渥斯盒。我们在埃奇渥斯盒中标绘出消费者 A 和 B 的无差异曲线，由于两个消费者的无差异曲线都是无数条，所以对任意一条消费者 A 的无差异曲线，我们都可以找出一条消费者 B 的无差异曲线与之相切。将所有这些切点连接起来，就得到一条曲线，如图 10-2 中 $O_A edc O_B$ 曲线，该曲线称为交换的契约线。

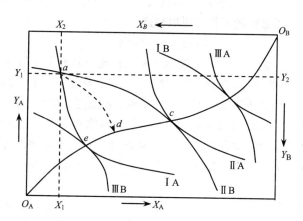

图 10-2　交换的埃奇渥斯盒

现在来研究两个消费者交换产品的过程。在交换之前，两个消费者拥有 X 和 Y 的量位于图 10-2 中的 a 点，如果他们的产品组合点由 a 沿着无差异曲线 II B 运动到 c，可以看出消费者 A 的 X 在增加 Y 在减少，而消费者 B 的 Y 增加而 X 减少，可以知道消费者 A 是以 Y 来换取消费者 B 的 X。由于产品的组合点沿着消费者 B 的无差异曲线 II B 运动，所以消费者 B 的效用是不变的，但消费者 A 却由无差异曲线 I A 运动到 II A，所以消费者 A 的效用是提高的。因此从 a 到 c 的交换过程是一个帕累托改进的过程。

再来研究消费者 A 与 B 由产品组合点沿着无差异曲线 I A 运动到 e 点的交换过程。这一过程仍然是消费者 A 以产品 Y 交换消费者 B 的产品 X，同样道理可以知道，消费者 A 的效用不变，但消费者 B 的效用提高了，这也是一种帕累托改进。再来研究两个消费者的产品组合点由 a 运动到 d 的过程，仍然是消费者 A 以产品 Y 交换消费者 B 的产品 X，这一过程中两个消费者的效用水平都提高了，毫无疑问这一过程也是帕累托改进的过程。可以看出，两个消费者通过交换实现帕累托改进的路径并不是唯一的，交换的结果两个消费者效用的提高程度也不一样，但站在全社会的角度看，社会的总福利是增加了。可以证明当两个消费者的产品组合点不在交换的契约线上的时候，我们总能够找到数条路径，通过两个消费者之间的交换来实现帕累托改进。

现在再来研究当消费者沿交换的契约线来进行交易时候的情况。假设两个消费者通过交换由组合点 e 运动到 d，即消费者 B 拿出一定的 X 和 Y 给 A，那么消费者 A 的效用提高的同时消费者 B 的效用却在下降，因而不符合帕累托改进的定义。同样，我们研究消费者的组合点由 c 运动到 d 的过程，这也不是帕累托改进。

综上所述，可以知道，凡是产品组合点不位于交换的契约线的情况，总是可以通过交换实现帕累托改进的，当产品的组合点运动到交换的契约线上的时候，则不存在帕累托改进的余地。因此可以得出结论，交换的契约线就是所有帕累托最优的产品组合点的集合。由于交换的契约线是由两个消费者的无差异曲线的切点连接而成，在切点处，两个消费者的边际替代率必然是相等的，因而交换的帕累托最优的条件就可以写成：

$$MRS_{XY}^A = MRS_{XY}^B$$

我们从一个例子来看。假设有 A、B 两地。A 地棉花丰富而小麦稀缺，1 千克小麦可换 5 千克棉花（MRS=5）；B 地小麦丰富而棉花稀缺，1 千克小麦可换 2 千克棉花（MRS=2）。A 地的人会将棉花贩到 B 地，以 2 千克棉花换 1 千克小麦；B 地的人会将小麦贩到 A 地，以 1 千克小麦换 5 千克棉花。随着两地之间的贸易，A 地的小麦越来越多，B 地的棉花也越来越多，再继续交换的话，交换比例就会发生变化，A 地的 MRS 不断降低，B 地的 MRS 不断提高。只要交换能使两地的满足程度不断提高，交换就会进行下去，当两地的 MRS 变得相等的时候，进一步的交易就会停止。

由此可见，当两个消费者的边际替代率不相等时，总能够通过交换提高双方的满足程度，而一旦双方的边际替代率相等，则进一步的交换就会使至少一方的满足程度下降。所以可以说，交换的帕累托最优的条件就是交换双方的边际替代率相等。

10.2.2　生产的帕累托最优及其条件

我们现在来讨论当经济中资源总量为既定情况下，厂商通过调整生产要素来实现经济的帕累托最优状态的过程。为研究方便，我们仍然以只有两个厂商及两种要素的简单经济为讨论对象。

假设经济中有两个厂商 C 和 D，使用两种要素资本 K 和劳动 L，分别生产两种产品 X 和 Y。如图 10-3（a）所示，厂商 C 在初始状态拥有的劳动的量是 L_1，拥有的资本的量是 K_1，所以其组合点位于 E 点，ⅠC、ⅡC、ⅢC 是厂商 C 的等产量线；如图 10-3（b）所示，厂商 D 在初始状态使用 L_2 的劳动和 K_2 的资本，要素组合点位于 G 点，ⅠD、ⅡD、ⅢD 是厂商 D 的等产量线。所以，经济中劳动的总量是 L_1+L_2，资本的总量是 K_1+K_2。

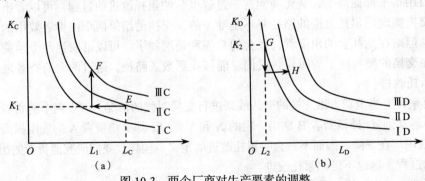

图 10-3　两个厂商对生产要素的调整

现在我们来研究两个厂商如何实现帕累托改进。从图 10-3 可以看出，厂商 C 使用了较多的劳动和过少的资本，而厂商 D 使用了较多的资本和过少的劳动。如果厂商 C 减少劳动的使用同时增加资本的使用，即从图中的 E 点运动到 F 点，那么其产量将从 ⅡC 增加到ⅢC；同样如果厂商 D 减少资本的使用同时增加劳动的使用，即从图中的 G 点运动到 H 点，其产量也会从 ⅠD 运动到ⅡD。可以看到，在资源总量一定的条件下，厂商 C 和厂商 D 通过调整资本和劳动的比例，增加了产量，这毫无疑问是一种资源配置状况的改善，属于帕累托改进。为了搞清帕累托改进究竟能够进行到什么时候，在何种条件下达到帕累托最优，我们同样引入埃奇渥斯盒这一工具。

我们把图 10-3（b）逆时针旋转 180°，然后与图 10-3（a）对接成为一个矩形，如图 10-4 所示，矩形的长是 $\overline{L} = L_1 + L_2$，宽是 $\overline{K} = K_1 + K_2$，这个矩形就是生产的埃奇渥斯盒。在埃奇渥斯盒中的每一点的坐标都满足下式：

$$L_C + L_D = \overline{L} \quad L_C + K_D = \overline{K}$$

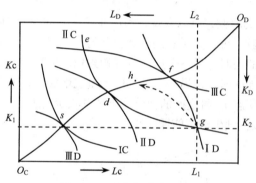

图 10-4 生产的埃奇渥斯盒

在埃奇渥斯盒中标绘上两个厂商的等产量线，对于厂商 C 的任意一条等产量线都可以找到一条厂商 D 的等产量线与之相切，将所有切点连接起来，就得到 $O_C sdhfO_D$ 这条曲线，这条曲线称为生产的契约线。这样在图 10-3 中的 E 和 G 两点，在埃奇渥斯盒中就是一点 g。假定两个厂商 C 和 D 将生产要素从 g 沿等产量线调整到 f，即厂商 C 增加资本减少劳动，而厂商 D 增加劳动减少资本，则厂商 C 的产量从 ⅡC 增加到ⅢC，厂商 D 的产量不变，所以这是一种帕累托改进；假定厂商 C 和 D 将生产要素从 g 沿等产量线 ⅡC 调整到 d，即厂商 C 增加资本减少劳动，厂商 D 增加劳动减少资本，则厂商 C 的产量不变，而厂商 D 的产量由 ⅠD 增加到ⅡD，显然这也是一种帕累托改进；如果厂商 C 和厂商 D 将生产要素从 g 调整到 h，两个厂商的产量都将增加，所以，仍然是帕累托改进。可以看出对于初始的资源配置 g，帕累托改进的路径并非只有一条。和 g 点一样，对于埃奇渥斯盒中的任一点，只要不在生产的契约线上，我们总可以找出帕累托改进的路径，使得至少一个厂商的产量增加，而没有厂商的产量减少。

如果厂商的初始点处于生产的契约线上一点 h，厂商沿生产的契约线调整到 d 或者调整至 f，都无法实现帕累托改进，因为一个厂商产量增加的同时，另一个厂商的产量却在下降。

综上所述，可以看出，生产的契约线就是厂商实现帕累托最优状态的点的集合。厂商将生产要素调整到生产的契约线上之后，便不再有继续调整的动力，所以契约线上的点同时也是均衡点。由于生产的契约线就是等产量线的切点，所以在生产的契约线的任一点，两个厂商的边际技术替代率必然相等。因此，生产的帕累托最优的条件也可以写成：

$$MRTS_{LK}^C = MRTS_{LK}^D$$

10.2.3 交换和生产的帕累托最优及其条件

1. 从生产契约曲线到生产可能性线

从生产的契约线，我们再引入生产可能性曲线。我们发现，生产的契约线表示了厂商实现帕累托最优的点，即经济的一般均衡点，在契约线上的一点实际上表示了在一个厂商的产量一定时另一个厂商所能实现的最大产量。由于在埃奇渥斯盒中已经标绘了厂商的等产量线，所以，生产的契约线上的每个点所表示的厂商 C 和厂商 D 的产量都是可以知道的。如果我们沿着生产的契约线由 O_C 运动到 O_D 的时候，可以发现，当厂商 C 的产量 X 不断增加的同时，厂商 D 的产量 Y 却在不断下降。也就是说，如果总的生产要素的量一定，技术水平一定，一个厂商实现帕累托最优时的产量增加的同时，另一个厂商实现帕累托最优时的产量必定是下降的（如果不是这样，一个厂商产量增加的时候，另一个厂商的产量也增加或者不变，就可以实现帕累托改进，就不会是帕累托最优状态）。将生产的契约线上的各点所代表的产量 X 和 Y 标绘在一个图中（图 10-5），我们就可以得到生产可能性曲线。

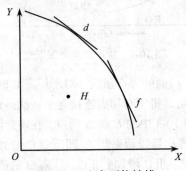

图 10-5 生产可能性线

生产可能性曲线表示在技术水平和生产要素总量一定时，一个经济所能达到的最大产出组合，在这些组合中，任何一种产品的产量都是与另一种产品的产量相对应的该产品的最大产量。在现有技术水平下，要达到生产可能性曲线以外的一点是不可能的。只要生产是有效率的，产出的组合点就应该落在生产可能性曲线上，如果一个经济的产出只是达到曲线以内的某一点（图10-5）中的 H 点，则说明虽然该点的产量可以实现，但该经济是无效率的，存在帕累托改进可能性。正因为如此，生产可能性曲线又被称为生产可能性边界。

生产可能性曲线有两个特点，一是它向右下方倾斜，二是它向右上方凸出。它向右下方倾斜是因为随着 X 的产量的增加，Y 的产量必定是减少的，即 X 与 Y 之间存在着替代关系。为了理解该曲线向右上方凸出的原因，我们引入边际转换率的概念。从生产可能性曲线，我们知道，要增加 X 的产量，就必须减少 Y 的产量，我们把增加 1 个 X 产量时必须减少的 Y 的产量，叫做边际转换率，用 MRT 来表示，这样写成极限的形式，就是：

$$\text{MRT} = \lim_{\Delta X \to 0} \left| \frac{\Delta Y}{\Delta X} \right| = \left| \frac{dy}{dx} \right|$$

从式中可以看出，边际转换率实际就是生产可能性曲线的斜率的绝对值。这样生产可能性曲线的第二个特点换一种说法也就是：随着 X 产量的不断增加，边际转换率是递增的。为了理解这一特性，我们将上式进行以下转换：

$$\text{MRT} = \left| \frac{dy}{dx} \right| = \left| \frac{dy}{d(L+K)} \cdot \frac{d(L+K)}{dx} \right| = \left| \frac{dy}{d(L+K)} \middle/ \frac{dx}{d(L+K)} \right|$$

式中 $dy/d(L+K)$、$dx/d(L+K)$ 就是投入要素生产 Y 和 X 的边际产量。随着 X 的产量不断递增，投入 X 的生产中去的要素也不断增加，其边际产量不断递减，与此同时，投入 Y 的生产中去的生产要素却不断递减，因而其边际产量不断递增。因此，边际转换率是不断递增的。

2. 生产与交换的帕累托最优条件

前面讨论了生产的帕累托最优和交换的帕累托最优，但在一个生产和交换同时存在的经济中，要实现经济效率，不仅要实现不同生产要素在厂商的生产过程中的有效配置，而且还要同时实现不同产品在消费者之间的有效配置，即厂商生产的产品组合要与消费者的购买意愿相一致，符合消费者的需要。下面讨论满足生产和交换的帕累托最优要满足的条件。

假定经济中有两个厂商 C 和 D，生产两种产品 X 和 Y，有两个消费者 A 和 B，消费产品 X 和 Y。图 10-6 中 PP′是厂商的生产可能性曲线，在曲线上任取一点 B，由于生产可能性曲线上任一点都对应于生产的契约线上一点，因而，B 点满足生产的帕累托最优，这时 X 的产量是 X^*，Y 的产量是 Y^*，消费者 A 和 B 只能在既定产量 X^* 和 Y^* 之间进行选择。为研究方便，在图 10-6 中同时作出交换的埃奇渥斯盒，盒中标出交换的契约线，显然交换的契约线上任一点都满足交换的帕累托最优。图中 SB 是通过 B 点的 PP′的切线，因而其斜率的绝对值就是边际转换率。在生产的契约线上各点标出无差异曲线的切线，其斜率的绝对值等于边际替代率。我们来证明当无差异曲线的切线（图 10-6 中的 T）与 SB 平行时，也即边际替代率与边际转换率相等时，满足生产和交换的帕累托最优。

假设 $\text{MRT}_{XY}=2$，$\text{MRS}_{XY}=1$，即 $\text{MRT}_{XY} > \text{MRS}_{XY}$。MRT 为 2 意味着厂商减少一个 X 的产量，Y 的产量就可以增加 2 个。MRS 为 1 表示消费者减少一个 X 的消费，必须增加 1 个 Y 的消费才能维持效用水平不变。所以，如果厂商减少 X 的产量同时增加 Y 的产量，那么消费者的效用水平可以提高，增加的效用水平可以看做社会得到的净福利，这就说明存在帕累托改进的余地。反过来，如果 $\text{MRT}=1$，$\text{MRS}=2$，即 $\text{MRT}_{XY} < \text{MRS}_{XY}$，这时厂商增加 1 个 X 的产量，必须减少

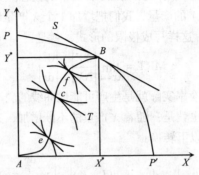

图 10-6 生产和交换的帕累托最优

一个 Y 的产量，而消费者要维持效用水平不变，减少一个 Y 的消费，需同时增加 0.5 个 X 的消费，因此，厂商增加 1 个 X 的产量减少 1 个 Y 的产量，将引起消费者效用水平的净增加，所以仍然存在着帕累托改进的余地。总之，无论是 MRT>MRS 还是 MRT<MRT 的情况，都存在着帕累托改进的余地，即只有 MRT=MRS 的时候，才实现了帕累托最优。所以，生产和交换的帕累托最优的条件可以表述为：

$$\text{MRS}_{XY} = \text{MRT}_{XY}$$

需要说明的是，尽管以上生产的帕累托最优条件、交换的帕累托最优条件以及生产与交换的帕累托最优条件都是在两个生产者、两个消费者、两种产品、两种生产要素的极其简化的条件下推出的，但它们也适用于多个消费者、多个生产者、多种商品、多种要素的一般情况。

10.3 完全竞争市场与帕累托最优状态

在一般均衡理论中，我们已经证明，完全竞争在一定的假设条件下，可以实现一般均衡。那么完全竞争的一般均衡是否意味着帕累托最优状态呢？结论是：任何完全竞争的均衡都是帕累托最优状态，同时，任意的帕累托最优状态也可以由一套竞争性价格来实现。

10.3.1 完全竞争市场的特征（一般均衡状态下）

现在来看在完全竞争经济中，帕累托最优状态是如何实现的。完全竞争的一般均衡状态下，市场中商品和要素的价格都是由市场决定，厂商和消费者都是被动地接受市场价格，消费者根据自己的效用最大化原则决定要购买的商品组合，厂商根据自己的利润最大化原则决定自己的产量，最后实现供求相等。

一般均衡状态下的完全竞争市场经济，必存在一组使所有商品需求和供给相等的价格，如商品价格 Px、Py，对于所有消费者、生产者都是相同的，他们都是 Px、Py 的接受者。要素价格 w（PL）、r（Py）同样对消费者和生产者都是一样的，他们都是 w（PL）、r（Py）的接受者。

就是说，若对消费者来说，P_X/P_Y 值存在，则对生产者而言，P_X/P_Y 值也是存在的。

10.3.2　完全竞争市场最优分析

只要能够证明完全竞争市场符合帕累托三大最优条件：

$$\mathrm{MRS}_{XY}^{A} = \mathrm{MRS}_{XY}^{B} \quad \mathrm{MRTS}_{LK}^{C} = \mathrm{MRTS}_{LK}^{D} \quad \mathrm{MRS}_{XY} = \mathrm{MRT}_{XY},$$

可以证明上述论点。

1. 从消费者情况看：我们知道，任一消费者 A 在竞争经济中购买商品时效用最大化的条件都是任意两种商品的边际替代率等于产品的价格之比，即：

$$\mathrm{MRS}_{XY}^{A} = \frac{P_X}{P_Y} \tag{10-1}$$

而此时 P_X、P_Y 对任何消费者都是一样的，所以消费者 B 的效用最大化条件同样有：

$$\mathrm{MRS}_{XY}^{B} = \frac{P_X}{P_Y} \tag{10-2}$$

由式（10-1）和式（10-2）可知，$\mathrm{MRS}^{A}XY = P_X/P_Y = \mathrm{MRS}^{B}XY$，即两个消费者的边际替代率相等，所以完全竞争的产品价格之比满足了交换的帕累托最优的条件。

2. 从生产者情况看：完全竞争条件下，任一厂商 C 实现利润最大的均衡时，也是实现要素最优组合的条件，即其边际技术替代率等于其要素价格之比，即：

$$\mathrm{MRTS}_{LK}^{C} = \frac{w}{r} \tag{10-3}$$

此时 w、r 同样对于任何厂商都是一样的，所以厂商 D，同样有：

$$\mathrm{MRTS}_{LK}^{D} = \frac{w}{r} \tag{10-4}$$

对比式（10-3）和式（10-4）可知，$\mathrm{MRTS}^{C}_{LK} = w/r = \mathrm{MRTS}^{D}_{LK}$，即厂商的边际技术替代率相等。因此完全竞争的要素价格之比，满足了生产的帕累托最优状态的条件。

3. 最后再来看生产和交换的综合情况。从生产可能性曲线我们知道，如果投入的要素既定，当增加 X 的产量时必定以 Y 的产量的减少为代价，反之亦然，因而增加 X 的机会成本就是 Y 的减少，所以 ΔX 可以用 Y 的边际成本 MC_Y 来表示，ΔY 可以看成 X 的边际成本 MC_X，因此有：

$$\mathrm{MRT}_{XY} = \left| \frac{\mathrm{d}y}{\mathrm{d}x} \right| = \frac{MC_X}{MC_Y} \tag{10-5}$$

完全竞争的市场达到长期均衡时，$P_X = \mathrm{MC}_X$，$P_Y = \mathrm{MC}_Y$，再加上消费者效用最大化的条件，可知：

$$\mathrm{MRS}_{XY} = \frac{P_X}{P_Y} = \frac{\mathrm{MC}_X}{\mathrm{MC}_Y} \tag{10-6}$$

由式（10-5）和式（10-6）可知，完全竞争的市场满足了：$MRT_{XY}=MRS_{XY}$，因此完全竞争满足了生产和交换的帕累托最优条件。

综上所述，可以得到福利经济学第一定理：完全竞争市场经济的一般均衡是帕累托最优的。

亚当·斯密在他的不朽著作《国富论》中曾经指出，当经济中的人们都在追求自己的利益的时候，在"看不见的手"的引导下，其结果是促进了公众的福利。福利经济学第一定理说明了通过市场竞争，消费者追求自己的效用、厂商追求利润，就可以实现经济效率。这可以在一定程度上看做对亚当·斯密等自由主义经济学家的信念所做的论证。

福利经济学第一定理指出了完全竞争的均衡是有效率的，那么反过来是否可以说，给定资源的一个帕累托最优配置，它是否一定能够通过完全竞争的市场机制来完成。福利经济学第二定理，给了我们明确的答复。福利经济学第二定理指出：在所有消费者的偏好为凸性（即无差异曲线凸向原点）和其他的一些条件下，任何一个帕累托最优配置都可以从一个适当的初始配置出发，通过完全竞争的市场均衡来达到。限于篇幅，这一定理的论证从略。

福利经济学第二定理实际上说明了，市场可以实现任何一种帕累托最优配置，无须政府采取税收或价格管制等形式对市场的干预。

📎 相关链接

帕累托最优标准——满意即最优

帕累托是20世纪初的意大利经济学家，他是新福利经济学家的代表人物。以他的名字命名的"帕累托最优"是现代经济学中的一个重要概念，也是经济学的一个美好的理想境界。

这一命题是判断福利优劣的新标准，其含义是在其他条件不变的条件下，如果某一经济变动改善了一些人的状况，同时又不使一些人蒙受损失，这个变动就增进了社会福利，称为帕累托改进；在其他条件不变的条件下，如果不减少一些人的经济福利，就不能改善另一些人的经济福利，就标志着社会经济福利达到了最大化的状态，实现了帕累托最优状态。

这个概念非常让人费解，让我举一个例子来说明。假如原来甲有一个苹果，乙有一个梨，他们是否就是帕累托最优呢？这取决于甲乙二人对苹果和梨的喜欢程度。如果甲喜欢苹果大于梨，乙喜欢梨大于苹果，这样就已经达到了最满意的结果，也就已经是"帕累托最优"了。如果甲喜欢梨大于苹果，乙喜欢苹果大于梨，甲乙之间可以进行交换，交换后的甲乙的效用都有所增加，这就是帕累托改进。我国经济学家盛洪在他著的《满意即最佳》里说过一句话："一个简单的标准就是，看这项交易是否双方同意，双方是否对交易结果感到满意。"而真是谁也不愿意改变的状态，就已经是"帕累托最优"了。

通俗地讲，"帕累托改进"是在不损害他人福利的前提下进一步改善自己的福利，用老百姓的话说就是"利己不能损人"。同样，只有在不损害生产者和经营者权利的前提下维护消费者的权益，才能在市场经济的各个主体之间达到"帕累托最优"的均衡状态。

市场经济有两个最本质的特征：其一是提高资源配置效率；其二是实现充分竞争。所谓的帕累托最优，通俗的解释就是在资源配置过程中，经济活动的各个方面不但没有任何一方受到损害，而且社会福利要尽可能实现最大化，社会发展要达到最佳状态。西方经济学中的帕累托最优，实际上就是要求不断提高资源的配置效率。

资料来源：梁小民. 微观经济学纵横谈. 北京：生活·读书·新知三联书店，2002.

10.3.2　福利经济学的两个基本思想

1．福利经济学的产生及内容

福利经济学是研究社会经济福利的一种经济学理论体系。它是由英国经济学家霍布斯和庇古于 20 世纪 20 年代创立的。庇古在其代表作《福利经济学》、《产业变动论》、《财政学研究》中提出了经济福利的概念，主张国民收入均等化，且建立了效用基数论等。第一次世界大战的爆发和俄国十月革命的胜利，使资本主义陷入了经济和政治的全面危机。福利经济学的出现，是资本主义世界、首先是英国阶级矛盾和社会经济矛盾尖锐化的结果。西方经济学家承认，英国十分严重的贫富悬殊的社会问题由于第一次世界大战变得更为尖锐，因而出现以建立社会福利为目标的研究趋向，导致福利经济学的产生。1929—1933 年资本主义世界经济危机以后，英美等国的一些资产阶级经济学家在新的历史条件下对福利经济学进行了许多修改和补充。庇古的福利经济学被称做旧福利经济学，庇古以后的福利经济学则被称为新福利经济学。第二次世界大战以来，福利经济学又提出了许多新的问题，正在经历着新的发展和变化。

福利经济学是西方经济学家从福利观点或最大化原则出发，对经济体系的运行予以社会评价的经济学分支学科。现代西方经济学区别了实证经济学和规范经济学据称，实证经济学是排除了社会评价的理论经济学，它研究经济体系的运行，说明经济体系是怎样运行的以及为什么这样运行，回答"是"和"不是"的问题。规范经济学的任务是对经济体系的运行做出社会评价，回答是"好"和"不好"的问题。福利经济学属于规范经济学。

福利经济学研究的主要内容有：社会经济运行的目标，或称检验社会经济行为好坏的标准；实现社会经济运行目标所需的生产、交换、分配的一般最适度的条件及其政策建议等。

2．福利经济学的两个基本定理

1）福利经济学第一基本定理。假设偏好是局部非饱和的，若（x^*，y^*，p）是一个带移转的价格均衡，则配置（x^*，y^*）是帕累托最优的。特别地，任意的瓦尔拉斯均衡配置都是帕累托最优的。

2）福利经济学第二基本定理。每一种具有帕累托效率的资源配置都可以通过市场机制实现。人们所应做的一切只是使政府进行某些初始的总量再分配。它证明的是，每一个帕累托有效的配置都可由某个初始配置通过市场竞争得到。

本章小结

1. 一般均衡分析。一般均衡分析是把所有相互联系的各个市场看成一个整体，其中每一商品的需求和供给不仅取决于该商品本身的价格，而且取决于所有其他商品和要素的价格。当整个经济的价格体系恰好使所有商品和要素的供求都相等时，市场就达到了一般均衡。相对于局部均衡分析，一般均衡分析强调了经济系统中各个组成部分的相互作用和相互依赖。如果只进行局部分析，有时不但会忽视这种依赖关系，而且可能得出错误的结论。

2. 帕累托最优状态。如果对于某种既定的资源配置状态，所有的帕累托改进均不存在，则达到了帕累托最优状态。也就是说，社会经济达到了这样一种状态，即不可能在不损坏其他人福利的情况下使至少一个人的状况变好。这种经济状态就称为帕累托最优。帕累托最优状态通常被当做衡量经济效率的标准。

3. 实现帕累托最优状态的必要条件：

- 交换的帕累托最优条件为 $RCS^A_{XY} = RCS^B_{XY}$。
- 生产的帕累托最优条件为 $RTS^C_{LK} = RTS^D_{LK}$。
- 交换和生产的帕累托最优条件为 $RCS_{XY} = RPT_{XY}$。

简单说，这三个条件是指在社会资源和技术条件一定的前提下，社会能够实现满足人们需求的产出最大化。

复习思考题

一、选择题

1. 当最初的变化影响广泛分散到很多市场，每个市场只受到轻微的影响时，(   )。

A. 要求用一般均衡分析　　　　　　　　B. 一般均衡分析很可能推出错误的结论

C. 局部均衡分析很可能推出错误的结论　　D. 局部均衡分析将提供合理可靠的预测

2. 小李有 5 个鸡蛋和 5 只苹果，小陈有 5 个鸡蛋和 5 只苹果，小李更喜欢鸡蛋，小陈更喜欢苹果。在帕累托状态下，可能 (   )。

A. 小李消费更多的鸡蛋　　　　　　　　B. 小陈消费更多的苹果

C. 两人的苹果和鸡蛋的边际替代率相等　　D. 上面说得都对

3. 两种产品在两个人之间进行分配，被称为帕累托最适度的条件为 (   )。

A. 不使其他人受损失就不能使另一个人受益

B. 每个人都处在其消费契约曲线上

C. 每个人都处在他们的效用可能性曲线上

D. 包括以上所有条件

4．生产可能性曲线是从下列哪条曲线推导而来的。（　　）

　　A．无差异曲线　　　B．生产契约曲线　　　　C．消费约束曲线　　　　D．社会福利曲线

5．假定对于红茶和咖啡，A 更喜欢红茶，B 更喜欢咖啡，两种饮料的价格对于两人是相同的，在效用最大化时（　　）。

　　A．A 的红茶对咖啡的边际替代率比 B 大　　B．B 将消费比他拥有更多的咖啡

　　C．两人的边际替代率相等　　　　　　　　D．上述说法都不正确

6．如果有关的商品是互补品，局部均衡分析会（　　）税收的作用。

　　A．低估　　　　　　　B．高估　　　　　　　C．正确估计　　　　　　D．以上三种均有可能

7．一般均衡论的证明要依赖以下哪一项假设条件？（　　）

　　A．完全竞争市场的假设　　　　　　　B．回避规模收益递增的假设

　　C．拍卖人假设　　　　　　　　　　　D．以上都是

二、判断题

1．局部均衡分析是对经济中所有的相互作用和相互关系的分析。（　　）

2．瓦尔拉斯均衡定律要求超额需求函数本身为零。（　　）

3．研究市场之间相互作用的分析被称为局部均衡分析。（　　）

4．在经济处于全面均衡状态时，某种商品的供给量的增加将导致其替代品市场价格上升。（　　）

5．若社会上存在 n 种物品，如果 $n-1$ 种物品的市场已经处于均衡，则第 n 种物品的市场必然处于均衡。（　　）

三、简答题

1．什么是帕累托最优？满足帕累托最优需要具备什么条件？

2．生产可能性曲线的特点是什么？它为什么具有这样的特点？

3．一般均衡的含义是什么？它实现的条件是什么？

4．整个经济原来处于一般均衡状态，如果某种原因使商品 X 的市场供给增加，分析：

（1）商品 X 的替代品市场和互补品市场有什么变化？

（2）生产要素市场上会有什么变化？

（3）收入的分配会有什么变化？

第11章

市场失灵与微观经济政策

知识目标 ① 了解垄断形成的原因及影响；② 掌握导致市场失灵的原因；③ 掌握科斯定理及外部效应存在的原因；④ 掌握信息不完全性和不对称性的含义及后果。

能力目标 ① 具有运用科斯定理分析市场如何能有效运行的能力；② 能正确运用市场失灵的原因分析政府需要采取哪些相应政策来纠正市场缺陷。

 **引导案例**

污染许可证交易

大多数环境管制利用命令——控制的办法限制个体（如能源制造厂或汽车厂）对于污染物的排放。但这种方法并不适合于所有的污染物排放。更重要的是，它使得所有的计划都会产生非效率，因为它不满足所有排放都有相同的边际成本这个条件。

1990 年，美国政府在它的环境控制计划中，宣布了一种用以控制二氧化硫这一最有害的环境污染物的全新方法。在 1990 年空气洁净法的修正案中，政府发行了一定数量的许可证，控制全国每年二氧化硫的排放量。到 2000 年，排放量应当减少到 1990 年的 50%。这一计划的创新之处就在于许可证可以自由交易。电力产业得到污染许可证，并被允许拿它像猪胸肉或小麦一样地进行买卖。那些能以较低成本降低硫化物排放的厂商会这样做——卖出它们的许可证；另外一些需要为新工厂争取更多额度许可证的或没有减少排放余地的厂商会发现，比起安装昂贵的控污设备或是倒闭来说，购买许可证或许更经济一些。

环境经济学家相信，激励的增强有助于实现雄心勃勃的目标，而且成本比传统的命令——控制型管制要低。缅因州科尔比学院的经济学家汤姆·蒂藤伯格的研究表明，传统方法的成本要比有成本效益的管制（如买卖排污许可证）高出 2～10 倍。

排污许可证市场的运行产生了令人惊奇的结果。最初，政府预计开始几年许可证的价格应在每吨二氧化硫 300 美元左右，但实际上市场价格下降到每吨 100 美元以下。成功的原因之一是这一计划给了厂商足够的创新激励，厂商发现使用低硫煤比早先预想的要容易，而且更便宜。对于那些主张环境政策应以市场手段为基础的经济学家们来说，这个重要的实验可以提供一个强有力的论据。

我们知道，市场机制可以调节产品的供求数量，可以调节生产要素的供求数量并决定收入分配，可以调节资金的供求并指导人们在现在与未来之间做出选择。所以，亚当·斯密"看不见的手"能使整个经济自动地趋于和谐与稳定，并且最终达到帕累托最优，引导着现实市场中各种追求私利的个体在实现个人利益最大化的同时，也达到了产品交换和要素分配的有效配置，实现了经济的一般均衡。

虽然市场机制对经济的调节非常重要，但是亚当·斯密"看不见的手"的理论是在一系列假设的前提下产生的。现实经济生活中，这种市场机制并不是万能的，它不可能调节经济生活的所有领域。在解决有些经济问题上，市场有时候并不尽如人意，甚至无用，这样就需要政府采取某些行为来纠正市场的缺陷。对于这种市场机制在某些社会经济领域不能起作用或者不能起有效作用的情况，经济学上称为"市场失灵"。导致市场失灵的主要原因有垄断、外部性、公共物品和不对称性信息等。

11.1　垄断

11.1.1　垄断与低效率

当一个企业拥有一种关键资源，当政府给一个企业排他性地生产一种物品的权力，或者当一个企业可以比许多同行企业以较少成本供给整个市场时，垄断就产生了。在垄断的情况下，价格低于边际成本，产量少了，价格提高了，因此生产效率达不到最大，资源没有得到最好的利用。以垄断为代表的市场势力是造成市场失灵的一个首要原因。现实生活中，大多数国家的飞机制造、钢铁、汽车，以及大部分自然垄断行业，如水利、电力、煤气、通信等都属于垄断市场。

由于垄断者是其市场上唯一的生产者，所以它面临向右下方倾斜的产品需求曲线，因此垄断的边际收益总是低于其商品的价格。如果这种市场势力存在，社会的产出将会从生产边界上移至生产边界内，即过高的价格对应着过少的产出，消费者剩余将会减少，而生产者剩余将会增加。但是，消费者剩余减少的幅度要大于生产者增加的幅度，社会福利因为垄断这样的市场势力的存在而产生了"无谓损失"，即这一部分福利损失既没有被消费者获得，也没有被厂商获得，而是被白白浪费掉了，是一种配置非效率的表现。

实际上，只要市场上不是完全竞争市场上价格的恒定，即厂商面临的需求曲线不是一条水平线，而是向右下放倾斜的一条曲线时，厂商的利润最大化原则就是边际收益等于边际成本，而不是价格等于边际成本。当价格大于边际成本时，就出现了低效率的资源配置状态，整个经济偏离了帕累托最优状态，均衡处于低效率之中。

11.1.2 寻租

由于政府是一个掌握决策权力的机构，围绕这样的权力还会产生寻租行为，即垄断企业为了维持其垄断地位不得不游说甚至贿赂政策制定者来牟取自身经济利益的活动。

从经济学意义上讲，寻租行为是符合个人理性的，因为它将使寻租者得到更大的利益。但是，它却会造成社会资源的浪费，因为垄断者在寻租过程中需要花时间和金钱来说服政府官员授予其垄断特权，而这些资源并没有生产出任何产品和服务，只是被用来实现将收入从一部分人手中转移到另一部分人手中。例如，某项公共项目的招标都会引来各种各样的寻租活动，当然众多的寻租者之间就会产生相互竞争和相互攀比的现象，使得寻租成本越来越高，但花费了大量的成本后仍然未必获胜，绝大多数寻租者到最后都是以失败告终的。本来可以用于生产性活动的资源被用在了对社会无益的非市场活动上，消费了社会的资源。而且，寻租行为使垄断厂商凭借其垄断地位而获取超额利润，这会加剧社会收入分配的不均，更加剧了垄断的低效率。

11.1.3 反垄断政策

市场失灵的一个重要原因就是垄断的存在。正如前面所分析的那样，垄断的存在容易产生许多弊端，因此政府要对垄断进行干预。政府对垄断进行监管的工具就是反垄断政策，其中最主要的是反垄断法，即反托拉斯法。反托拉斯法是控制和禁止垄断或垄断这类市场行为的法律。

政府在防止垄断勾结和价格欺诈方面有着不可替代的作用，这也是政府职能的重要体现。反托拉斯政策是政府干预经济最古老和最重要的形式。反托拉斯政策的框架是由几个主要的反托拉斯法律及一个多世纪以来的经验积累而成的。目前在我国，反托拉斯法还是一种全新的法律制度。但美国早在一百多年前就已经颁布了这种法律。1865 年，美国南北战争结束后，随着市场经济的迅速发展，大市场建立起来并推动了垄断组织即托拉斯的产生和发展。过度的经济集中使社会中下层人士饱受垄断组织滥用市场势力之苦，而且使市场普遍失去了活力。在这种背景下，美国在 19 世纪 80 年代爆发了抵制托拉斯的大规模群众运动，这种反垄断思潮导致 1890 年《谢尔曼法》的诞生，它也是世界上最早的反垄断法。《谢尔曼法》规定禁止竞争性企业之间通过"合并、合同、合谋"的方式提高价格和损害消费者利益，还规定垄断或企图垄断某市场的行为是非法的，违法者要受到罚款或判刑。此法案曾经成功地肢解了美国标准石油公司和美国烟草公司这两个最有名的垄断企业。

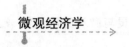 **实　例**

反托拉斯法的作用

美国电话电报公司（AT&T），1983 年之前垄断了电信市场，1984 年被肢解，重组为 7 个大型的地区性电话公司。其结果是美国电信产业及稍后的因特网迅速发展。如果贝尔系统

（AT&T 公司拥有的各公司联合体）不被肢解，许多电信技术也许不会发展如此之快。这说明，垄断并不是加速技术变化的必要条件。

国际商用电器公司（IBM），1967 年控制了数字计算机 76% 的市场，并运用许多办法阻止其他公司的竞争，于是政府在 1969 年对其提出诉讼。但经过长时间的司法过程，结果是 1982 年撤销了这一诉讼。政府认为，与电信业不同，计算机行业存在着竞争的强大压力。里根政府的反托拉斯事务主管任巴克斯特说，这一产业本质上是竞争性的，政府重组计算机市场的企图，可能不是促进而是损害经济的效率，结果是 IBM 没有被肢解。但这一结果并未给 IBM 带来好运气，IBM 的市场份额和市场价值反而急剧下降。1983 年以来，IBM 的股票价格下降了约 20%，而前贝尔系统的股票总市值却上升了 200% 以上（2000 年年底之前）。

微软公司，20 世纪 90 年代早期，政府经过调查宣布其垄断了计算机操作系统的市场。世界上 80% 的计算机都使用 DOS、Windows 等操作系统。1994 年，政府与微软达成一致，微软公司同意改变政府担心的掠夺式定价方式，但会继续开发应用软件。美国 2001 年"9·11"事件后经济陷于衰退，导致政府对这一案件采取了妥协的立场。

资料来源：刘秀光. 微观经济学. 厦门：厦门大学出版社，2008.

11.2　外部性

11.2.1　外部性的含义及分类

外部性是市场经济运行中遇到的一个问题。外部性又称外部影响、外部经济或外部效应，是指一个经济主体的行为对另一个经济主体的福利产生影响，而实施这种影响的主体却没有为此付出代价或因此而获得补偿。也就是说，行为主体没有承担其行为所带来的全部后果。例如，一些人的消费或生产使另一些人受益或蒙受损失，但其却没有为此付出代价或获得补偿。之所以称之为"外部"，是因为经济活动之外的人也受到了影响，这种影响可能是正面的也可能是负面的。当一个人的行为对其他人带来利益时，会产生好的效应，我们就说这种外部性为"正的外部性"，即"外部经济"。相反，当一个人的行为对其他人带来损害，即产生了坏的影响，我们就说这种外部性为"负的外部性"，也就是"外部不经济"。

现实生活中，无论是人们生产还是消费都会产生外部经济或外部不经济，因此进一步来看，外部经济可分为生产性外部经济和消费性外部经济，外部不经济可分为生产性外部不经济和消费性外部不经济。

1. 生产性外部经济

当某生产者在生产的经济活动中能为其他人带来好的影响，而自己却不能从中得到报酬时，便产生了生产性外部经济。例如，养蜂场对附近的苹果园就会产生外部经济，因为蜜蜂在苹果树上采蜜会促进苹果的生产，而苹果产量增加也有助于养蜂业的发展，双方都会在经济生活中得到好处却不必支付任何费用。

制造机器人是处在世界先进技术的前沿。如果某企业把机器人制造出来，总有一些新的设计和发现。这些新的设计不仅有利于该企业，而且有利于整个社会，因为这种设计将进入技术知识宝库。我们把这种生产性外部经济称为技术溢出效应。由于存在外部经济，所以制造机器人的社会成本大于生产者的私人成本。社会成本包括了生产者的私人成本和其他受益人的成本。这两条供给曲线之间的差额就是技术溢出效应的价值。因此，制造机器人的最适合数量，也就是最优数量应该大于均衡市场量。

2. 生产性外部不经济

当某生产者在生产的经济活动中直接或间接地对其他人造成了损害而又不给予相应的补偿时，便产生了生产性外部不经济。最典型的莫过于污染问题。例如，一个造纸厂在河的上游生产，排放出来的污水流入河中，使得下游的养鱼场的收益大大降低，却没有给渔民任何赔偿。再如，飞机场附近的居民及住在建筑工地旁学生宿舍里的学生常常受到噪声的干扰，却没有得到任何补偿。另外，城市污水造成江河湖泊的污染，化学物质造成的工业污染，汽车和发电厂造成的大气污染等，这些都属于生产性外部不经济。

3. 消费性外部经济

当某消费者在消费的经济活动中能为其他人带来好的影响，自己却不能从中得到报酬时，便产生了消费性外部经济。例如，老张在自己的住宅周围养花，目的是美化自己的环境，但这又会使他的邻居老李赏心悦目，而老李并不会为此做出任何支付。再如，对于大学生来说，他们在大学里受到了高等教育，得到了知识的累积和道德的提升，这不仅对自己具有正面影响，对他人、对社会也都会也产生正面影响。

4. 消费性外部不经济

当某消费者在消费某种物品时直接或间接地对其他人造成了损害而又不给予相应的补偿，便产生了生产性外部不经济。例如，消费者在公众场合吸烟，危害了其他人的健康，他也没有支付给受害者任何赔偿。又如，在公共场合随地吐痰、乱扔垃圾等都属于消费性外部不经济。吸烟者给社会带来的危害显而易见，这就是为什么大多数国家出台了不允许在公共场合吸烟的政策。烟所带来的社会价值要小于烟的私人价值，所以社会价值在私人价值以下。而且，最适合的烟的数量小于它在均衡状态时的市场数量。

无论是外部经济还是外部不经济，外部性的存在是市场失灵的重要根源。外部性的影响会造成私人成本和社会成本之间或私人收益和社会收益之间的不一致。因此，如果存在外部性，市场价格机制就不能正常运行，社会资源配置就无法达到怕累托最优状态。

在外部经济的情况下，利益是共享的，因此不能形成价格，即脱离了定价机制。由于行为人并没有从产生的外部利益中获得补偿，因而采取行动时就不会考虑外部利益。个人和生产者的行动选择在这样的水平上：其从行动中获得的边际收益恰好等于采取行动的边际成本。这样就忽略了这种行动给他人带来的边际收益。

对于外部不经济情况，我们用上面的例子来说明。假设两个相邻的厂商分别是上游的造纸厂和下游的养鱼场。污水对河水的污染程度会影响鱼的生长，纸张的产量决定污染的程度；而养鱼者并不能控制这种效应，也得不到任何补偿。

11.2.2　矫正外部性的微观经济政策

外部经济的存在导致了市场失灵，因此很多经济学家主张应该由政府出面进行干预。政府主要的干预政策有三个：税收政策、标准政策及许可证政策。

1．税收政策

税收政策是指政府向制造污染的企业征收排污税，其最具代表性的是 20 世纪 20 年代英国经济学家庇古提出的法则。在存在外部性的情况下，政府应该对产生外部不经济的生产者征收相当于外部不经济价值的税收，使其个人成本与社会成本相等。这样，利润最大化原则就会迫使生产者将其产出水平控制在价格等于边际社会成本处，这正好符合了资源有效配置的条件。也就是说，征收的税额应该等于该厂商给社会其他成员造成的损失，市场上的个人成本恰好等于社会成本。这种庇古税是由政府给外部不经济的厂商制定的一个合理的负价格，通过征税、取消补贴和押金制度等方式，使全部外部费用由制造污染的企业承担，这样企业就会权衡是自己处理污水还是向政府交税。

庇古还提出政府应对外部经济的厂商给予补贴，以鼓励它们把产出水平扩大到社会最有效率的水平。例如，加大对基础研究的投入，可用政府津贴、科研经费、教育投资、政府奖励等方法使市场上的个人利益与社会利益相等，实现社会福利最大化，以及达到资源配置的帕累托最优。同时，这也是庇古认为政府应当干预经济的一个重要原因。

实　例

对汽油征收重税

在许多国家，汽油是经济中收税最重的物品。例如，在美国，司机对汽油付的钱中几乎有一半归汽油税。在许多欧洲国家，税收更重，汽油价格是美国的 3 倍或 4 倍。

为什么这种税如此普遍呢？一个可能的答案是，汽油税是一种旨在纠正与开车相关的三种负外部性的庇古税。

1）拥挤。如果你滞留在一辆汽车接一辆汽车的公路上，你也许希望路上的车少一些。汽油税通过鼓励人们使用公共交通、更经常地集中乘车、拉近工作地和住地距离来减少拥挤。

2）车祸：只要一个人买了一辆大型车或跑车，他就使自己较为安全了，但他却使周围的人处于危险中。根据美国高速公路交通管理局的说法，一个开一辆普通车的人如果被一辆跑车撞了，死亡的可能性是被一辆普通车所撞的 5 倍。汽油税是当人们的大型耗油型车给其他人带来危险时使人们进行支付的一种间接方式，这又使他们在选择购买什么汽车时考虑到这种风险。

3）污染。汽油之类的矿物燃料燃烧普遍被认为会引起全球变暖。专家们对这种威胁的危险

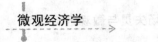

有多大看法并不一致，但毫无疑问，汽油税通过减少汽油的使用而降低了这种危险。

因此，汽油税并不像大多数税收那样引起无谓损失，而实际上使经济运行得更好。汽油税意味着较少的交通拥挤、更安全的道路和更清洁的环境。

资料来源：曼昆. 经济学原理. 北京：机械工业出版社，2003.

2．标准政策

政府通过立法或禁止某些行为来解决外部性，如规定最高限的污染标准来控制污染。企业的污染程度如果超出了政府规定的标准，政府有权力对其予以相应的处罚。这种情况下，社会的外部成本远远大于排污者的利益。

但是，政府首先必须确定这个最高污染标准。政府必须知道应该把污染控制在什么程度才是合适的。所谓"合适"，就是指符合社会最优化。实际上，各种形式的交通运输都会带来一些不合意的污染副产品。让政府禁止所有的运输是不可能的，所以说社会不是要完全消除污染，而是要评价成本与利益，给污染一个最高界限。因此，最优的污染程度只能是对社会来说损害相对较轻的污染程度。

3．许可证政策

除了以上两种控制污染的政策外，政府还可以通过发放排污许可证的方法来控制污染。排污许可证可以在市场上买卖，每张许可证明确规定了厂商可以排放的数量，而且每家厂商必须具有许可证才能排污。这种制度下，任何厂商在没有许可证时就排污或者排放了许可证没有允许的污染物时都将被处罚。所以，治污成本较高的厂商倾向于为许可证支付更高的价格，而治污成本较低的厂商则只愿意花费较低的费用。

许可证政策是政府干预程度较低的方案，因为它用市场的方法干预市场。同时，排污交易制度把排放标准的某些优点和排污收费（庇古税）的成本优点结合了起来。因为只有购买了许可证才能排污，所以政府可以通过出售许可证的数量来了解市场上实际的排污水平。许可证的可转让性使排污控制在治污的边际成本等于许可证价格水平，这又和税收政策的边际成本等于税收不谋而合。

排污的庇古税和污染许可证就是为了使污染的外部性内在化。这些做法日益成为那些关心保护环境人的政策选择。只要是当地重新确定方向，市场的力量往往是解决市场失灵的最好方法。

11.2.3　科斯定理

我们前面说过，政府的干预是解决外部性必不可少的方法，即使是市场交易污染许可证的方法，也需要政府首先确定许可证的最佳发放数量。但是，科斯于20世纪60年代对传统的理论提出了修正。科斯认为，外部性产生的关键是产权的缺失，而且自由交易可以使资源实现最优配置，所以政府不必一定要用税收、补贴或管制等干预方法来试图消除社会受益或成本与个人受益或成本之间的差异，政府只要解决好产权问题，外部性问题就能迎刃而解，市场就能达到怕累托最优。

1．产权的概念

产权是指个人或单位使用资源或资产的权利。现实中，商品的买卖实质上是一种权利的买卖。人们之所以购买商品，是要享有支配和使用它的权利。产权具有多种形式的权利，如使用权、收益权及让渡权等。而且，产权还有一个很重要的特点，就是排他性，两个人不能同时拥有控制同一事物的权利。

2．科斯定理

科斯认为，如果产权得到明确界定，如果协商或谈判等活动发生的交易成本为零或很小，那么在有外部性效应的市场上，无论所涉及资源的产权属于哪一方，交易双方总能够通过协商谈判达到资源配置的有效率状态。这就是科斯定理。

例如，一家化工厂排放的废气污染了附近的 10 户居民，每户损失 100 元，总损失 1 000 元。假设现在存在两种应对污染的技术方案：一种是在化工厂的烟囱上安装治理废气的装置，这种装置需要花费 600 元；第二种方案就是让这 10 户居民搬家离开化工厂附近，假设只需要支付搬家费，将使每户居民产生 400 元的损失，总共损失 4 000 元。

在这个例子里，双方都有产权要求：化工厂所有者有权利利用属于自己所有的生产设备等要素，产出和销售化肥来获得自身利益。化工厂要生产，就会产生废气，因而有排放废气的权利。当然，居民也有不被污染、得到干净空气的权利。两者因为毗邻而产生冲突。科斯定理表明，如果交易成本为零或很少，无论产权界定给哪一方，都会导向花费少的 600 元安装废气处理装置这一有效方案。

假如给化工厂以排放废气的权利，那么化工厂排放废气就理所应当，10 户居民就会面临三种选择：一是集资 600 元让化工厂安装上治理废气的装置，每户承担 60 元损失；二是搬家，每户承担 400 元损失；三是维持现状，每户损失 100 元。三种方案中，第一种方案损失最少，对居民最优。

假如给居民赋了不受污染的权利，那么化工厂排放废气就是不正当的，化工厂也将面临三种选择：一是安装治理废气装置，需要花费 600 元；二是帮助居民搬家，需要花费 4 000 元；三是承担每户污染损失共 1 000 元。同样是第一种方案对化工厂最优。

科斯指出，当双方都有足够的动力坐在一起时，就会达成有效率的一致意见。这种激励都势必存在，而无须政府的任何控污政策。

然而，科斯定理是有条件的，这就是产权明确和交易成本为零或很小。如果产权明确了，交易成本过高则不会产生有效率的结果，此种情况下资源配置状态将受产权分配状态的影响。如果交易成本过高，将会超过成功的交易可能带来的好处。因此，虽然应该尽量通过市场方法来解决外部性问题，但是在市场调解无效或交易费用太高的情况下，仍需要政府立法或行政手段进行干预。

11.3 公共物品

11.3.1 公共物品的性质及分类

之前我们所讨论的市场交易中的商品都属于私人物品。私人物品具有两个最基本的特征：竞争性和排他性。所谓竞争性，就是指如果某人使用某种物品，则会减少其他人对该种物品的享用。例如，你吃一个葡萄，其他人便不可能同时吃这个葡萄，因为这个葡萄是你的私人物品。所谓排他性，是指一旦某人购买了一种商品，他便有能力排斥其他人消费该商品。比如，一个人买了一件衣服，他就排除了其他人消费这件衣服的可能性。经济学主要就是根据这两个特点对物品进行分类的。相反，不具备以上两种特点的物品我们称为公共物品。公共物品是同时具有消费的非排他性和非竞争性的物品。

根据排他性和非排他性、竞争性和非竞争性这四种商品的特性，我们可以把社会产品分为以下四类，如表 11-1 所示。

表 11-1　公共物品及其分类

	排 他 性	非 排 他 性
竞争性	私人物品 （食物、衣服、汽车、住房等）	公共资源 （新鲜空气、公海里的鱼、阳光、公园）
非竞争性	自然垄断物品 （高速公路、有线电视、因特网等）	公共产品 （国防、灯塔、法律等）

1）私人物品。同时具有竞争性和排他性的物品通常被称为私人物品，也就是我们日常生活中经常能接触到的一般消费品，如食物、衣服、汽车、住房等。

2）公共物品。同时具有非竞争性和非排他性的物品通常被称为公共物品，如国防、灯塔、法律等。比如，国防可以保卫国家，免受外敌入侵，你享受到了它的好处，但你不能排除他人享有国防的好处；同时，增加一个人享用并不影响其他人享用。

3）公共资源。具有竞争性但非排他性的物品通常被称为公共资源，如新鲜空气、公海里的生物、阳光、矿产、森林等。例如，一些人消耗了新鲜空气，另一些人呼吸新鲜空气的新鲜程度就要受到影响，但你无法禁止人们使用空气。

4）自然垄断物品。具有非竞争性但排他性的产品通常被称为自然垄断物品，如不拥挤的收费公路、因特网、有线电视等。例如，对于因特网和有线电视，只有交了费用的用户才能接收到信号；但对于供应商来说，增加一个用户并不会对它产生额外的成本。

11.3.2 "搭便车"问题及市场失灵

由于公共物品具有非排他性，因而难免会产生"搭便车"的问题。所谓的搭便车，就是指某些人虽然参与了公共产品的消费，但却不愿意支付公共成本，而完全依赖于他人对公共产品生产成本的支付。以国防为例，如果消费者知道他不纳税也能享受到国防给予的保护，那么在自愿纳税条件下，他就不会纳税。人们都试图在公共物品消费上做一名"免费乘车者"，尤其在公共物品消费者众多的情况下更使如此。搭便车行为使私人厂商不能向公共物品消费者收取费用，所以私人市场也不会提供这种物品。

我们举例来说明，假设一个小镇的公民都喜欢在节日里看烟火。根据分析，全镇 500 个居民中每个人都对观看烟火给出了 10 元的估价，而放烟火所需要的成本为 1 000 元。由于 5 000 元的利益大于 1 000 元的成本，这样该镇居民在节日期间看烟火表演是有效率的。

那么，私人市场是否能够提供有效率的结果呢？或许不能。试想该小镇的一个企业家王宁决定举办这场烟火表演，但是他一定会在出售烟火门票的时候遇到麻烦，因为他的潜在顾客（该小镇的居民）心里很清楚，他们即便是不买票也能看到烟火。这种心理鼓励被人们称为搭便车者。

从另一角度来分析，搭便车之所以产生，是由于外部性的存在。如果王宁举行烟火表演，那么他就给那些没有买门票就能看到烟火的人提供了额外收益，尽管从整个社会的角度来看，举办烟火表演是有效率的，但从私人角度来看却无利可图。因而，不会有人愿意举办烟火表演，因为这对于社会而言是无效率的。

这个故事虽然很简单，但是在现实生活确实存在。实际上，世界各地都由地方政府在某一个特定的节日举行烟火表演。这个例子也说明了公共物品的一个一般性结论：由于公共物品是非排他性，搭便车问题就排除了私人市场提供公共物品的可能。这使得公共物品建设的经费来源非常不稳定，结果会导致公共物品的建造无法顺利进行，甚至无法进行。

11.3.3　公共物品市场失灵的解决方法

解决公共物品的供给是消除公共物品所造成的市场失灵的关键。对公共物品的供给要求产量和价格由产品的供给曲线和需求曲线的交点所决定；同时需求曲线与边际效用曲线一致，供给曲线与边际成本曲线一致。根据私人物品的特征，对某种私人物品的市场需求，可以通过加总某一时间内市场上所有单个消费者在各种价格水平上对该私人物品的需求量而得出。只要能计算出每一消费者在一定时间内，各种可能的价格水平上愿意并且能够购买的物品数量，又知道市场上有多少消费者，便可得到该市场上私人物品的市场需求。

我们可以根据市场和非市场的集体决策这两种方式来解决公共物品市场失灵问题。利用市场决定公共物品的最优供给量的过程是通过消费者在既定收入和对公共物品偏好的条件下的集体需求曲线，在既定的供给量下加总所有的消费者愿意支付的价格，即 PA+PB +···PN=P，从而得到公共物品的市场需求曲线，然后根据公共物品的生产成本得出供给与需求曲线的均衡，决定公共物品的最优社会供给量。这种方式的问题在于如何正确显示消费者偏好，以及如何利用具有集体性、非市场性和规则特点的公共选择。公共选择是由政府代表集体做出决策，政府的选择最终取决于政治市场的均衡，而构成政治市场均衡的需求者是公共选民或者纳税人，供给者是政治家或者官员所组成的政府。与市场运行一样，公共选择也有一定的规则，以协调人们的行为，反映人们的偏好。

现实经济中，公共选择规则大多采用一致同意和多数票规则。就公共物品供给而言，集体决策即投票表决，如果一项决策获得通过，那么意味着所有投票人会因此而得到好处，从而增进福利。如果一项方案只得到大多数票的赞成，那么这项方案就不是帕累托最优，但可能是潜在最优。政府至少可以在理论上解决这个问题。如果政府确信总收益大于成本，它就可以提供公共物品，并用税收为它支付，这可以使每个人的状况变好。

11.3.4 公共资源

公共资源和公共物品一样没有排他性，任何人都可以免费享用。但是，公共资源具有竞争性，一个人使用了公共资源就减少了其他人的享用。就因为公共资源的这一特点，它产生了新的问题。在集体中，任何成员仅能使用部分资源，这样就容易忽视一个事实，即它们本身的使用将减少资源的边际生产率。如果某人没有支付费用就能使用该资源，那么人们将增加对该资源的使用，直至该资源的平均生产率为零。

一个众所周知的寓言被称为"公有地悲剧"。它讲述了这样一个故事：在一块公有的草地上，小镇上的所有牧民都来放羊，因为草地是公共资源，然而随着牧民养羊的数目的增加，导致过度放牧，必然使大家赖以生存的整个草场寸草不生。这个故事带给了我们一个一般性的结论，即当一个人使用公共资源时，就减少了其他人对这种资源的享用。

实际上，"公有地悲剧"的产生是因为外部性。由于人们在决定自己有多少羊时并不考虑草地会被摧毁这种负的外部性，结果使得悲剧发生。如果预见到了这种悲剧，小镇可以用各种方法来解决问题。例如，政府可以向牧民征税、可以发放限制养羊数量的许可证等来控制羊群的数量，还可以让土地成为私人物品等。

许多公共资源的例子几乎都有与"公有地悲剧"一样的问题。例如，对于不收费的道路，如果不拥挤，一个人使用道路就不会影响其他人，此时道路具备非竞争性和非排他性，属于公共物品。但是，如果这个道路拥挤，那么多一个人使用，就会减少其他人的时间和速度，此时道路是公共资源。政府可以通过两种办法解决这一问题。方法一，对司机收取通行费。这实际上就是我们在外部性中说到的庇古税。但是，现实中的拥堵往往不是全天候的，也许只有上下班时间道路才拥挤。针对这种问题，政府可以制定政策使某些车在某些时段不能行驶或可以在堵车高峰时段收取高费用，以激励司机改变时间表。方法二，征收汽油税。这可以间接地降低个人开车的数量，使人们尽量少开车，鼓励人们选择其他公共交通，或者考虑搬到离工作地点近的地方居住。

另外，许多动物物种都是公共资源。例如，对于公海里的鱼，任何人都可以去捕捉，但是一个人捕杀了一只，地球上就少了一只。正如过分放牧可以毁灭小镇上的公有草地一样，过分捕鱼也会摧毁很多有价值的海洋生物。正因为如此，各个国家都有各种各样的保护野生动物的法律。例如，政府对捕鱼的渔民许可证收费、限制物种或规定不予或打猎的季节等。这些法律都减少了公共资源的使用，并有助于保护动物的种群。

实 例

大象与黄牛

在整个历史上，许多动物的物种都遭受到了灭绝的威胁。当欧洲人第一次到达北美洲时，这个大陆上野牛的数量超过 6 000 万头。但 19 世纪期间猎杀野牛如此广泛，以至于到 1900 年在政府开始保护动物之前，这种动物只剩下 400 头左右了。在现在的一些非洲国家，由于偷猎者为取得象牙而捕杀大象，使大象也面临着类似的困境。

但并不是所有具有商业价值的动物都面临着这种威胁。例如，黄牛是一种有价值的食物来源，但没有一个人担心黄牛会很快绝种。实际上，对牛肉的大量需求看来保证了这种动物延续的繁衍。

为什么象牙的商业价值威胁到大象，而牛肉的商业价值是黄牛的护身符呢？原因是大象是公共资源，而黄牛是私人物品。大象自由自在地漫步而不属于任何人，每个偷猎者都有尽可能多的猎杀他们所能找到的大象的激励。而且偷猎者人数众多，每个偷猎者很少有保存大象种群的激励。与此相比，黄牛生活在私人所有的牧场上。每个牧场主都尽极大的努力来维持自己牧场上的牛群，因为他能从这种努力中得到利益。

政府试图用两种方法解决大象的问题。一些国家已经把猎杀大象并出售象牙当做违法行为，如肯尼亚、坦桑尼亚和乌干达。但这些法律一直很难得到实施，而且大象种群继续在减少。与此相比，另一些国家通过允许人们捕杀大象，但只能捕杀作为自己财产的大象而使大象成为私人物品，如博茨瓦纳、马拉维、纳米比亚和津巴布韦。地主现在有保护自己土地上大象的激励，结果大象开始增加了。由于私有制和利润动机在起作用，非洲大象会在某一天也像黄牛一样安全地摆脱绝灭的厄运。

资料来源：曼昆．经济学原理．北京：机械工业出版社，2003．

11.4　信息不对称理论

11.4.1　信息不对称理论及其产生背景

1．信息不对称的含义

完全竞争市场上有一个重要的假设就是完全信息，消费者和生产者完全了解自身和对方的一切事物。例如，消费者不仅十分清楚自己的偏好，而且对商品的价格信息、产品的质量信息、产品性能和用途方面的信息等都完全了解；生产者知道生产的技术条件方面的信息、投入要素的价格信息、产品的市场价格信息、消费者对产品的需求信息等。这些条件对于高效、统一的

完全竞争市场是必不可少的。但是，这种假设并不符合现实世界。现实经济中，信息往往是不对称的。

所谓的信息不对称，是指经济交易的双方对有关信息了解和掌握得不一样多，一方掌握的信息多一些，另一方掌握的信息少一些。例如，在产品市场上，生产者对产品的了解程度一定比消费者多；在劳动力市场上，工人对自身能力与效率的了解程度也高于雇主；在医疗市场上，医生在专业知识和对医疗器械的使用方面比患者知道得多。在市场交易中，当市场的一方无法观测和监督另一方的行为或无法获知另一方行动的完全信息，又或者观测、监督成本高昂时，交易双方就处于信息不对称的状态。

信息不对称产生的原因是获取信息需要成本。每个家庭都需要付出更多的时间去市场上搜寻和选择商品，保险公司需要筹集大量的人力和物力去收集投保人的信息，因此想得到任何信息都是要付出代价的。这个代价就是信息的成本。俗话说，隔行如隔山，这座山其实就是信息不对称，而要获得信息是要付出成本的。

但是，如果信息成本过高，即某一信息的成本高于该信息所带来的收益时，人们就会失去兴趣，不愿意了解该信息。所以，为了自身利益，信息充分者往往会隐藏信息，使自己处于有利的位置。

2．信息不对称产生的背景

信息不对称现象由肯尼斯·约瑟夫·阿罗于 1963 年首次提出，艾克洛夫在 1970 年发表的著名著作《柠檬市场》中做了进一步阐述。三位美国经济学家乔治·艾克洛夫、约瑟夫·斯蒂格利茨和迈克尔·斯彭斯因为其对信息不对称市场及信息经济学的研究成果，共同获 2001 年诺贝尔经济学奖。

信息不对称这一现象早在 20 世纪 70 年代就受到三位美国经济学家的关注和研究，它为市场经济提供了一个新的视角。它不仅要说明信息的重要性，更要研究市场中的人因获得信息渠道的不同、信息量的多寡而承担的不同风险和收益。三位经济学家分别从商品交易、劳动力和金融市场三个不同领域研究了这个课题，最后殊途同归。

在信息不对称条件下，不能实现商品市场的均衡，影响市场机制的运行且不能达到帕累托最优，这就是市场失灵造成的市场的无效率。这种无效率的存在导致两个关键的后果：道德风险和逆向选择。

11.4.2　道德风险和逆向选择

1．道德风险

道德风险是指交易双方在交易协议签订以后，其中一方利用多于另一方的信息，有目的地损害另一方的利益而使自己的利益增加的行为。

以保险市场为例，保险公司相对于投保人来说信息处在劣势一方，而投保人处在优势方。在没有为家庭财产投保的情况下，他会采取很多措施以避免家里被盗。比如，在窗户上安装防盗网，安装更结实的防盗门，尽量在家里活动，外出时间长时托亲戚或朋友照看家里等，这些措施都会降低家庭财产的失窃率。如果个人一旦购买了保险公司的家庭财产险，由于家庭财产失窃后保险公司会给予赔偿，投保人可能不再采取防范措施，或者疏于防范，从而导致家庭财产的失窃率增加。而对于这些，保险公司很难全部观察到。比如，买了火灾保险的仓库主人不再费心地定期察看仓库的每一个角落，也不会花多余的钱为仓库安装火灾报警器。再如，定期领失业保险的人，他们不会急于找工作。这些情况就属于保险市场上的道德风险。

道德风险不仅会导致保险公司遭受损失，而且妨碍了市场的有效配置。为了防止由于道德风险的存在而对保险公司造成的损失，保险公司就会利用各种不同的方法来控制道德风险的问题。例如，保险公司可以使用减扣和合付的方式来减少道德风险。减扣就是要求投保人对自己的索赔承担一部分数额的赔付；合付是指保险公司仅为索赔承担一定的比例。这样可以激励投保人避免向保险公司过度索赔。

2. 逆向选择

逆向选择是指交易双方信息不对称的情况下，差的商品总是将好的商品驱逐出市场。人们在进行交易时，产品质量是一个重要的信息。很多情况下，生产者对产品的质量了解得比较多，消费者则对产品了解得很有限，这就使双方产生了信息不对称。由于消费者无法区分市场上产品质量的好坏，只能根据对整个市场的估计决定购买产品的数量和支付价格，此时质量差的产品由于其成本较低，更有可能成为消费者选择的对象。当消费者发现所购产品的质量并不如自己估计的那么好时，他们会进一步降低对产品质量的评估水平，进一步降低愿意支付的价格，从而使成本高的、质量好的产品更无法销售，最后只能退出市场，而质量差的产品却占领了整个市场。这就是逆向选择。

逆向选择是合同签订前的信息不对称所致的问题。1970 年，美国经济学家乔治·艾克洛夫在他所发表的关于"柠檬市场"的论文中，用旧车市场为例，分析了信息不对称的后果。

在二手车市场上，因为信息不对称，导致旧车交易市场中的逆向选择。艾克洛夫从当时司空见惯的二手车市场入手，发现了旧车市场由于买卖双方对车况掌握的不同而滋生的矛盾，并最终导致旧车市场的日渐式微。在旧车市场中，卖主一定比买主掌握更多的信息。为了便于研究，艾克洛夫将所有的旧车分为两大类，一类是保养良好的车，另一类是车况较差的"垃圾车"，且数量各占一半。假设质量好的旧车价值为 7 000 元，质量差的价值为 3 000 元。此时一个购买者很难从外表和短程试驾中判断出质量好的旧车和质量差的旧车，但是他们知道有一半是质量好的。因此，作为理性的经纪人，他会按照旧车的平均质量水平出价 5 000 元。可是因为他出价 5 000 元，质量好的就会退出，因为他们不想做赔本的买卖。此时只有质量差的 2 000 元的旧车车主很愿意出售。购买者看到了一些车退出，知道退出去的是质量好的车，所以他知道市场上剩下的都是质量差的车，从而他降低了愿意支付的价格，出价 3 000 元，最后市场上的均衡价格为 3 000 元，而且成交的都是质量差的旧车。面对这种情况，旧车交易市场的卖主通常会采取以次充好的手段满足低价位买主，从而使得旧车质量越来越差，最后难以为继。

这种逆向选择使质量低的产品把质量高的产品驱逐出市场，而且减少了市场上二手车的交易量。从二手车市场的例子中可以看出，信息不对称将会降低市场的效率。

信息不对称现象的存在使得交易中总有一方会因为获取信息的不完整而对交易缺乏信心。对于商品交易来说，这个成本是昂贵的，但仍然可以找到解决的方法。还是以旧车交易市场为例，对于卖主来说，如果他们一贯坚持只卖好车不卖一辆"垃圾车"，长此以往建立的声誉便可增加买主的信任，大大降低交易成本；对于买主而言，他们同样可以设置更好的策略将"垃圾车"剔除出去。

实例

逆向选择在医疗保险市场的表现

旧车市场出现"劣品驱逐良品"的原因是信息不对称而导致买方对卖方进行了逆向选择。其他市场上也存在逆向选择。最典型的是人寿保险市场。保险的买卖双方所掌握的信息是不对称的。每一个希望购买医疗保险的人最了解自己的健康状况，而保险公司并不了解每个投保人的健康状况，只知道他们的平均健康状况，保险公司只能根据每个人的平均健康状况或者说平均的患病率收取保险费。在保险公司按照平均健康状况收取保险费的情况下，谁会购买保险？当然是那些身体不健康的人。对那些身体健康的人来说，保费太高，他不会去购买保险。为了减少保险公司的支出而增加保险公司的收入，保险公司将提高保险费，按照这些不太健康的人的平均健康状况收取保险费。保险费上涨后，只有那些患病率较高的人仍然愿意购买保险，这将导致保险公司进一步提高保险费，这又赶走了一批较健康的人，最终只有那些患有严重疾病或绝症的人才购买保险，而他们正是保险公司所最不想要的顾客。这样，保险公司对买主进行逆向选择。其结果是，提高价格来进行逆向选择将赶走健康状况好的顾客。

因非对称信息而出现的老年人健康保险市场的逆向选择问题，说明市场在这一领域的调解是无效率的。这一领域产生的问题远比旧车市场的问题要严重得多。因此，在老年人健康保险或与此项类似的职工医疗保险领域所出现的市场失灵通常需要政府干预。例如，由理事会保险统筹，也可由政府、企业、个人共同出资对个人进行医疗保险，这就是所谓的共同保险。

资料来源：张元鹏. 微观经济学. 上海：上海人民出版社，2009.

3. 政府干预

在存在着道德风险和逆向选择的情况下，保险市场的运行机制就会失灵，因为保险公司所欢迎的顾客拂袖而去，而保险公司所不欢迎的顾客接踵而来。自由选择导致了市场无效，其根源就是信息不对称性。当自由选择和效率对立时，政府能够在一定程度上维持市场机制的有效性。例如，现在大多数国家的汽车强制保险，每一辆上路的汽车每年必须至少参加最低限额的责任保险，从而避免了逆向选择，即因为保费太高，那些低风险的人不愿意购买保险，而保险费向车祸率高的人群倾斜。因此，在法律的强制下，人人都参加保险，保险市场由此而人丁兴旺，迅速发展。

实际上，如果每个人都参加保险，并且按照可预见的和总人口的平均风险率来规定保险费率的话，每个人的状况都会有所改善。高风险的人处境改善了，因为他们缴纳的保险费比他们实际面临的风险概率更低，可以从预期收益和风险程度两个方面得益；而低风险的人可以购买比"逆向选择"情况下更为"便宜"的保险，状况也比以前更有利。

针对待道德风险问题，其实政府和保险公司一样无能为力，也避免不了投保人在全额投保后改变他的行为。但是，保险公司可以通过其他措施来减少损失风险。例如，保险公司可以通过观察到的信息，根据不同人的努力程度来设定保费，如对吸烟者比不吸烟者索取更高的人寿保险费、灭火设施不完备的大楼火灾保险费更高等。如果保险公司无法观察到投保者，可以用"不全额"保险的风险分享措施，让投保人承担部分风险，刺激他采取保护行为，让风险由保险公司和投保人共同承担。

政府在解决二手车市场"劣品驱逐良品"的问题上也可以发挥一定的作用。例如，有些发达国家要求卖主提供旧车保修或声明"无保修"，用以提醒购买者该车可能存在的质量问题。如果我国建立一个第三方评估机构，在旧车进入二手车市场前，就对每一辆车进行专业的检测和评估，对每一辆车建立完整的档案，而且这个机构由政府建立，并且独立于买者、卖者和厂商，那么买卖双方就会达到信息对称，不仅消费者买得放心，而且使二手市场也将更有效率。也就是说，当市场自身不能实现良性发展时，政府可以建立良好的法律环境来促进市场的良性发展。

政府干预有时是有效的，但并非总是如此。对于保险市场来说，如果投保是法律所规定的一种被迫行为，保险公司完全有可能勾结起来提高保险费，加重消费者的负担。美国的一个州曾经就因为汽车保险费率超出了常情，消费者走投无路，只好联合起来起诉保险公司的案例。这时，政府干预的确是大费周折。政府一方面要小心翼翼地防止消费者在保险费过高的情况下拒绝购买保险，不惜以身试法；另一方面又要费尽心思地寻求一个使保险公司能接受并且不吃亏的最低"公平"费率。

本章小结

1. 垄断一定会导致低效率，垄断的产生使得价格很高而产量却很低，不能实现怕累托最优。政府可以通过对垄断企业的管制或制定实施反垄断法来保护合法竞争。

2. 外部性的存在也使市场经济达不到最优的状态。外部性可以分为外部经济和外部不经济。外部经济导致私人收益小于社会经济，从而市场经济达到均衡产量小于社会最优的产量；外部不经济导致私人成本大于社会成本，从而市场经济达到的均衡产量大于社会最优的产量。外部性可以通过政府介入得以解决，如管制、税收或补贴等。

3. 公共物品是既具有非排他性又具有非竞争性的物品。它的这种特点是判断私人物品和公共物品的两个标准。由于搭便车问题的存在，市场机制难以提供公共物品的最优数量，从而导致市场失灵。

4.不对称信息性是指经济交易双方对于信息的了解和掌握得不一样多,一方掌握得多一些,另一方掌握得少一些。其结果必然导致市场失灵,从而产生道德风险和逆向选择。

✏️ 复习思考题

一、选择题

1．养蜂者的工作会对邻居的果园生产产生（　　　）。

A．生产的外部经济　　　　　　　　　　B．消费的外部经济

C．生产的外部不经济　　　　　　　　　D．消费的外部不经济

2．科斯定理假设交易成本为（　　　）。

A．0　　　　　　　B．1　　　　　　C．大于1　　　　D．大于0而小于1

3．当一个消费者的行动对他人产生了有利的影响,而自己却不能从中得到补偿时,便产生了（　　　）。

A．消费的外部经济　　　　　　　　　　B．消费的外部不经济

C．生产的外部经济　　　　　　　　　　D．生产的外部不经济

4．导致市场失灵的因素有（　　　）。

A．垄断　　　　　　B．外部性　　　　C．公共物品　　　D．政府干预

5．纠正外部影响所造成的资源配置不当,可采用的方法有（　　　）。

A．使用税收和津贴　　B．规定财产权　　C．企业合并　　D．制定反托拉斯法

6．如果某一经济活动存在外部经济,则该活动的（　　　）。

A．私人成本小于社会成本　　　　　　　B．私人利益大于社会利益

C．私人利益小于社会利益　　　　　　　D．私人成本大于社会成本

7．在消费或使用上,公共物品的特点是（　　　）。

A．竞争性　　　　　B．非竞争性　　　　C．排他性　　　　D．非排他性

二、判断题

1．养蜂者的活动对果园生产者的利益存在生产的外部影响。（　　　）

2．市场机制总可以使资源得到最有效的配置。（　　　）

3．在存在外部经济的时候,市场调节能够实现资源的有效配置。（　　　）

4．在消费上或使用上具有竞争性和排他性特点的商品叫公共物品。（　　　）

5．存在消费的外部经济时,他人或社会会从中收益。（　　　）

6．公共物品必须同时具有非竞争性和非排他性。（　　　）

三、简答题

1．引起市场失灵的原因有哪些?

2．现实生活中有很多"搭便车"行为,请举例说明,并加以解释。

3．外部性的分类有哪些？请举例说明。

4．公共物品与私人物品的特点分别是什么？

5．什么是科斯定理？请举例说明。

6．信息不对称性的后果有哪些？怎样加以解决？

7．弥补市场经济缺陷的政府经济职能有哪些？请解释说明。

参考文献

[1] 黄亚均. 微观经济学[M]. 北京：高等教育出版社，2005.

[2] 江可申. 微观经济学[M]. 上海：东南大学出版社，2006.

[3] 宋承先. 现代西方经济学[M]. 上海：复旦大学出版社，1995.

[4] 金浩. 微观经济学[M]. 天津：南开大学出版社，2004.

[5] 丁娟娟，吴振信. 微观经济学教程[M]. 北京：清华大学出版社，2007.

[6] 叶德垒. 微观经济学[M]. 北京：高等教育出版社，2004.

[7] 张英. 微观经济学 [M]. 北京：科学出版社，2009.

[8] 蒋殿春. 微观经济学 [M]. 北京：北京大学出版社，2006.

[9] 斯蒂格利茨. 经济学[M]. 高鸿业，等译. 北京：中国人民大学出版社，1997.

[10] 刘俊民. 微观经济学 [M]. 北京：科学出版社，2006.

[11] 易纲. 微观经济学[M]. 上海：上海人民出版社，2006.

[12] 李朋林. 微观经济学[M]. 北京：中国矿业大学出版社，2008.

[13] 曼昆. 经济学原理[M]. 梁小民，译. 北京：北京大学出版社，1999.

[14] 萨谬尔逊，诺德豪斯. 经济学（第12版）（上下册）[M]. 萧琛，译. 北京：中国发展出版
社，1992.

[15] 和炳权. 微观经济学[M]. 重庆：重庆大学出版社，2002.

[16] 金祥荣. 微观经济学[M]. 杭州：杭州大学出版社，1999.

[17] 帕金. 经济学[M]. 王雅璘，改编. 北京：人民邮电出版社，2003.

[18] 贝纳西. 宏观经济学[M]. 刘成生，译. 上海：上海人民出版社，1990.

[19] 斯塔尔，罗斯. 一般均衡理论[M]. 鲁昌，译. 上海：上海财经大学出版社，2010.

[20] 瓦尔拉斯. 纯粹经济学要义[M]. 蔡受百，译. 北京：商务印书馆，1997.

[21] 斯蒂格利茨. 经济学文集[M]. 纪沫，译. 北京：中国金融出版社，2007.

[22] 张维迎. 博弈论与信息经济学[M]. 上海：上海人民出版社，1996.

[23] 张元鹏. 西方经济学[M]. 北京：首都经济贸易大学出版社，2003.

[24] 张宗斌. 现代西方经济学教程[M]. 北京：北京师范大学出版社，2002.

[25] 赵英军. 西方经济学[M]. 北京：清华大学出版社，2004.

[26] 李慧凤. 经济学原理[M]. 北京：北京邮电大学出版社，2007.

[27] Hall and Tayler. Microecnomics. 2nd Ed.. Norton Co.. New York, 1988, Chapter 1.

[28] Hall and Tayler. Microecnomics. 2nd Ed.. Norton Co.. New York, 1988, Chapter 2.

[29] Jones. An Introduction to Mordern Theories of Economic Growth. McGraw-Hill Co.. New York, 1976.

[30] Solow. Technical Change and Agregate Production Function. In "Review of Economics and Statistics", 1957.

[31] Gordon. Milton Friedman's Monetary Framework. University of Chicago Press, London, 1982.

[32] Ritter and Silber. Principle of Money, Banking and Financial Markets. 5th Ed. Basic Books Publishers, New York, 1986.

[33] Fink. Supply Side Economics. American University Press, 1982.

[34] Hall and Tayler. Microeconomics. 2nd Ed.. Norton Co.. New York, 1988, Chapter 1.

[35] Branson. Microeconomics Theory and Policy. 3rd Ed.. Harper and Row Co., 1989.

[36] Gorden. Microecnomics. 4th Ed., Little-Brown Co.. Boston, 1987.

[37] Hall and Tayler. Microecnomics. 2nd Ed.. Norton Co.. New York, 1988.

反侵权盗版声明

电子工业出版社依法对本作品享有专有出版权。任何未经权利人书面许可，复制、销售或通过信息网络传播本作品的行为；歪曲、篡改、剽窃本作品的行为，均违反《中华人民共和国著作权法》，其行为人应承担相应的民事责任和行政责任，构成犯罪的，将被依法追究刑事责任。

为了维护市场秩序，保护权利人的合法权益，我社将依法查处和打击侵权盗版的单位和个人。欢迎社会各界人士积极举报侵权盗版行为，本社将奖励举报有功人员，并保证举报人的信息不被泄露。

举报电话：（010）88254396；（010）88258888

传　　真：（010）88254397

E-mail:　　dbqq@phei.com.cn

通信地址：北京市万寿路 173 信箱

　　　　　电子工业出版社总编办公室

邮　　编：100036